テッサ・モーリス＝鈴木

辺境から眺める

アイヌが経験する近代

大川正彦訳

みすず書房

辺境から眺める　目次

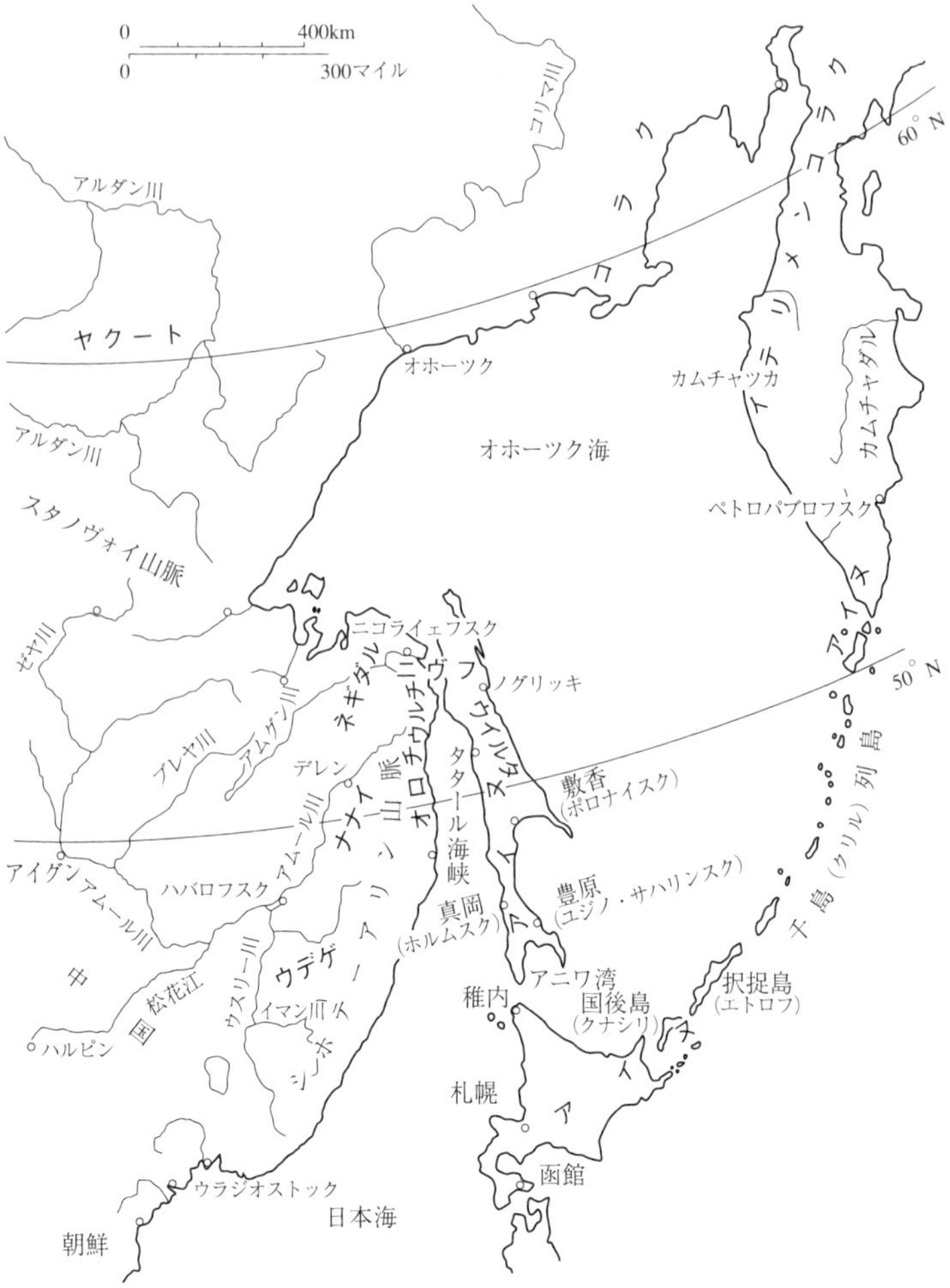

0 400km
0 300マイル
コリマ川
アルダン川
ヤクート
オホーツク
オホーツク海
カムチャツカ
カムチャダル
ペトロパブロフスク
60° N
50° N
アルダン川
スタノヴォイ山脈
ゼヤ川
ニコライェフスク
ノグリッキ
ネギダル
アムグン川
ブレヤ川
デレン
タタール海峡
敷香
(ポロナイスク)
豊原
(ユジノ・サハリンスク)
真岡
(ホルムスク)
アムール川
アイグン
ハバロフスク
アムール川
ウスリー川
イマン川
ウデゲ
中国
松花江
ハルピン
ウラジオストック
日本海
朝鮮
アニワ湾
稚内
国後島
(クナシリ)
択捉島
(エトロフ)
千島(クリル)列島
札幌
函館

環オホーツク海域図

序　辺境から眺める

　二〇世紀が終わろうとしている一九九七年、日本政府とロシア政府はようやく重い腰をあげ、アジア・太平洋戦争以来決着がつかないままになっていた懸案事項の解決に乗り出した。すなわち、和平条約の調印と両国国境の確定にかかわる作業である。両国の交渉で焦点となる事項のうちもっとも重要なものは、いわゆる「北方領土」——国境線のロシア側では、南クリル（千島）として知られる、ハボマイ（歯舞）、シコタン（色丹）、クナシリ（国後）、エトロフ（択捉）——の統治管轄という問題である。これまで、この問題をめぐる論争は、国家間の権力政治《パワー・ポリティクス》という古典的な言語を用いておこなわれてきた。ロシア政府の視座からみると、クリル諸島を自国領だと請求する根拠は、これが一七世紀にロシアの探検家によって「発見」されたという事実に求められる。他方、日本の観点からみると、この列島は北海道の地理的延長として定義される。それゆえ、日本政府は「北方領土」を「我が国固有の領土」の重要部分であるとみなし、これを領土として認知するようにと要求するのである。[1]

　現在にいたるまで、交渉の表舞台で繰り広げられてきたのは、首脳外交、つまり御歴々が演ずるドラマであった。しかし、この舞台の袖から非公式の声がかすかに聞こえはじめている。クリル諸島の現在の居住民は、ロシア中央政府から長年にわたって受けてきた侮蔑的扱いに憤慨の意を表明し、独自の計画にもとづき、島を日本に貸与すると提起した。一方、参議院議員（当時）萱野茂《かやのしげる》をはじめとする著名なアイヌの活動家たちは、ロシア人や日本人が「発見」するはるか昔から、したがって日本政府がロシアに隣接する日本領土として北海道を創出する以前から、すでにこの列島にはアイヌ住民が居住していたのだ、と政府首脳にむけて主張した(2)。萱野は、アイヌにはこの列島の将来にかかわる交渉に参加する権利があると主張する。しかもこれは同時に、国境線の北側の先住ニヴフ共同体の指導層からも、正当な主張だと認知されている。ニヴフ共同体の人びとからすれば、クリル諸島および近隣のサハリン（樺太）島とは、幾世紀にもわたり、アイヌ共同体とともに形成してきた相互活動領域にほかならないのである。

辺境のイメージの変化

こうした非公式の声は、国境領域にかんするオルタナティヴな展望《ヴィジョン》をはっきりと示しているだけではない。いま世界各地でおこなわれている国境地帯がもつ歴史的意味の再探査という試みと共鳴してもいる。国　境《ナショナル・ボーダー》（国家／国民の境界）といえば、その研究は、長いあいだ地理学者や外交担当者の領分だった。それは「自然的」境界と「人為的」境界を区別し、どうして長期にわたって存続する境界と紛争の火種になりかねない境界とがあるかを理解しようとするものであった。そのうえで国家／国民どうしを引き離し、帝国どうしを切り離そうとつとめながら、国際交渉の場で自らの主導権を発揮すること、ここにそのねらいはおかれていた。(3) 一方、これとはまったく異なったアプローチで国境領域研究を追求する歴史家も存在した。とりわけ著名なのが、フレデリック・ジャクソン・ターナーである。(4) 彼が研究の対象に据えたのは、〈線としての国境線《バウンダリー》〉ではなく、むしろ〈領域としての辺境《フロンティア》〉である。彼によれば、辺境《フロンティア》とは、国家／国民相互を分離する線ではない。むしろそれは、徐々に移動する可能性のある領野であり、国家／国民をもたず、領土認知されていない原野として（誤って）認識される世界へとたえず少しずつ拡がってゆくものだ、とみなされたのである。

　ところで、いまでは辺境を研究対象にする新世代の研究者が登場しつつある。たんに国境《ナショナル・ボーダー》を「防衛され、法によって仕切られる、さもなければ侵害される」場所と見るのではなく、「こうした境界で生き働く人びとの生活」を探査するのである。(5) このように辺境への関心が駆り立てられる下地には、アイデンティティと異種混交性《ハイブリディティ》の問題に焦点をあてて闘わされた近年の白熱した議論がある。現代世界では、自らの生活は帰属にかかわる象徴的境界線を跨ぎ越し、境界線の両側を往来してさまよっているのだと考えながら生きている人びとが数多く存在するが、アイデンティティと異種混交性にかかわる問いかけがはじまったのだ。(6) 国境を社会的に探査すれば、その作業は、国境のそれぞれの側で暮らす者たちが営む生活——その生活は、しばしば、ある共通の言語と歴史を共有する共同体を横切る——のうえに国境線が落とした暗い影の検証に結びつかざるをえない。国家／国民は辺境地帯を地図として描き、名づけ、そして名づけ直すことによって領土《テリトリー》を領有するのだが、そのさいに、境界は心のなかで創造される。(7) だが、心のうちで創造されるといっても、境界にかかわる象徴は触知可能な確固とした現実を創り出す。すなわち、国境をマークするとは、日常生活を行政の様式にのっとって形づくることであって、土地の利用方法と社会関係のありようは、境界線のそれぞれの側で別々の進化をとげてゆく(8)。

人類学者ジョエル・カーンが警告したように、辺境を夢や冒険のロマンスに満ちたものとして飾りたてると、「文化的中心の神話」を補強する危険に陥る。「文化的中心の神話――文化の不純性という想定が存在するのは、中心部の純粋性から離れてゆく場合であろう。境界地帯の別個独特なありかたが魅了する力をもつのは、境界地帯というものが純粋な文化的中心という考えとくっきりと対比されるからにほかならない(9)」。しかし、辺境への関心によって、文字どおりの意味での地理的な境界領域が中心部以上に「異種混交的」であるわけではかならずしもないということが示された。それどころか、今日では多くの場合、ほかならぬ帝都の心臓部においてこそ異種混交性とコスモポリタニズムがもっとも強烈に存在するのであるから、国家／国民の純粋性の想定は逆に辺境の社会によって維持されているのだ、と主張することもできる。にもかかわらず、辺境は重要である。なぜなら、辺境という存在が、国史を、地域史を、ひいては世界史を違った視座から再訪する旅の出発点となり、国家／国民という中心からは不可視化されかねない問題を提起しうるからである。

こうした旅へと読者を連れ出すこと、本書のねらいはここにある。つまり、東北アジアの特定の部分――環オホーツク海域――の歴史を、国家／国民の過去という視座からではなく、辺境という視座から検証する試みである。そもそも辺境について語るとなれば、いうまでもなく、同時に国民体《ネーションフッド》についての近代的な考え方を議論の対象にすえなくてはなるまい。本書が扱うのは、国家／国民間の境界線によって両断されるはるか以前に相互活動と相互交換がおこなわれていた領域である(10)。ここで語られるべき物語は、日本とロシアという競合する国民国家に編入される以前に、この領域に居住していた先住民族にかかわる。すなわち、いまではアイヌ、ニヴフ、ウイルタとして知られる民族の祖先と、彼(女)らが東シベリア・北中国・日本における近隣社会とつくりあげた相互活動にかかわる物語である。しかし、本書では、国境の設定がこうした社会の生活に与えた衝撃を検証する点に、関心の焦点を絞り込みたい。この相互活動の領域にすでに居住していた者たちが、二つの異なる、しかし同種の領土拡張志向をもった国民国家によって吸収されたとき、いったい何が起きたのか。彼(女)らの経験はシティズンシップや国民体という考えのどのような側面を浮き彫りにするのか。そして、その経験は「進歩」や「近代性」というさらに大きな概念――人類の過去を了解するさいに中心的な役割をはたしてきた概念――をどのように照射するのか。

時間をつうじた境界

辺境からの眺めに関心が寄せられるのは、過去を観察するさいの視座が空間理解ばかりではなく時間理解にも影響を及ぼすからであろう。近年、世界中の多くの研究者が、これまでに語られてきたさまざまな世界史がもつヨーロッパ中心主義的な帝国の眼差しを回避し、人類の過去を観察するさいの新たな出発点を見出そうと研鑽をつんでいる。日本では、こうした探求方法は、川勝平太のような歴史家の著作活動に刺激をあたえてきた。彼は比較文明論を用いて多中心的な世界像を展開しようと試み、「日本文明」がもつ過去・将来にわたる独特な役割を考察する。(11) これと類似したアプローチはロシアの研究者も採っている。たとえば、哲学者のA・S・パナリンは、文明史という概念を用いて、ロシア文化の伝統こそが、機械に基礎をおく「ファウスト的」西洋文明の支配が生み出した社会や環境をめぐる問題の行き詰まりから脱出する道を指し示す、と主張する(12)。

こうした方法にしたがって過去を再考するさい、歴史家やその他の人びとは、新たな空間的視軸に立つには歴史的時間を新たに想像し分割する必要があることに、多くの場合気づいている。パナリンは、単線的な時間了解から「循環的な進歩」という観念への移行の必要を説く。彼によれば、この「循環的な進歩」という観念は、とりわけロシア史のなかで明確に例証されるパタンである。このパタンのなかで、人類社会は「古い問題への周期的な回帰を〔しかし〕新しいレヴェルで」経験するという(13)。川勝もまた人類の進歩にかかわる既存のモデルの具体例を再考し、とりわけマルクス主義的な歴史発展段階論がかつて及ぼした影響力から逃れようと試みる(14)。川勝による歴史の語りが依拠しているのは、マルクス主義とは別の古典的な進歩モデルの改訂版であろう。この改訂版モデルでは、人類社会は、農業革命・牧畜革命・産業革命という一連の科学技術革命を通過するものとみなされる。川勝が理解するモデルにしたがうと、人類史の進化をあらわす樹形図はさまざまなところで分岐する。ある社会は依然として「狩猟採集」もしくは「牧畜」レヴェルにとどまる。またある社会は「文明」レヴェルへと移行しているが、その社会がたどる枝は、産業革命を経験せず、その社会を「第三世界」の一部として国際秩序に編入させる。また別の社会は産業社会へと変化するステップをたどる(15)。

歴史的時空間を再考するさらにいっそう野心的な作業は、社会理論家のアンドレ・グンダー・フランクとその共同研究者による近年の著作にみることができる。フランクは、ユーラシア大陸全体に拡がって生じた持続的な歴史的相互活動を際立たせることによって、旧来のヨーロッパ中心主義的な世界史理解を越えようとする。この「ユーラシア」という視座からみれば、現代世界システムはヨーロッパが地球規模で拡大した結果産み出されたものなのではなく、すくなくともヨーロッパと同程度にはアジアにおいても創り出された統合された存在である、との見解が引き出される。しかし、ヨーロッパからユーラシアに視点を移して世界システムを見るならば、同時に歴史的時間の認識においても根底的な転換が必要とされざるをえない。イマニュエル・ウォーラーステインにみられる従来の世界システム論が過去四世紀に焦点を絞り込んでいたのにたいし、フランクは、さらに五千年遡る。そして、ここ千年のあいだに安定した盛衰を重ね、回帰的な経済循環に従うにいたった世界システムを構想する。[16]

フランクの著作は、アジアの貿易システムが重要であり、しかもそれが古代から存在していた点に注目したうえで、ユーラシアの歴史のさまざまに異なる部分どうしの結びつきを跡づける。そのことで、この著作は過去への重要な視座を新たに切り拓く可能性をもっている。しかし同時に、ここにあげた「ヨーロッパ中心主義を越える」歴史観はどれも、(たとえば)オホーツク海沿岸の視座から歴史を見るときにいっそう可視化されてくる、知にかかわる問題を惹き起こす。人類社会は一連の科学技術革命を通過し進歩してゆくという「文明」史においては、関心の的はきわめて当然にも、「さまざまな文明」の勃興、相互活動、進化、衰退に、つまり国家を基礎にすえた大社会の構造に絞り込まれる。すると、「非文明」――ごく最近にいたるまで地球上の大部分を占めていた、国家形態を《ノン・ス》もた《テイト》ない小社会もしくはミクロ国家――は遠景へと消え去りかねない。さらには、こうした小社会やミクロ国家は、しばしば暗黙のうちに、人類史の古い段階が何の変化をうけないまま残ったものにすぎない、と想定されてしまう。

これとは対照的に、アンドレ・グンダー・フランクが提起するユーラシア世界システムのヴィジョンは、文明や国家という考えにたいしてもっと批判的なアプローチをとる。しかし、その関心はもっぱら、ユーラシアのなかでも比較的安定した都市化された部分に集中してあらわれる貿易のネットワークと資本蓄積過程にあるため、フランクの見方にしても、東シベリアやオホーツク海域といった場所で生長した、国家形態なき小社会の多様性や動態については何も言及していないに等しい（いうまでもないが、北アメリカ、南アメリカの大部分、オーストラリアや太平洋で生長した、国家形態なき小社会についても同様である）。ユーラシアでの国家形態なき社会の存在はフランクの世界システム・モデルにまったく見られないわけではないが、こうした社会は、「中心《センター》」「周縁《ペリフェリ》」「奥地《ヒンターランド》」と定義される三つの地域のあいだにみられる資本蓄積の流れに関心を集中する枠組みのうちに編入されてしまう。(17) 小社会はかならずといってよいほど「奥地」に位置づけられるのだが、システム全体の動態に重要な鍵となる役割を果たすかぎりでは、「奥地」も重要性をもつ。だが、枠組みそのものの焦点は、歴史的な動態の主要な源泉で、しかも歴史的な関心の主軸である「中心」に置かれがちであるため、「奥地」の小社会がもつ内的な動態も視野からこぼれ落ちる傾向にある。

では、「奥地」を前景においてみたら、どうなるだろうか。「非文明」の比較史、つまり都市や複雑な中央集権的な政治構造をもたない社会どうしの比較史を叙述しようとしたら、どうなるだろうか。そのようにして得られる歴史像は従来とはきわめて異なる相貌を帯びるだろう。歴史はかならず多重多層のレンズをとおして見ざるをえないのだから、こうして獲得された歴史像はかならずしもより「正しい」歴史像となるわけではない。しかし、過去を特徴づける側面のうち長いあいだ無視されてきた面が可視的になるような歴史にはなるだろう。人類の進化は狩猟採集、飼育もしくは農業、都市、産業社会といった段階をへて、一つひとつ進歩してゆくものだという因習的なイメージは、わたしたちにとって導きの糸として何の役にも立たないだろう。なぜなら、ここで問題にしている社会がこうした進歩の道筋をたどってこなかったのは明らかなのだから。ごく最近になるまで、こうした小社会の多くは狩猟や採集もしくは飼育に基盤をおいてきた。こうした活動を小規模の穀物栽培と結びつけながらおこなう場合もあった。だが最近になって、この社会は産業化された国家／国民的および地球的秩序に突如として編入されていった。同じ理由で、封建制から資本制への移行やアジア的生産様式に焦点をあてる発展段階論も、重要な意義をほとんどもたないだろう。このような発展段階論を受容できるとしたら、それは同時にわたしたちが、一七、一八、一九世紀の小社会は人類の組織化のきわめて古い形態が保存された標本とみなしうるとの考えを受け容れている場合にかぎられよう。しかし、以下の章で論ずるように、こうした社会を「歴史をもたない」社会——人類の進歩をあらわす階梯のうち、はるか遠くの低い位置にある段から這いあがってこれないもの——とみなすイメージは深甚な誤りを導く。すくなくとも東シベリアやオホーツク海の社会にかんするかぎり、ここ数世紀にわたる社会、経済、文化上の重大な変化がみられることを示す証拠はふんだんにある。実際は、こうした変化が進歩の発展段階論の指定したパタンを辿らなかったというにすぎないのである。

進歩という問題

いいかえれば、辺境から眺めると、わたしたちは歴史における進歩という概念に直面させられる。したがって、近代の歴史・社会思想のほとんどを裏書きした重要な想定を見直さざるをえない。ここで、こうした想定のいくつかをごく簡単に論じておけば、本書で語られる物語に繰り返し登場する主題を説明するのに役立ってくれるだろう。

一世紀以上のあいだ、進歩という考えは、世界の大半における歴史研究を鼓吹し、体系だて、編制する力を発揮したパラダイムであった。しかし、二〇世紀の後半になると、わたしたちは奇妙な時代に突入した。奇妙だというのは、物質的な進歩の追求がかつてないほどに、実際の政治の普遍的で疑いえない原理となった一方で、学問的に捉え返された進歩という概念は、時代遅れで、なんともいかがわしいものとして、いっそう不快な眼差しでみられるようになっているからだ。環境危機、そして一九世紀ヨーロッパの科学・社会のパラダイムへの不信感の増大がきっかけとなり、社会進化論的な考えをもてはやす熱狂は徐々に冷め衰えていった。にもかかわらず同時に、射程距離の長い、社会にかかわる他のメタ物語がないために、進歩という考えの幽霊が大半の歴史叙述に憑きまといつづけている。しかも、この幽霊はまるで招かれざる客のように、声もかけられずに目立たないところに身を潜めている。

したがって、グローバリゼーションのような現象を理論化する現代の作業であっても、モンテスキュー、コンドルセ、アダム・スミスのような一八世紀の著作のうちに（そしてそれ以前の著作に）起源を遡及できる社会進化像に、しばしば暗黙のうちに依拠している。たとえば、コンドルセは、『人間精神の進歩に関する歴史的展望の素描』（一七九四年）で、人間の知識は蓄積するものであると考察した。[18] 真理は疑問視され、事実は忘却されるかもしれないが、各世代は次世代に、新たに経験と記憶を付け加えた貯蔵庫を伝達する。コンドルセは、人間の知識の蓄積はランダムな過程ではなく、人間社会の規模と複雑性の増加をつうじて構造化されている、とした。その結果、過去を進歩の十段階に分割した。十段階のそれぞれは、より複雑な分業の出現を刻印するものであり、いっそう増加する専門家集団のあいだでの知識そのものの分割を可能とするものである、という。

このアプローチによれば、社会の進歩は逆にまた、いっそう洗練化された知識の分類方法の発達と、その全体構造を理解するためのいっそう包括的な理論の発展をもたらす。「事実が増えるにつれ、人間はその事実を分類し、より一般的な事実に還元することを学ぶ。同時に、事実の観察と精確な測定に使われる道具と方法は新たな正確さを獲得する。……精神がより複雑な相互関連を把握するまで高度になるにつれ、簡単明瞭な公式がこうした相互関連を理解しやすくする。かくして、真理の発見にはかなりの努力が必要とされるものだが、この真理——最初は深遠な思考が可能な人びとにしか理解されえないだろう——はやがて、平均的な知力の枠を超えない程度の方法で展開され証明される」。[19]

いいかえると、コンドルセが描く人類の進歩のモデルには、二つの重大な特徴があった。第一は、このモデルが単一の真理観の存在を想定していたということである。すなわち、人間の理解は徐々に、しかし誤ることなく、あるヴィジョンに近づいてゆく、という真理観である（もちろん、右の真理観と、すでに一八世紀の同時代人、ヘルダー[20]などの論考に暗黙には存在し、二〇世紀後半における相対主義を支持する哲学者によってきわめて広く受け容れられている別の世界観とは対照的である。この別の世界観によれば、「真理」は、数多くの異なる、根底的には共約不可能なしかたでなされるさまざまな解釈に開かれている、というのだから)。第二に——そしてこちらのほうがより重要だが——コンドルセのヴィジョンは知識の蓄積を、真理にかんするより包括的な一般化によってまとめあげられる、より大きく、中心にむかって統合された知識体系と同一視していた。

進歩とは中心へと統合された知識体系の創造にほかならないというヴィジョンは、ヴィーコが述べた、「最初に森、その後に小屋、そして村、次に都市、そして最後にアカデミー」という原則のうちにすでにためらいがちに言いあらわされていた[21]。そして、このヴィジョンは、ヴェール・ゴードン・チャイルドからノルベルト・エリアスにいたる二〇世紀の文明理論家の論考にも引き継がれており、彼らをつうじて現代の社会理論にも深甚な影響を及ぼしている。チャイルドの説く一連の画期的な科学技術「革命」という観念は現代の数多くの文明理論の基盤となっているが、チャイルド自身、社会進歩をたえず拡張する人間の知識体系という観点から見ているかぎりでは、コンドルセのような一八世紀の思想家にしたがっていた[22]。一方エリアスは、もともとは、「文明化の過程」の研究で、社会構造が習慣やマナーに与える衝撃に焦点をあてていた[23]。しかし後年、次第に、社会の組織化における知識、言語、象徴の役割へと関心の対象を移していった。彼の考察によれば、その理由はこうである。もっとも古い人間の恐怖のひとつは「無知であることの恐怖、〔わたしたちが〕名前をもっていない出来事との出会いである。人間は出来事に名前を与え、それを自らもつ共同の象徴の蓄えにぴったりと合わせることで、その出来事を位置づけられなければ、生き残ることができない」、と。(24) こうして文明は、名づけと分類の終わらざる過程をとおして、未知のものの悪魔祓い《エクソーシズム》の儀式となる。(25) エリアスの歴史観は、コンドルセのものと同様、社会単位が大きくなるにつれて知識構造の複雑さも増すというものであった。「人間は、おそらく洞窟に住んでいた成員二五から五〇人の小さな群から、成員数百から数千人の部族へと合同し、今日ではさらに数百万の人びとからなる国家に合同している」。(26) この事態には、最初は、秘教的な知識の支配をとおして権力を保持した専門家祭司集団の登場が、後には、数多くの専門家集団のあいだにおける科学的知識のより広範な普及がともなった、という。

もちろん、エリアスは、人類史は一直線に進んできたのではないとの認識をもってはいた。ローマ帝国崩壊後のヨーロッパで起きたように、大規模で複雑な社会は時には諸々の断片へと解体した。だが長い目で見ると、「より大きな生存単位《サヴァイバル・ユニット》にむかう傾向は明白である」。(27) 社会の断片化の契機は本質的には社会が進歩するさいの不均衡な過程——より大規模で複雑な社会を統合するための土台を準備する再集団化——のなかの谷間にすぎず、したがって、どのようにして人類はより大規模で集権化された社会における生活に適応するのかとの問いが世界の社会史にとって中心的な主題になる。エリアスの社会理論は、スティーヴン・メネルやその他の論者によって、現代のグローバルな文化の出現を理解するための基盤として利用された。メネルは、エリアスの議論をいいかえながら、人類の発展を以下のように跡づける。知識の専門化がありえない、小さな生存単位から、「人口においても地理的な範囲においても、いっそう大きな生存単位にむかう」という不可避の傾向をへて、「人類全体の、世界規模での緊張・不安体系への事実的統合」にいたる、というのである。(28)

だが、拡張する知識体系をこのように描写すると、知識蓄積のありかたは多種多様に異なり、そのありかたは二つの原型を両極にする可能性の幅のどこかに位置づけて思い描くことが可能だという事実が看過されてしまう。一方の原型はコンドルセによって描かれた、中心にむかって統合された大規模な知識体系の創造をともなう。これにたいし他方の原型は、数多くの小規模で分散した知識体系の創造をともなう。第一の原型の場合、社会的な知識は、専門家によって構成される、複雑さを増すヒエラルヒーの各階層に分け与えられ、(コンドルセが示唆したように) いっそう形式化された一般的な原則の体系によってひとつにまとめあげられるようになる。第二の原型の場合、ヒエラルヒーにそって知識の分割や普遍的な規則が創り出されることは相対的に少ないだろう。そのかわりに、人間社会は数多くの異なる小集団に水平的に分かれてゆき、この小集団はそれぞれ特定の多様な環境にかかわり、自らの親密な経験知を獲得する。この場合、近隣集団から得られる知識がどのように形成され利用されるかということこそが、各集団を近隣集団から分かち、区別してゆく。さらに、小規模な差異を際限なく複製しながら、その差異からハチの巣状のパタンを、すなわち共通のテーマにかかわる際限なき変奏曲を創造する。

ハリネズミと狐

いいかえると、この区別はスティーヴン・マーグリンが提起する「エピステーメ」と「テクネー」と呼ぶ二つの知識形態の区別とすこし似ている。マーグリンによれば、「エピステーメ」とは、分析をこととし、明晰であり、理知的で、理論的で、専門化された知識であって、普遍妥当性を必要とする。これにたいし「テクネー」は、全体論的《ホーリスティック》で、明確にではなく暗示によって伝えることがしばしばあり、実践的で、パーソナルな知識である。また、頭脳だけでなく、眼、手、心胸《ハート》を必要とし、論理的な推論だけではなく、伝統や直感から引き出されるものであって、普遍性請求をかかげはしない(29)。マーグリンは「エピステーメ」を、攻撃的に植民地化をおこなう近代西洋《ウエスト》の知識体系と同一視し、「テクネー」を「その他《ザ・レスト》」(とりわけアジア)の植民地化され、急速に消滅しつつある知識体系と同一視する。だが、事態を別様に見ることもできよう。すなわち、エピステーメ型の知識は、どのような形のものであれ、大規模な集権型知識体系を特徴づける決定的に重要な側面であるのにたいし、小さな分散型知識体系はむしろテクネーに依拠する、との示唆が得られるだろう。

専門家集団での知識の分割が比較的すくない小さな知識体系では、部分と全体の関係ははっきりと定まっているのではなく、暗に示されるにすぎないものにとどまりうる。だから、部分と全体の関係は、集団の成員間でたえず対面的な交渉を重ねながら再想像し再交渉されなくてはならない。「直《じか》に得た経験は世代ごとに語られた説話にフィードバックする。こうした直の経験の一部に、集団の文脈そのもの、つまり話の要点を小声でつぶやいたり、賛同の意を声に出したり、いびきをかいたりする聴衆の輪という存在がある。意味は心から心へとパッと燃え伝わり、若い眼は光り輝く」(30)。形式的な原則を記録保存する必要も、コンドルセが熱意をもって記述した、関係を一般化する必要もほとんどない。厳格な規則や規制は人間行動を統御するかもしれないが、それは行動のための規則であって、思考のための規則ではない。このようなテクネーにもとづいた小さな知識体系の強みは、主に、周囲の相対的に小さなコスモス内部での相互関係についての深い認識と、予知不可能なもの、不規則なもの、不確かなものへの感受性とに見ることができる。

知識蓄積のありかたの他極、すなわち大規模な集権型知識体系は、エピステーメ型の知識に依拠し、整合性を維持しようとする。知識が数多くの専門家集団（祭司、哲学者、官僚、職人）のあいだで分割される場合、知識を記録し、分類し、蓄積し、伝達する正式の／型どおりの／公認の《フォーマル》方法が重要性を増す。この事態はたんにギリシャやユダヤ‐キリスト教的伝統を特徴づけるだけではない。ある程度は、数多くの他の大きな知識体系にも見ることができよう。たとえば、古代中国の科学思想からは、自然界の現象を記録し、分類し、名づけ、整序することへの情熱をはっきりと見てとることができる。この思想を支える分析衝動は近代の「合理性」概念と完全には一致しないかもしれない。龍は蛇か竹としてきっちりと分類されるべきであろう。しかし、この思想がマーグリンのいう「エピステーメ」的であるのは間違いない。こうしたエピステーメ型の知識体系の強みは（コンドルセが認識したように）、数多くの事実を処理し、その事実から自然界・人間界についての一般化を抽出する能力に、したがってなによりもまず、規則的なもの、反復されるもの、確かなものを摑みとる力に見ることができよう。隠喩的にいえば、こうしたエピステーメとテクネーの区別を、詩人アルキロコスがハリネズミの知恵と狐の知恵と述べた、いまでは有名な警句によってあらわすこともできよう。ハリネズミはひとつの大きな真理を知っているが、狐は数多くの小さな真理を知っている、と。(31)

このような観点からみると、人類史を（すくなくとも現代のグローバルなシステムが登場するまでは）、一方通行の「文明」の行進としてだけみることはできない。それは、集権型知識体系の創造と分散型知識体系の創造とのあいだでの、はるかに複雑な二方向への引っ張り合いと、そこから生ずる数多くの社会形態のあいだの複雑に絡み合った相互交錯作用《インタープレイ》とみることもできよう。第二章でみるように、大きな集権型知識体系は農耕モノカルチャーむきの環境に十分に適応したものであり、他方、小さな分散型知識体系は、環オホーツク海域のような予知不可能な自然環境にとくに向いている、と述べるのも可能である。したがって、過去二世紀にいたるまでは、多重多層の知識体系が共存し、相互に作用してきたといえよう。王国や帝国は拡大しつづけ、近隣社会にむかって画一化作用をもつ正統《オーソドクシー》を押しつけてきた。小社会は帝国システムが徐々に崩れ落ちる縁から分離し、そのシステムの神話を正統からは逸脱したしかたで飼い慣らしてきた。移住は、すでに小さな社会集団の内部に亀裂をもたらし、崩壊した破片がそれぞれ異なる信仰や技術を繰りひろげてゆくのを可能にした。大社会と小社会は相互に作用しあい、ことば・物語・儀式・秘密を交換しあった。歴史家が大きな集権化されたシステムの成長に不釣り合いなほどまでに関心を寄せてきたという事情は、このシステムこそが当の歴史家がテクストとして読解する記念碑や文字で書かれた記録を次世代に遺す可能性が高かったという事実と切っても切り離せない。小社会は、こうした記録をもたないため、歴史のヴィジョンからは濾し出されてしまいかねない。実際、ほとんどの集権化されたシステムは一連のおおよそ類似した（同一ではない）科学技術の段階を経て進化してきた。したがって、こうした段階を全人類にとっての発展法則へと一般化し、その結果、小社会を、永遠の「有史以前」という凍り閉ざされた領域に取り残された過去の遺物として描く傾向が生じたのである。

　本書の目的は、研究者たちが信じてきた、あるいは信じさせられてきたものより、先住民社会がより「進歩」していたと論証するものではけっしてない。いやむしろ、一部の研究者たちが自明のものとして有する、たとえば「進歩」といった潜在的想定そのものに異議を申し立てたい。

先住民族が経験する近代

もちろん、大規模な体系と小規模な体系の区別はあくまで理念型に属する事柄である。現実の世界で実際に描かれる像は、無限に錯綜した地域固有の特殊性、異種混交性、帝国の拡大と相互作用であった。すくなくとも北東アジアにかんするかぎり、数多くの政体と言語集団の相関関係をより広い視野から描いた歴史を強調する点で、アンドレ・グンダー・フランクは正しい。一方で、第二章でみるように、北東アジア社会は、中華帝国が潮の満ち引きのように栄枯盛衰するさまに翻弄されていた。清王朝初期における松花江下流沿いの小社会のように、帝国拡張の時代に北中国やマンジュ（満洲）の社会・文化世界にすっかり吸収されてしまった帝国辺縁の集団もあった。他方、一七世紀に、アムール川下流域やサハリン（樺太）のナーナイ、ウルチ、ニヴフ、アイヌ民族が中国との朝貢関係に服属したように、どちらかといえば緩やかに帝国の軌道に引き込まれていった社会もあった。こうした緩いつながりはその地域の社会を、中国やマンジュの品々、技術、意匠、社会システム（新しい村の権力構造の創出もふくむ）の影響下においたが、地域特有の知識がもつ基底的な下部構造の大半は変容をこうむらずにすんでいた(32)。

これにたいし、集権化を進める中華帝国の牽引力は、人間の移動がもたらす断片化を促す逆方向にはたらく牽引力によって相殺された。小集団は繰り返し既成の居留地から離れ、新たな生活圏へと移動し、そこで徐々に独特の地域語、言い伝え、生活様式を育んでいった。こうして、おそらく一三世紀から一七世紀にいたるまでのある時期に東シベリアからサハリン（樺太）に移住した、いまではウイルタとして知られるトナカイ飼育共同体が、一九世紀にはもともとのルーツである大陸から遠く離れ、人類学者によって独特の「民族《エスニック・グループ》」として分類されるほどまでになった。こうした分散化の過程はごく最近にいたるまで続いた。大半がオホーツク海の西沿岸で生活しているエヴェンとして知られる社会集団は、一八世紀初頭以降のある時期に、自らを近隣集団エヴェンキと区別する地域語と神話を育んでいったようだ[33]。その一方で、この地域の民族の多くが新たに登場する帝国体制、すなわち西のロシアと南の日本による科学技術上の影響と社会的な影響に曝されはじめていったことはいうまでもない。

この地域の歴史は異なる集団間で培われた古くからの継続的な相互活動の歴史であるのだが、オホーツク海域から眺めると、こうしたかつての相互活動の形態が近代世界システムの形成によって創出された夥しい社会的崩壊といかに異なったものであるかに気づかされる。一七世紀末以降、この地域は徐々に、地域共同体の生活をすっかり変容させる新たな影響力の下に従属させられていった。この地域の魚・野生動物・材木といった資源はかつてないほど濫獲された。そして一九世紀初頭には、資源搾取のうえに、西や南からの植民活動者が加わり、彼(女)らが見知らぬ習慣と未知の病をもたらした。

さらに、近代の世界秩序、つまり普遍化を志向する科学の物語《ナラティヴ》をともなう、あの最終的にはエピステーメ型と考えてよい知識体系が、人類の進歩の物語をもたらした。この人類の進歩の物語からすると、分散化した小さな知識体系は、過去の滅びゆく残滓とみなされ、死滅するか、もしくは国民国家の「近代化をせまる」構造に同化するかの運命にあるとされた。だが、物質力および軍事力の面での不均等が大きかったにもかかわらず、グローバルで国家／国民的な知識体系と植民地化された小社会の地域固有の知識体系との相互作用がもたらした帰結は、実際には、小社会の側の死滅か同化かという予想を裏切った。なるほど、地域によっては既存の小社会は近代世界の拡大過程によって全面的に破壊され、その生活様式はいたるところで永久に取り返しのつかない変容をこうむった。しかしながら、多くの場合、そうした相互作用ははるかに微妙で、複雑な、驚くべき結果をもたらした。

他の地域と同様に、オホーツク海域でも、既存の小社会はきわめて多様なしかたで、競合する植民地支配秩序の出現に対応した。場合によっては、新しい影響は既存の社会的知識構造に組み込むことで理解された。たとえば、サハリン（樺太）の先住民族は死をもたらす新種の病気——ロシア人や日本人との接触をつうじてもたらされたインフルエンザ——を、よく知った馴染みの物語類型の枠組みのうちに位置づけることで理解可能なものにした。一九四〇年代にニヴフの物語作家プキーヨン（上村桃太郎として知られる）が日本の民族誌学者に語った物語の解釈によると、その病気や、病気と植民者のつながりは、霊的存在の像をとおしてあらわされているのだが、その霊的存在が与える脅威も、人間が狡猾に振る舞えば出し抜くことができるものと理解されたのだ。

キーリン族のローヘンがムイ川の岸で馴鹿の見張番をしていた。或る時、ポロヘ兎の罠をかけに下った。ところが川ぶちに露人の女が巻煙草を飲みながら坐っていた。そこで、ローヘンがそのそばへ行ったら、女は立ち上がって「ここから南の海岸の方へ行こうと思うが、どちらへ行けばいいのですか」と尋ねたから、ローヘンは「ここから川に沿って曲がって行くのは遠い。このツンドラ〔湿原〕をこちらへ真直に行けばよい」と答えた。ローヘンはこの女が感冒の神様ということが解ったので、人のいないツンドラの途を教えた。女は一寸そっちへ行って、立木を二つ三つ過ぎる〔と〕木陰に消えてしまった。と見ると、竜巻を起こしてズーと浜のタライカの方へ下ってしまった。(34)

しかし、植民地化が進行すると、知識体系の相互作用の形態はまったく異なるものになり、それがごくありふれたものになっていった。この場合、移入された知識が地域特有の知識体系の様式によって解釈されるのではなく、むしろ植民地化された小社会の地域特有の知識は、国家／国民的もしくはグローバルな知識体系によって定式化された原則にもとづいて再解釈され、表現されはじめた。いいかえると、先住民族の知識は人類学、言語学、民俗・環境の研究が用いる学術用語で書き直され、本、雑誌、政治的請願書、博物館の展示品、学校の教室での紹介（そして後には映画、テレビ番組、ヴィデオ）といった新しいメディアをつうじて伝達されるようになった。この過程をあますところなく例証するのが知里真志保《ちりましほ》（一九〇九—一九六二）の著作である。知里は北海道登別出身のある著名なアイヌの家庭で生まれ、東京帝国大学で言語学を研究し、二〇世紀中葉にアイヌの言語および文化にかんする専門家として学界の指導的な地位についた人物である。知里の著作では、まさにアイヌの口承伝統に馴染みの内容が、新たに獲得された日本の学術論文の枠組みのなかに転じられている。そして、この日本の学術論文の枠組み自体、もともとはヨーロッパや北アメリカに由来するものに改作をほどこしたものであった。

同時に、二つの競合する大国による植民地化の過程、すなわち国境線の設定と抑圧的な同化政策の押しつけ自体が、ある点からみると植民地支配された者と植民地支配する者をひきつづき分離する経験と記憶を創り出した。こうしてさまざまな小社会を国民国家およびグローバル・システムに編入する過程は、結局のところ、全面的な消滅も全面的な同化も産み出すことはなかった。むしろ、「近代性」としてごく一般に知られている歴史現象の独特な経験を産み出したのである。以下の章で、わたしはこの独特な「近代」経験を探査し、その経験が「近代性」のもっと一般的な観念、すなわち国民体とシティズンシップにどのような光をあてるかを考察するだろう。

出発点と行く先

植民地時代の探検家たち——ラ・ペルーズ、クルゼンシュテルン、ゴロヴニーン、間宮林蔵——がおこなった旅は、帝都の中心から出発し、外に向かい、「奥地」にまでいたるものだった。彼らは、植民地支配をおこなう社会の物理的な武器ばかりではなく、知的な武器をも携えて、一つひとつ道を切り拓き、商人、入植者、伝染病がその後を追った。旅から持ち帰ったのは大量の原材料であった。鉱物のサンプル、民族誌学的「骨董品」、地図、未知の人びとの話、これらはやがて植民地支配権力がもつ拡張する知識体系のうちに編入されていった。

本書でおこないたいと思っているのはこの過程を転倒する作業である。「奥地」の心臓部から、外に向かい、国家／国民的およびグローバルな帝都にまでいたり、帝都型思考様式を新たに問い直す方法を持ち帰る、そのような旅路への出発である。しかし、わたしがこの作業を現実にできるわけではないことは、十分にわきまえている。わたしも、ふつうの植民地風鞄を持ち帰るのだから。わたし自身、ここで語る話にとって外部の者《アウトサイダー》――オホーツク海域から来たのでも、ロシアから来たのでも、日本から来たのでもない者――なのだから、わたしが書いている歴史を直に経験してはいない。本書の主題にかかわる知識のほとんどは書物と文字で書かれた別の材料によっている。北海道やサハリン（樺太）を訪れたこと、そこで出会った数多くの友人や同僚との啓発的な会話によって補強されているけれども。こうした経験の欠如がわたしの理解に与える限界は自覚している。それゆえ、できれば、本書の執筆作業そのものが知識を伝える過程だけではなく、たえざる学びの過程の一部になれば、と望んでいる。

オホーツク海域の先住民族社会や世界中の先住民族社会の長いあいだ無視されてきたさまざまな歴史は、それ自体として重要であるばかりではなく、そうしたさまざまの歴史がわたしたちに歴史過程全体について教示する点からいっても重要である、とわたしは考える。このような歴史がなければ、近代の国家／国民の歴史および世界の歴史についてのわたしたちの理解、そして国民体や近代性、シティズンシップや自己決定《セルフ・ディターミネーション》といった観念についてのわたしたちの理解は不完全になろう。本書を執筆するなかで、世界の数多くの地域にあるさまざまな小社会が経てきたさまざまな歴史がたがいに実によく似ていることに気づかされた。こうした地域には、わたしが生活を営んでいる地、アボリジニによる自己決定を求める闘争が死活的な現代的重要性をもったイシューになっているオーストラリアも含まれる。地域特有の環境や経験はきわめて多種多様で異なっているが、世界中のさまざまな先住民族社会は、国民国家による植民地化という大雑把にみれば類似した過程に従属させられてきた。本書でもいくつかの箇所で（とくに第六章で）こうした類似性を個々描き出してゆく。

南アメリカや中央アメリカの文脈で先住権運動を研究しているダニエル・マトは、先住民族社会の研究方法として普及している「事例研究」アプローチを批判している。彼の議論によれば、このアプローチは「「グローバル・エージェント」（たとえば、多国籍企業や世界銀行など）の行動実践」から関心を逸らさせる。彼はこうつづける。「この結果、研究者によって生産される知識のかなりの部分が、服属させられた民族や社会集団の行動実践にほとんどのばあい関連している「地域」のイシューについて、むしろグローバル・エージェントを啓蒙する方向で機能してしまい、逆にグローバル・エージェントの行動実践について、とりわけ国家／国民横断的、国際的支配をおこなう位置を維持するエージェントの行動実践について、「地域」のエージェントに情報を与えてゆくという方向では機能していない。こうした傾向を変えるために、わたしたちは何ができようか」(35)。マトによる決定的に重要な問いかけにたいし、いまのわたしは完全な解答などをもちあわせてはいない。だが、本書で、地域特有の歴史や実践ばかりにではなく、国家／国民的および国家／国民横断的エージェントが権力支配《ドミネーション》の位置を占め維持してきたさいに手がかりとした、他者了解にかかわる歴史的実践とシステムにも光をあててみたい。しかも同時に、「辺境」からのさまざまな記憶やさまざまな声が、わずかではあれ、いかにそのような権力支配の安定性を揺るがし、そして長く受け容れられてきた知にかかわる正統を改めて吟味し直しはじめているかを示したい、と考える。

第一章　フロンティアを創造する

——日本極北における国境、アイデンティティ、歴史

国境線を創造する

近代世界において、歴史を記述するという作業は、二つの概念によって支配されてきた。まず第一の概念がネーションである。歴史記述者たちによって構築された物語の主人公とは、複数のネーションズ——その人びと、文化、そして制度——である。したがって、近代国民国家が歴史的時間を解体・検証するにかかわり大きな陰翳をあたえてきたことは疑いようもない。たとえば、「フランス」「オーストラリア」「中国」の歴史というものを記述するさい、現存する国境（ネーションの境界）に規定された意識が過去の像の枠組みに歪みをもたらす傾向をしめすのは、そのためである。そして、歪んだ枠組みの危険は、一般には凝集性を有する領域と考えられている日本の過去の像を検証するさいにも存在するもので、この点は、明白に「人工的」近代国家であるインドネシアの過去の像を検証するときとまったく変わらない。

歴史記述という作業を支配する第二の概念とは、単数の「文明」あるいは複数の「文明群」と呼ばれるものだ。多くの場合、「文明史」というものは「国史」の境界を越えて地球規模にわたるオルタナティヴな歴史を提供する、と理解される。文明史とは、エジプト、バビロン、ギリシャ、ローマ、中華（そしておそらくはインカやアステカ）という帝国をはじめとする拡張した「文化領域」の一連の興亡をとおして、地球システムとしての現在という究極の頂点に到りつく人間の「進歩」を検証しようとする試みだというわけである。しかし、国史にしても文明史にしても、どちらも同一の概念構造を基礎に構築されたものであるのは疑いえない。なぜなら両者とも、複合的国家制度をそなえた巨大な集権化した社会の発展に、検証するさいの関心の焦点をあわせているからだ。したがって、国史、文明史、どちらのアプローチも、つい最近まで地球の大部分を占めていた、「文明」や「国家」の狭間に位置した無数の「国家形態をもたない」社会が紡ぎ出す無数の物語が存在する余地を残さない。

国史、文明史を問わず、巨大な国家に基礎をおくシステムの検証という「過去の翻訳」では、過去は時間の流れという共通の想定によって形成される。この想定の意味するものは、「現在」もしくは「近代」はたんに年代記《クロノロジー》という事項の問題なのではなくて、現在に存在するすべてのものが、かならずしも「歴史的現在」に所属するものではない、という恐るべき解釈にほかならない。「歴史的現在」の一員たるには、「文明」のカテゴリーで括られる或る特定の質と認知されたものを、当該社会もしくは当該共同体の生活様式が所有しなければならない、とされる。しかも、このような「文明」のカテゴリーで括ることのできる特定の質を欠いた「未知の」社会システムは、地理上ばかりではなく年代記のうえでも「石器時代」ないしは「有史以前」という遺物をあらわす記号をあたえられる。そして「他者」と規定されて、近代の地図から消去される。

本章の目的は、あるひとつの歴史物語を観察することによって、過去にかかわる構想がもつ固有な、そして構造的な問題を明確化することにある。ここでとりあげる歴史物語とは、日本社会のもっとも古く、かつ忍辱を強いられた「他者」であるところのアイヌにかかわり、日本最北端の境界を包囲する先住社会と日本社会との接触にかかわる物語である。以下にみるように、それは、どのようにして近代の経済発展および知の発展が、日本における農業段階と急速な産業化の進展との対比をはかりながら、アイヌ文化を「有史以前」の狩猟採集文化として構築していったかを検証する試みでもある。

そしてこの構築過程は、物質的なものと概念的なものという二つの次元を同時にそなえていた。経済のレヴェルでいうと、日本における農業発展は、そのまま同時にアイヌ社会の脱農業化を促進し、その結果、とりもなおさずアイヌ社会は、いっそう狩猟採集に基盤をおいた生活形態に追い込まれていった。一方、知のレヴェルでみると、この過程がもたらした、狩猟採集に基盤をおいた社会は、歴史的変化のたえざる過程からの帰結としては把握されず、遠き過去の化石化した残存物として説明されるにいたった。そして、この「遠き過去の化石化した残存物」という定義こそが、公的には「同質の」近代国民国家において文化的差異がもちあわせる転覆力を中和してゆくのに、きわめて有効な手段を提供したのだ。

徳川時代の植民地主義

日本はしばしば、ごく自然に進化した国民国家として、しかもはっきりと定められた政治的境界線の内部で存続する単一の言語・文化共同体として描かれる。エドウィン・ライシャワーが、ひろく人口に膾炙した日本研究のなかで、こう書いている。「自分たちは他国民とはちがっている、という日本人の考え方は、優越感、つまりは質の問題ではなく、むしろ種類のちがい、というおもむきがつよい。他者と比較して優れているとか劣っているというのではなく、要するにちがう、という考え方である。……わずか一世紀そこそこ以前の状況も、このような感じ方を受け入れやすいものにした。日本語という特殊なことばを話し、日本に特有な生き方をしている人間は、そのすべてがこの島国に他と孤絶した形で *in the sharply drawn and isolated Japanese national unit* 住んでいたのである。加えて、若干のアイヌと、さらに少数の中国人、朝鮮人、それにオランダの交易関係者を除いては、日本人以外の他人種他民族は、日本には存在しなかった[1]」。ライシャワーとおなじように、多くの研究者が、こうした充足的全体感・結合感は、日本が近代世界の大国として登場するに先立ち、ほぼ二五〇年にわたり相対的に孤立していた時期に、強固になっていったものだとみなしている。日本は一六世紀に西洋から火縄銃などを輸入しはじめて以来、ここ二五〇年のあいだに、銃を禁止し、対内的・対外的平和を確実にする社会秩序を創出した、と説かれる。ある歴史家は修辞的に問いかける。「一つの巨大民族が約二五〇年ものあいだ、まったく戦争をせず平和を楽しみ、文化と富とを蓄積した歴史が他にあ

るだろうか」、と。(2)

一七世紀初頭から一八六八年の明治維新にいたる「徳川の平和《パクス・トクガワーナ》」の時代にかんし、これまでの伝統的な歴史理解がとらえる日本とは、外の世界から完全に切断された「鎖国」にほかならない。だが、ごく最近の史料編纂はこうした歴史像の修正をせまっている。たとえば、田代和生《たしろかずい》は、長崎経由の対オランダ・対中国貿易ばかりではなく、対馬経由の対朝鮮貿易、琉球諸島経由での中国や東南アジアとの南交易路に注目することが重要である、と論証している。(3) ロナルド・トビは、対外的な経済接触が有する外交的次元の意義を強調した。(4) とはいえ、こうした最近の歴史の修正から生ずるイメージにしても、おおかたの場合、対外的な接触が厳しく枠づけられ、統御され、整序される社会というものであることに変わりはない。「単一の行政システムによって隈無く覆い尽くされている……島国」、(5) そこでは貿易と外国の知識は幕府によって完全に独占されている、といったように。(6) したがって、外の世界との対比を介して、明確に区分けされ、結合力をあわせもった産業化以前の日本というシステムは、近代日本の国民的アイデンティティ形成にかかわり重大な枠組みを提供するものとみなされていった。さらにいうと、産業化以前の日本というシステムは、現代の困難な時代における国際関係にとってもモデルとなるものだと提示する、日本の歴史家すらいる。(7)

しかし、こうした日本の歴史の把握には、留意すべき深い盲点がいくつか存在すると思われる。たとえば、そのひとつは、徳川期日本の議論において一般に使われる地図を見れば、一目瞭然だろう。なるほど、日本の東と西については、海洋によって隔てられたはっきりとした自然境界が存在する。しかし、「この島国に他と孤絶した形で」(先のライシャワーの引用文中のことばで、「境界がはっきりと設定され孤絶した国家／国民単位」）というには、日本の北の境界線は当惑をもたらすほどに曖昧である。これはたんに地図作成法が確定されていないという問題なのではない。むしろこの曖昧さは、産業化以前の日本にかかわる優位なイメージ（「徳川の平和」）を打ち砕く歴史的な出来事と真正面から対峙するのを回避しようとする態度を反映するものだろう。徳川期日本が、独自の起業家精神、資本蓄積、技術的創意ばかりではなく、植民地的拡張についても在来の形態を有していたという事実を回避するのを反映している、と換言することもできよう。日本は、植民地拡張を進めるなかで、アイヌの生活圏にたいし広範にわたる支配を漸次強化していった。そしてこの植民地拡張は、ほかならぬ（平和な）徳川社会が廃止したと想定される手段——不正な交易、戦争、銃——を用いて成し遂げられていった。徳川の商業植民地主義は、世界中の他地域での植民地主義と相似性をもつだけではなく、後にアジアの他地域で日本がおこなった植民地事業に適用される莫大な経験と思想のモデルを創出した。このようにして、アイデンティティにかかわるひどく厄介な問題が起こり、（後の植民地事業とおなじように）今日にいたるまで解決されないままにいたっている(8)。

日本の歴史の大半をつうじ、北の国境線は、地図上の明確な一定不変の線という意味においてではなく、ある意味ではアメリカの歴史家フレデリック・ジャクソン・ターナーのいう「フロンティア」でありつづけてきた。いいかえれば、北の国境線は、和人が蝦夷《えみし》（そして後に、えぞ）と呼ぶ北の近隣者と混住し、交易し、ときには戦闘をまじえた地域にほかならず、この地域は、日本が北部の政治的支配の境界を漸次押し拡げてゆく過程のまっただなかにある。八—九世紀のあいだに、日本の豪族たちは支配の中枢を本州北部各地域に確立したが、おそらく現代のアイヌの先祖である蝦夷の居住民(9)

は、次第に駆逐されてゆくか、同化させられてゆく過程をたどった。一二世紀以降日本の開拓移民は、いまでは北海道と呼ばれるが、当時は和人に蝦夷《えぞ》としてひろく知られていた地域の南岸に移住しはじめた。移住者の多くは、漁撈、毛皮・魚・海草の交易、あるいは近隣者アイヌに売却するためのナイフや深鍋などの商品生産を生活基盤にしていたようである。和人居住者は少数の有力な家族が支配した館《たて》を中心に集住した。アイヌとの関係は、多くの場合、双方にとって有益なものであったが、ときに不穏な事態ももたらした。この関係はアイヌとその北の近隣者――サハリンのウイルタ、ニヴフ、ウルチ、南カムチャツカのコリヤーク、イテリメン（カムチャダール）との関係に相似したものであった。

安藤一族は、和人入植の初期の段階に、いまの北海道南端の支配を要求したが、一五世紀中葉以降、この地域は政治的・社会的不安定に悩まされた。和人交易者による侵入の増加は、アイヌ居住民からの敵対的な反応を喚起し、アイヌと入植者のあいだには繰り返し戦闘行為が勃発した。最近の研究報告によれば、こうした小規模の闘いでしばしば勝利をおさめたのはアイヌであった(10)。いずれにしても、一六世紀中葉までに、和人による入植の範囲は縮小し、この地域での権力は新しい統治者たる蠣崎《かきざき》氏の手中に収められるようになった。蠣崎氏は一六〇三年の徳川幕府の成立を、大名として自らの地位を確立する好機として活用した（と同時に自らが統治する領地名、松前に改名した）(11)。松前藩は徳川の政治秩序において独特の位置をしめた。他藩の場合にはすべて、富、地域、地位の規定は石高によって数量が測られ、はっきりと定められたものであったが、松前藩には決まった石高も、決まった地理的範囲もなかった(12)。じっさい松前氏は、二つのまるっきり異なる地域の統治権を有していた。現在北海道と呼ばれる領域の南部に松前地があり、ここには和人入植者と、縮小しつつあるアイヌ共同体が居住した（一七八八年には、アイヌ居住者で残っていたのはたった三人だけであったとの報告がある）[13]。徳川期の大半をつうじ、松前地の範囲は、西は熊石、東は亀田まで延びていた。この境界の向こう側には、松前藩に統治権がある「蝦夷地」として知られるアイヌの生活圏が拡がっていた。松前藩は松前地と蝦夷地の境界に屯所を設置することで、この不可視の境界線をはさむ両側の動向を管理した。松前藩主は、一般に「蝦夷大王」として知られていたのだが、初期の藩主たちがその領地の範囲にかかわり、きわめて漠然とした認識しかもちあわせていなかったことは確実である。一七四〇年代に描かれた領地をあらわす地図では、「蝦夷地」は地平線の彼方に消滅してしまうか、数も定かならぬ蝦夷が千島として知られる不明確な小島群のうちにちりぢりに溶解している[14]。

しかし一八世紀から一九世紀初頭にかけて、はじめは松前藩から、後に幕府から委託された「探検」をきっかけに、アイヌの生活圏についてより明確な地図が描かれていった。他方、この地域に次第に浸透してきた和人商人の勢力も、この領域にかかわる貴重な知識をもたらした。この和人商人による交易こそが松前藩の富の主要源泉でもあった。一七一七年までには、アイヌ生活圏の特定区域での交易権は藩内の有力一族――そのほとんどは、徳川幕府成立以前には自らの要塞を有していた――に配分されていた。その後、交易許可権は直接売却されるにいたり、それはやがて富裕な商人の手に渡り、結局は競り落とされて最高入札者の手に流れた。わずかずつではあったが、商人たちは沿岸を北上し、アイヌ生活圏の地域のなかで商業権が認知される範囲を、北へ北へと拡大していった。一六六〇年代までに、北海道の北部沿岸にある湧別を囲む地域は割り当てが決められ、一七五四年、南クリルのクナシリは分割され、一七九〇年、サハリンの南端にも交易区がつくられた。[15] この交易はおおかた海上輸送で（したがって海岸線に沿って）おこなわれたので、アイヌ生活圏の内陸地域は右の地域に比べれば、干渉に曝されることは少なかった。もっとも（以下でみるように）、和人との接触がアイヌの経済と社会に間接的に重大な効果をもたらしていたのではあるが。

一八世紀初頭までは、和人商人にとって、米、酒、漆製品、金属加工品と引き替えにアイヌ生活圏から得られる主要な物産は、毛皮、サケ、狩猟用の鷹などにかぎられていた。その後、いわゆる「長崎俵物」――対中国の交易品として長崎に送られる、イリコ、干アワビといった商品――が、アイヌ地域からの輸出品のきわめて大きな割合をしめるようになった。[16] アイヌ社会が中国市場向けのイリコといった貴重な物産の提供をつうじて、より大きな交易ネットワークに組み込まれていった点は注目に値する。なぜなら、この中国市場向けの巨大な交易ネットワークの最南端は、マカサ人によるオーストラリア北岸でのユールヌ族とのイリコ交易にまでつながっていたのだから。徳川初期には、豊富な金埋蔵があるとの風評が和人の財宝探索者を魅了し、数多くの金採鉱者が松前地やアイヌ生活圏南部に移住した。しかし、本物の金（富）を産出したのは、金鉱石ではなく、まったく別の物産であった。一七二〇年代以降、アイヌの生活圏は次第に、日本農業のいわば小さな革命に引き込まれていった。徳川期中頃、日本の農業では、中部・西部で栽培されていた綿などの商品作物の生産量に急速な上昇がみられた。この商品作物の生産量の増加は農業技術の改良に、とくに商品としての肥料の利用の増加に支えられていた。「金肥」と呼ばれたこの肥料の大部分は、北方の交易地で生産されるニシン搾《し》め滓《かす》であった。和人商人は、極端な低賃金で雇い入れたアイヌの労働力を半奴隷状態におきながら利用して、この金肥を生産した。このために必要な漁撈や魚の加工という活動の多くは大規模なもので、高収益をもたらした。一八〇五年にサハリンを訪れた、ロシアの航海士アダム・フォン・クルゼンシュテルンは、和人が経営する二つの加工製造所について以下のように記録した。「日本人は日本へ輸出するだけのために二つの商館に於いて四〇〇人餘のアイノ人を單に魚の洗淨と乾燥とのために使用してゐる。そしてそのアイノ人等自身魚より外の何者を食料として居るのでもないのである」(17)。

松前の富はアイヌ生活圏を介して外国とおこなった小さくはあるが貴重な交易によっても支えられた。アイヌは和人とのあいだばかりではなく、マンジュ(満洲)人、そしてウイルタ、ニヴフといった北方の共同体とのあいだにも、長きにわたる交易の歴史をつくりあげてきた。この長大な距離にまたがる交易ネットワークを支える二つのルートは徳川初期におおいに栄えた。ひとつは「山丹《さんたん》交易」とよばれるもので、この交易は中国の物産をアムール川下流域の交易共同体を介して、サハリンを経由し、日本の松前およびそれ以南の地域にまで送り運んだ。一八四三年の公文書によれば、山丹交易路をとおして、図柄入りの絹の織物九反、青玉二千以上、各種の宝石や雑貨が交易の対象とされていた(18)。したがって事実上は、非公式のものもふくめれば、もっと多くの物品が交易されていただろう(19)。北方のルートでは、クリルのアイヌを介してロシア人との交易もおこなわれた。ロシア人は一七四〇年代までに、シュムシュ(占守)やパラムシル(幌筵)といった北クリルの島々に地歩を固めていたが、この交易の規模を算定するのは困難である(20)。しかしロシアとの交易があわせもつ重要性は是が非でも維持せねばならないほど大きなもので、松前一族に属する者のひとりは実に独創性に富んだ説明を残している。すなわち、北方から松前に届くロシアの産品はオランダの産品と同一であり——「モスクワ公国がオランダの東に位置することを考えれば、当然すぎ」――、したがって（幕府の禁令にもかかわらず）交易可能なものである、と。[21]

松前藩がアイヌ社会への経済的な支配を拡張することができた理由のひとつは、必要とあれば他の諸藩および幕府そのものから巨大な軍事力を補強可能だった点にある。しかしそればかりではなく、松前藩の地理的な位置と政治的構造もまたその理由であった。アイヌ社会は集権化されていない社会だった。政治権力は主に、小指導者たちから散漫なものではあれ忠誠心を獲得できる村の長たちにあった。他方、松前藩は相対的に集権的な制度をもち、藩主は交易の独占をアイヌたちに押しつけることが可能であった。一七世紀までは、アイヌも和人との相互交渉においてきわめて強力な交渉力を有していた。アイヌは経験に富む熱心な交易者であり、数多くのアイヌの家族が漆製品や日本の刀剣を南との交易から入手していた。[22] しかし、松前藩がこの地域にたいして交易独占の締めつけを強化すると、かつてはアイヌ生活圏と北部日本とのあいだに存在していた多種多様な交易ルートは、松前藩の交易独占システムを経由する通路だけに限定された。そして、アイヌとの交易許可をもつ和人商人がアイヌにたいし、水増しした独占的高価格の商品を押しつける権益を獲得した。

この権益には激しい抵抗があった。一六六九年に、地域指導者シャクシャインのもと、大規模なアイヌ武装勢力が蝦夷地にある日本の交易者・金鉱探索者の居留地を攻撃し、のちに松前地まで進攻した。津軽、秋田、南部、仙台といった北の諸藩からなる軍隊が松前藩防衛のために動員され、激しい戦闘がおこった。そこでは、数百にわたる移住民と、おそらくそれを上回る数のアイヌが殺された、と推定されている。

この戦闘で幕府側に勝利をもたらした要因は、勝敗の帰趨を決定したクンヌイの戦いで、幕府側が火縄式マスケット銃二百丁を使用したことにあった。アイヌ側も、おそらく和人商人たちの手を介して密輸された少数の火器を有していたのだが、重装備された幕府側の圧倒的な攻撃力の前には、(その少数の火器では)あまりにも微々たる抵抗しかできなかった。(23) 一七八九年には、シャクシャインの戦いにくらべ小規模ではあるが、南千島における和人商人の搾取的な商行為にたいする反発として戦闘がおきた。これらの衝突、そしてクリル(千島)やサハリン(樺太)におけるロシアの存在感《プレゼンス》の強まりをきっかけに、幕府は松前地および蝦夷地にたいして直接支配をおこなうようになった。すなわち一七九九年にこの領域の東部が、一八〇七年には西部が幕府の直轄地にされた。もっとも一八二一年には松前氏の統治が復権された。(24)

北方の境界線という概念を徐々に成立させたのは、北からの戦略的な脅威への自覚である。一八世紀中葉、徳川知識人のなかには、蝦夷地での天然資源開発およびロシア南進にたいする防波堤の設置を理由に、蝦夷地への積極的な植民政策を提唱する者があらわれていた。外国交易と海外拡張を強く主張していた本多利明は、蝦夷地を開発する必要にふれながら、「異国と大日本之境界も相立」(『四大急務に関する上書』)する必要を説いた。(25) また松前藩主たちは自藩を「北門への鍵」と描写した。これは、やがて北のフロンティアにかかわる言説で、常套句のひとつとしてもっともよく使い古されてゆく。(26) フロンティア認識に明確な照準があてられるようになったのは、一八〇六年から一八〇七年にかけて、サハリン(樺太)と南千島のエトロフ(択捉)における和人交易地にたいしてロシアが一連の軍事行動をおこなってからのことである。この軍事行動は本質からいえば、ロシアとの交易を日本側が拒絶したことに反発した若いロシア将校たちによる私的復讐行為にすぎなかったのだが、徳川幕府内外に強烈な衝撃をあたえた。そして、大隈重信によれば、次世代の日本の指導者に、日本と外国の関係を再考する必要性を確信させるように作用した(27)。

徳川期の日本が一八五〇年代に門戸開放をしたとき、和人とアイヌとの既存の関係は、集権的な大社会（「国民国家」）こそが唯一国際関係の認知された当事者であるという、当時優勢な西洋の政治哲学ですっかり収用しきられた。したがって、北方のフロンティアをどのように規定するかは日本とロシア双方の政府だけがかかわる問題となり、アイヌと他の先住民族は両政府の交渉過程におけるたんなる取引条項にすぎないものとされた。一八五五年におこなわれた最初の交渉では、クリル（千島）諸島はロシアに割り当てられたが、サハリン（樺太）の所属は不明なままとされた。一八七五年には、この取り決めが見直され、サハリン（樺太）にたいする日本の主権の放棄と引き替えに、クリル（千島）諸島は日本に譲り渡された。日本の北方のフロンティアをめぐるこのような恣意性は、この境界が一八七五年以来三度も引き直されたという事実に反映されていて、今日にいたるまでなおも論争の火種でありつづけている。

「日本」を創造する

これまで概観してきた日本の北方史のうちに、とりたてて新奇なことはなにもない。松前とアイヌの関係については、当時から十分に記録がなされており、両者の関係は以来、多くの北海道研究で議論の対象とされてきた。問題はこの事実が知られていないことではなく、それが産業化以前の日本の全体像を考察するさいに意外にもほとんど影響をあたえてこなかった点である。北海道もしくは北方の歴史にかかわる調査は盛んにおこなわれてきたが、その蓄積は北方史という学問の領域内にのみ追いやられている。日本の通史に目をむけると、この地域は（多くの場合）通史が描く地図上の縁に、かろうじて引っかかっているにすぎない。徳川期日本を「鎖国」と捉えることに再考をせまる最近の研究ですら、一般に「北方」を無視する傾向がある。(28) しかし北方はきわめて重要である。北方の過去を学ぶことで地理的境界の創造について何かを知りうるからだけではない。「日本」の定義について、わたしたちは多くを学びうるからでもある。

植民地を取り巻くほとんどの状況とおなじく、植民者がアイヌについて知るよりも、アイヌ自身のほうが植民者についてはるかに多くを知っていただろう。一八世紀までに、ほとんどすべての沿岸アイヌ共同体は和人交易者と間断なく接触をつづけており、他の交易者との接触によってつくりあげた長い歴史は、いくつかの共同体（たとえばサハリン（樺太））に、遠く離れた国々についての驚くほど精確な知識を提供してきた。オランダの探検家マールテン・ド・ブリースが一六四三年にサハリン（樺太）を訪れたとき、その地方のアイヌの村人は船の乗組員たちに食事と箸をあたえたが、乗組員たちが箸を上手に使いこなせないことがわかると、笑いながら、彼らを「スパノラ」（スペイン人）と呼んだのだった。(29) アイヌ語には、徳川期の日本社会を特徴づける夥しい数の社会的位階制の多くを示す言葉、たとえば、将軍、大名、旗本を意味する言葉があった。(30) 二〇世紀前半に蒐集されたアイヌ叙事詩には、あきらかに徳川期日本を舞台にした物語が含まれているし、寺子屋や富農と貧農の関係などにかかわる詳細な記述が豊富におさめられている。[31] こうした詳細な記述のうちには、二〇世紀前半近くになってから追加されたものもあるかもしれない。だが、その多くは幕府の役人や商人から入手した徳川期日本についての知識を反映しているものであろう。

当時、和人はシサム、つまり「隣人」と呼ばれた。この語は、後にはロシア人やアメリカ合州国の捕鯨者にも適用されたが、アイヌ社会内部の地域区画やウイルタのような近隣小社会にたいして用いられるものとははっきりと区別されている。[32] この「隣人」を意味する語が使われることから推察できるのは、アイヌは和人との差異を明確に認知しつつも、和人に特別の敵対意識をもっていなかったという点であろう。和人への敵愾心がアイヌの口承伝統で表現される多くの場合、それは裏切りをあらわす言葉が使用された。商業植民地主義初期過程において、必ずしも険悪とは言えなかったアイヌの和人観は、時間の経過とともに、悪い経験の集積があり悪化していった、と推定される。

一方のアイヌの和人観が右に代表されるものだとすると、他方、和人がアイヌを明確な差異を有するエキゾチックな存在とみなしていたのは間違いない。和人によるアイヌ記述は、初期ヨーロッパ人によるアフリカや南アメリカにおける「部族」の解説と類似している。一八世紀をつうじて、アイヌ社会についての著作が数多く書かれ（旅行者自身の体験を直接語ったものもあれば、旅行者が語った話を編纂したものもあった）、和人文化はこのもっとも近くにいる、もっとも馴染みのある「他者」についてイメージを貯えていった。こうした記述の冒頭に、かならずといってよいほどおかれたのは、髪型、衣服、宝石にかかわる記述である。髪型の違いがもっとも明瞭に身分的差異をあらわす表象のひとつであった徳川社会の文脈にそくしていえば、アイヌの長く垂れる頭髪や髭は、既存の社会秩序にもとづく統治が及ばない地域に住む人びとの存在を示す証拠にほかならなかった。馴染みのない髪型や衣装は、日本が中国から借用した一連の「夷」という野蛮のイメージを成立させるさいの重大な要素でもあった。したがって、アイヌ社会にかかわる著述でそのエキゾチックな外観を強調することは、世界は〈華〉(宇宙の固定し秩序づけられた中心)と〈夷〉(無秩序と野蛮をあらわす外界)とに分割されうるとする概念枠組みを補足するものであった[33]。

こうした著作は、たいていの場合、衣服と履き物(アイヌが草履ではなく皮のブーツを使用すること)にかんして数多くの評釈をうんだ)について詳細に描写した後に、アイヌの常食物を論じた。和人観察者にとって、(和人商人から相当量の米を買うが)アイヌが米を作らず、不定時に摂食し、サケなどの魚ばかりか鹿や熊をも食するのは驚くべきことであった。貝採集のための潜水の技術や狩猟用の毒矢(松前藩はアイヌの毒矢製造の秘密を解明するために多大の努力をはらった)にかかわる記述も多い[34]。また、宗教と埋葬の習慣に話題を絞り込んで議論をおこなうものもあったし、アイヌに書記体系がないことに評釈を加えるものは多かった。ヨーロッパ探検家による説明とおなじく、文章の語り口は記録者ごとに大幅に異なる。軽蔑と無理解も散見されるが、和人記録者のなかには(たとえば間宮林蔵)、アイヌ文化の批判ばかりではなく、その文化を賞賛する者もみられる[35]。こうした説明のなかには、アイヌ共同体の生活の「質朴」への羨望を記すものもある[36]。だが一八世紀初頭の記述では、アイヌ社会の位相にかかわり不名誉な術語を使用した後に、つぎのように付け加えるのも忘れられてはいなかった。「実に夷狄にて獣にひとしき形なれども、心のゆたかなるは衣食住の煩すくなく利倍の巧みなきゆへなるべし[37]」。

しかし、記録者たちは、差異にかかわる以上の意識を明確にさせながら、アイヌは完全に異なる存在なのではないとの拭いがたい感覚を同時にいだいていた。新井白石はアイヌの起源を中国や日本の古典をとおして跡づけようと試み、アイヌは「古の北倭なり」と論じていた（「倭」は漢の文献で日本に住む者にあたえられた名である）(38)。和人自身が倭の子孫であるのははっきりしていたのだから、これは、和人とアイヌのあいだに祖先‐子孫という関係があることを明示していた。また本州北部に住む者の多くはアイヌを祖先とするとの認識も広範にひろまっていた。坂倉源次郎はアイヌの生活様式の質朴さを賞賛していたが、にもかかわらず、和人社会へのアイヌの同化政策を最初に主唱した者のひとりでもある。したがって、この矛盾は「日本」を定義する過程にかかわり、いくつかの興味深い洞察をあたえてくれる。彼の議論によれば、北方アイヌは田作をし、穀食の習慣を身につけるべきである。「則本邦の人と化すべしといへり」。この可能性を示すために、彼は本州北の津軽とその南部に住むアイヌの住民が次第に和人社会へと同化されていった実例を引証した(39)。坂倉は、「日本」とは血の問題ではなく、創出が可能な事項であると示唆している（興味深いことに、坂倉の説明では、松前地の和人入植者たちはフロンティアでの単純な生活様式を身につけたため、アイヌの隣人にくらべれば、わずかにエキゾチックさに欠けるにすぎない、とされている(40)）。

しかしながら、相似と差異にかかわる問題はたんに学者の思弁にかかわる問題であるだけではなく、政治の問題とも密接に絡みあっていた。一八世紀後半まで、松前藩の支配層にとっては、アイヌの同化を促進するよりも、その差異を維持することに藩の既得権益があった。いいかえれば、松前藩の利権にかかわる関心事は蝦夷地を外の世界（外国）からではなく日本の他地域から孤立化させる点にこそあった。交易における独占は、アイヌがたえず可視的に和人と異なっている世界でこそたやすく維持されるものであったし、さらに、この「野蛮な」人びとにたいする統治は幕府や諸藩とのかかわりにおいて松前藩の威信を高める要素にもなった。それゆえに、アイヌが草履やつげ笠といった和人の衣装を着用することを禁ずる規制が布令された(41)。

だが一八世紀中葉以降、ロシアによる北方からの脅威にたいする認識は、(本多利明がいったように)「異国と大日本之境界も相立」する必要を江戸幕府に痛感させ、アイヌのアイデンティティというイシューにまったく新しい光を照射した。一七三〇年代以来ロシア商人と移住者が北千島に入植しはじめ、後に一八世紀末になると伝道者が移り住み、先住アイヌやイテリメンの共同体に、ロシア正教会の教え、ロシア風の名前、およびヨーロッパ様式の衣装などをひろめた(42)。一方、南千島地域は自らの領土であるとの幕府側の主張には、(北千島地域におけるロシア化とは対照的に)そこに居住する共同体社会が「日本」であることを強調する必要があった。したがって幕府が蝦夷地の直轄統治を開始するとただちに、(松前藩による差異の固定化の試みとは対蹠的な)住民への同化政策が実行されはじめた。そしてこの政策の実施重点地域として幕府がねらいを定めたのは、松前地の近接部分ではなく、むしろロシア(化された)側に隣接する部分、すなわち南千島のクナシリ島、エトロフ島という地域であった。

こうした同化政策が興味深いのは、それを検証することで、徳川体制による公式的な「日本」把握を知ることができるからである。北のフロンティアにむけて幕府の政策が創り出されてゆく過程のうちに、当該地域にかかわり競合する二つのヴィジョンのあらましをみてとることができる。どちらのヴィジョンも、和人とアイヌのアイデンティティの関係について独特の考えをともなっていた。一方の視座からすると、北の問題は安全保障の問題であって、主たる関心はこの地域を外国による攻撃や侵入から防禦することにおかれた。そのためには、和人へのアイヌの敵愾心を喚起してアイヌを「敵側」に回してしまう政策を（できるかぎり）回避しながら、アイヌを和人と同一視できる可視的な徴でもって刻印する必要があった。しかし、もう一方の視座からすれば、北の問題は潜在的には経済発展にかかわっていた。蝦夷地は（坂倉源次郎が示唆したように）全国民の利益になるよう開発＝搾取可能な、資源の豊富な領域であった。この開発論的なアプローチは、当該地域への和人の移住を促進し、農作を奨励し、そのさなかでアイヌの生活様式をすっかり変化させるという、いっそう徹底した政策を含意した。北についての第一の見方では、アイデンティティという係争点はすでにある知の枠組みの内部で処理可能なものであったろう。すなわち、見目形、エチケット、儀式といった外見上あらわれる詳細に注意をむけることによって、「夷」は「華」に変換されうる。これにたいし、第二の見方が提案するのは、生活様式のもっと根本的な変容の必要性であった。これは社会秩序についての既存の哲学がもつ境界をはるかに越えるものであった。

北にたいして幕府が政策を創出する過程で、右にみた二つの対照的な観点のあいだに内的な争闘がはらまれたことを示す形跡が存在する。たとえば、一七九九年に出された提議では、蝦夷地への和人の大規模な入植を促進し、道路、森林地、造船を開発し、アイヌによる農耕を奨励し、そのことで「開国」を成し遂げる必要が語られていた。(43) とはいえ、このような野心的な計画は当時のシステムが有する資源ではとうてい達成不可能であった。この計画を追求しようと試みるなら、安定性の確保が急務であるまさにその瞬間に、当該地域を不安定なものにしてしまうという恐れが、ただちに明らかになった。後にみるように、農業の発展はニシン業を統制する有力商人の利害と衝突するので、とりわけ問題があった。クリル（千島）の漁業にたいする日本側からの季節労働の流入はある程度増加していたが、その一方、移民と農業発展を奨励する計画はただちに放棄され、開国という用語は、この主題にかんする議論の語彙から公式には取り除かれた(44)。

したがって、結局のところ、徳川幕府は同化政策を魂ではなく身体からはじめることを選択した。菊池勇夫がこの主題にかかわる詳細な研究で示すように、この最初期には、同化を強いる衝動の主要な標的は髪型と衣服におかれた。アイヌが髭を剃られ、日本風に散髪され、日本風の衣服を身につけさせられ、その後に幕府の役人によって食事と酒のもてなしをうけるという、「改俗の祝儀」と呼ばれる公的な儀式がとりおこなわれた(45)。アイヌに日本語を教える努力が長期間にわたってはらわれ、ア・イヌの指導者たちは自分の名前を日本の漢字に書き改め、アイヌの女性と増えつつある和人漁業労働者とのあいだの婚姻が奨励された（強姦や婚外交渉によって惹き起こされる社会的不安の防止を目的のひとつとしていたことは疑いえない）。

右のような同化の措置は単純でじつに粗雑なものとみえるかもしれないが、こうした措置でさえ、特有の混み合った事態をともなわずにはいなかった。第一に、徳川社会が入り組んだ社会構造を有していたため、衣服や髪型にかんしてすら、単一の包括的な「日本」を決める物差しは定められていないのである。一切の事柄が社会的位階制秩序のなかでしめる位置によって決まっていたし、アイヌを「われわれに似た者」に変えようとする取り組みには、彼(女)らがどのような種類の「われわれ」になるべきかについての注意深い決定がなされなくてはならなかった。たとえば、衣服にかんしていえば、エトロフ島の一般のアイヌにはたんに庶民の使い古した服があたえられただけであったが、村長にはいくぶん正装に近い羽織があたえられた。これは村長を彼の社会の内部で優越した地位にある者として示すと同時に、幕府役人や和人商人と比べるなら、劣った地位にある者として定めるものであった。なぜなら、幕府役人や和人商人は羽織・袴の一式、もしくはもっと正装に近い裃《かみしも》を身につけていたからである。(46) こうして差異——劣ったものであること——が同化過程そのものに編み込まれた。これが第一の特徴である。

第二に、「日本」それ自体が固定した標的ではなく動く標的であるという問題があった。一九世紀に入ってから十年たつと、アイヌを日本化する政策は消滅した。同化政策は明治維新以後になるまでは本腰をいれて復活させられることはなかった。それとともに、明治維新にいたるまで、国民的同一性についての公式の捉え方は絶え間なく変化した。そして明治政府が樹立されると、この政府は日本経済の近代化および産業化、そして国防の強化に目標をおいた、途方もなく野心的な改革のプログラムに着手しはじめた。このプログラムを実行する過程のなかで、現在では北海道と改名されている日本の大きな北の島は特別の位置をしめるにいたった。この北の島は、和人だけが定住しているわけではない唯一の日本の領域として、「新しい日本」の名所に変換可能な空白地（もしくは無主地《テラ・ヌリウス》）を提供するものとみなされた。

北の島はこうした象徴的な役割をもったために、明治初期の知識人たちのあいだに、北海道の将来をめぐって白熱した論争が惹き起こされた。北海道の海洋・鉱物資源の開発は漸次おこなうべきだとする、どちらかといえば自由放任的なアプローチに与する論者もいた(47)。他方、もっと介入主義的な植民政策を支持する論者もいた。政府が最終的に選択した解決策は、まさに新時代を特徴づけるものであった。アメリカ合州国農務省前長官ホレス・ケプロンの指揮のもと、西洋の専門家団が日本に招聘され、北海道にかかわる科学的調査がおこなわれ、その将来について助言が述べられた。気候、地質、輸送手段、伝達手段を対象とする入念な研究がおこなわれたが、その最終報告は、非専門家とまったく変わらず専門家のあいだでも意見の一致がみられないことを露呈するにすぎなかった(48)。ケプロン自身は急速におこなわれるべき徹底した開発を支持する案を提起した。北海道は日本の他地域からの移民によって入植され、その土地は西洋の技術を利用した大規模な農業経営のために開拓されるべきである、と。彼とその同僚の科学者は北海道は米作には適さないと判断していたので、彼自身は以下の提言を付した。和人入植者は麦作をおこない、パン食に転換するよう働きかけられるべきであり、こうした明治期のユートピアを完遂するためにも、彼(女)らは石造りもしくは煉瓦造りの家に住み、西洋風の家具を使用し、完全に西洋風の食事をとるべきだ、と(49)。

おそらく予想されたことではあるが、こうした考えにたいする日本政府の反応は混乱をきわめた。開拓使長官は大規模な移民を実行し農業を拡張せよとのケプロンの要求をこころよく迎え入れた。一八七五年にロシアとのあいだで国境にかんする合意が締結された後、北海道にたいする安全保障上の脅威が減ったことが、関心のおきどころを防衛から開発・発展へと移らせていったようである。すなわち、開拓使は北海道をもはや「北門への鍵」ではなく、しきりに「北門の宝庫」として言及するようになった。しかし、北海道をアジア版ニュー・イングランドとみなすケプロンの見解は体よく無視された。文化を自然に適するようにさせるのではなく、自然こそが文化に適するよう手を加えられるべきものになった。寒い冬と湿気のない夏といった北海道の気候の厳しさに耐えうる、新種の米が開発されて(50)、農業を介した北海道の植民地化は米作にもとづいておこなわれるようになった。

北海道にたいするこうしたヴィジョンのもとでは、もともとの先住民の存在はあきらかにひとつの問題であった。ある公式の歴史がいうように、「彼等の性情は概して従順で、例へば北米に移住した歐羅巴人がインデアンに對した如く、武力の行使を必要としなかつたが、久しく原始的な生活を續けてゐたもの丈に、今之を一視同仁して國民として取扱つて行かんとするには、そこに施設を要する多くの問題が横たはつていた(51)」。かつて幕府を悩ませていた身分をめぐる係争点はもはや重要性を失った。なぜなら新日本では徳川時代の複雑な序列構造は廃棄されたからである。しかしながら他方で、明治政府の改革熱に見あった新たな形態の同化が、旧体制下のどの同化政策よりもはるかに徹底しておこなわれるようになった。同化政策に反映される、国民的アイデンティティの形態の変化といえば、それはひとつには経済的便宜にかかわる問題であった。だが同時に、この変化は「日本」がどのような象徴と同一視されるかにかかわる根本的な転換をもあらわした。いまや関心の焦点は身体、髪型、衣服——華という秩序ある世界を外面的にあらわすもの——に定められず、仕事、生産、経済——文明の生きられた経験——に絞り込まれていった。文明とは、いうまでもなく、経済発展、富、力という独特の含みをともなった一九世紀西洋の civilization という概念の翻訳として導入された新語である。

したがって新秩序における同化・日本化にとっての鍵は、アイヌを農民へと転身させることであった。アイヌの伝統では、土地にたいする権利《ランド・ライツ》の基礎は永続的な所有権ではなくその使用にあった。たとえば、だれであれ、使われていない土地に区画をほどこして耕作することができ、耕作をおこないつづけているかぎり、その土地にたいする排他的権利を有した。しかしながら、いったん土地が使われずに放っておかれると、他のだれであれその土地は使用可能だった。[52] 西洋出自の法典を備えた新制度のもとでは、このような形態の土地にたいする権利はまったく認められなかった。こうしてアイヌの土地は政府に接収され、先住民族として農業用小地所が割り当てられただけであった。伝統的なアイヌの狩猟習慣は禁止され、野蛮という特有の含みをもった「蝦夷」という古い日本語にかわって、アイヌは「旧土人」――明治政府の同化政策がかかえるパラドクスの存在を匂わせる用語――になった。

同化の中核をかたちづくる矛盾は、アイヌは自発的に「適切な」和人のように振る舞うようになるとあてにすることは不可能なのだから、そのように振る舞わせるには特別の措置を適用しなくてはならない、という点である。こうした措置のなかでももっとも悪名高きものが「旧土人保護法」である。この法律はすべてのアイヌの家族に、上限面積五ヘクタールの地所の所有を割り当てると同時に、多種多様な社会福祉、生活の営みへのおぞましい一連の規制をもたらした。たとえば、土地は公的な許可なく売却することは許されず、土地を農業以外のために利用することも禁じられた。そして一五年間耕作されなかった土地は没収された。アイヌの村々の蓄えは国家の統制下におかれ、内務大臣の許可があってはじめて「所有者の共同の利益のために」利用できるものとされた。子どもたちは日本語と日本社会の学習に圧倒的な重点をおいた特別の学校で教育を受けなくてはならなかった。[53] つまり、和人と同じであることを創出する政策は、差異からできあがった記念碑を創造したのであった。その多くは今日まで残りつづけている。

しかし、アイヌは日本政府のアイデンティティ・ポリティクスのたんに受動的な犠牲者の地位に甘んじてとどまっているのではなかった。江戸時代には、公式の「同化」政策はしばしばアイヌの抵抗に直面し、放棄や修正を余儀なくされた[54]。とりわけ、髭は男性の力強さと威厳をあらわす重要な象徴であったので、「改俗」政策は結局のところ、アイヌの男性が和人の髪型を採り入れつつ、他方で長く髭を伸ばしつづけているという事態に終わることが多かった。髭や伝統的な儀式の装束をはじめとする差異の象徴は、二〇世紀に入ってからもかなりの時期まで、いくつかの共同体によって油断なく大切に護られたし、強制的に課されたアイデンティティ自体でさえ抵抗の武器になった。たとえば、日本は千島列島を一八七五年に獲得した後、シュムシュやパラムシルのロシア化したアイヌに出会うことで、手に負えないパラドクスに直面する。ロシア化したアイヌの存在は安全保障への潜在的な脅威であるばかりではなく、公民としての資格・権限《シティズンシップ》、言語、文化は単一でなければならないとする明治国家という一つの想像物の全体図を揺るがすものでもあった。とうとう政府は、北千島のアイヌを一人残らずシコタン（色丹）という小さな南島に移動させることで、問題の解決をはかる道を選んだ。シコタンで彼(女)らは地所や米による手当をあたえられ、和人になるよう促された。当局はこうすることがアイヌ共同体の福祉のためになると、しごく純粋に信じていたように思われる。しかし実際に移住させられたアイヌにとっては災厄であった。移送されたアイヌはホームシックと新種の病気にかかり、人口は激減した。失わなかった唯一のものといえば、皮肉なことにロシア人としてのアイデンティティだけだった。彼(女)らはロシア名、ロシアの衣服や宗教を守りつづけただけではなく（図参

シコタン（色丹）に移住させられた北クリルのアイヌの人びと．1891年11月撮影．（多羅尾忠郎『千島探検実記』国書刊行会，1974より）

照)、シコタンにいる数多くの日本人入植者をギリシア正教へと改宗させるのに成功さえした。(55) しかしながら、強制的に課されたアイデンティティは時間の経過とともに、まったく逆方向にもはたらいた。アジア・太平洋戦争末期にソヴィエト軍がエトロフを統制下においたとき、そこにいた住民のうちアイヌはたった二人だけであったが、そのどちらも——解放者になるはずの者にとっては当惑であったはずだが——自分たちは和人であると主張したのであった。(56)

現在における過去

したがって、徳川と明治の植民地

主義は、アイヌのアイデンティティとこのアイデンティティが和人・日本人のアイデンティティと取り結ぶ関係とにたいし、両義性に深く穿たれた情況を創出した。対外的な政治目標としては、アイヌは日本人でなくてはならなかった。だが同時に、国民体《ネーションフッド》についての公式の理解からすれば、あからさまな差異（優劣とは別の差異）にはなんら余地が認められない社会において、彼(女)らははっきりと異なる日本人でもあった。アイヌのもつ差異を認めたとしたら、アイヌが掲げうる自治要求を認めなくてはならなかったであろう。逆に、差異を否定したとしたら、明治政府によるエネルギッシュな従属化・同化政策にたいする知的正当化が不可能になってしまったであろう。

こうした不安定な両義性は近代日本におけるアイヌ政策の中心にあるばかりではなく、アイヌを対象とする近代日本および西洋の学問の核心部にもある。明治の後半以降、アイヌ社会は学術論文の主題になり、夥しい数の論文が発表された。こうした学術論文の多くは、アイヌのアイデンティティを民族的起源によって定義するという問いに取り憑かれていた。この学問業績のうちでは競合する二つのテーマが浮かび上がった。ひとつはアイヌは日本人とは民族的にまったく異なる民《ピープル》であるとの想定であり、もうひとつは日本人とアイヌは民族的起源を共有するとの強調である。第一の理論は日本を対象とする、ヨーロッパ系の民族誌学者や考古学者（たとえばモースやモーガン）によってとくに強調されていたものだが、日本では一九二〇年代から三〇年代に強い影響力をおよぼした。二〇年代、三〇年代といえば、まさに民族の純粋性や独自性といった観念がしだいに支配力を拡大した（こうしてアイヌを「日本」から排除することが、日本人の民族的・文化的な絶対的純粋性を肯定し直す手段を提供した）時期でもある。(57) アイヌを対象とする著作が経た歴史のなかでおそらくもっとも奇怪な迂回路は、ナチス・ドイツに起きたアイヌ研究にかかわる短期間の流行であった。この流行は、「古代」日本人の祖先はコーカサス系であるとの想定にもとづき、ナチスの人種理論と日独同盟という現実政治とのあいだのギャップをなんとかして埋めようとする空しい期待に刺激されて生起したものであった(58)。

しかしながら、多くの研究者にとって、アイデンティティのパラドクスを解決する鍵を提供したのは地理(学)ではなく歴史(学)であった。同一性と差異は、別個の民族的・地理的起源をはっきりと識別することによってではなく、歴史の時系列をあらわす精神地図上の相異なるレヴェルにもろもろの社会を位置づけることによって融和しうるとする想定だ。こうしたアプローチに枠組みを提供したのが、日本が一九世紀中葉以降西洋から輸入した歴史進歩のモデルであった。ヘンリー・トマス・バックルやフランソワ・ギゾー(その著作は明治期の欧化論者に測り知れない影響をあたえた)が、人間社会は文明の進歩の途上にある系列的な段階を一歩一歩あゆみ進むものだという人類社会像を描いていた。二〇世紀には、アーノルド・トインビー(一九世紀の方。一八五二―八三)が説く「産業革命」概念や、ヴェール・ゴードン・チャイルドが提唱する「農業」革命・「都市」革命という考えが、こうした人類社会像を具体化するのに一役買った。こうした概念・考えは、人類社会の前方行進がおこなわれてゆくなかで、そのつど別々の時系列上に「フロンティア」を定めたからである。こうしたフロンティアを利用しながら、未知のものを過去というはっきりと区画された地域に位置づけることで、差異のディレンマを解決しえたのだった。つまり、たしかにアイヌは日本人とみなされる。しかし、それもアイヌ以外の日本社会がはるか以前に置き去りにしてきた、別の歴史時代に属する日本人として、である。このようにして、アイヌの差異はひとを魅了し、エキゾチックで、脅威をあたえないものにされえた。この主題を扱うある本のタイトルを借用すれば、アイヌは「現在のなかの過去」になった、ということであろう(59)。

もちろん、このアプローチは二〇世紀全般にみられるヨーロッパやアメリカ合州国の人類学および考古学で提示された小社会についての見方にきわめて類似している。近代の小社会を「わたしたち」自身の過去を映す鏡とみなすことが、こうした社会にたいする関心と研究を刺激するのだが、このような調査研究から生起するイメージはかならずしも否定的なものではない。たとえば、哲学者・梅原猛の最近の著作では、アイヌは縄文時代の狩猟採集文化の担い手、知られているなかでも最初期に属する日本文化の担い手であると定義される。さらに、この文化は逆に、生態系の重要性が見失われたわたしたちの物質主義的な現代世界がかかえる困難にたいする解決策を含んでいるとみなされる。

「採集文化から知恵を学ばないと、人類は生きていけない時期にきているのではないか。こういう意味で、狩猟採集文化の一つの形態としての日本の縄文文化というものは、たいへん大きな意味をもっているだろうと私は考えるのです。その縄文の文化がもっとも残されているのが、アイヌと沖縄の文化だと思うわけです。沖縄の場合は朝鮮や中国の影響がかなりあるようですが、アイヌ文化にはもっとも純粋に縄文文化が残されている(60)」。アイヌ社会を先祖の知恵の宝庫とみなす梅原の見解は、デイヴィド・スズキやデイヴィド・メイバリー－ルイスのような論者によって最近敷衍されるようになった部族社会についての見方と、どこか似ていなくもない(61)。

しかし、アイデンティティのディレンマへのこうした解決策が有効なのは、アイヌのような社会の経験を脱歴史化し、その社会を「古層にあり」、「変わることのない」ものと想定し、この過程でしばしば彼(女)らの過去の性質をひどく歪めざるをえないという犠牲をはらう場合にかぎられる。アイヌの場合、彼(女)らを古代日本の生き残りと定義しようとする試みは、彼(女)らの歴史でもっとも魅了する位相のひとつ、アイヌの農業の物語に向き合うことがとりわけ困難になる。アイヌ文化が、知られるかぎりで最初期に属する日本文化が化石化したものであるとするなら、アイヌが狩猟採集民であり、「農業革命」の分水嶺をいまだもって跨ぎ越していない民《ピープル》であることが必要不可欠の条件となる。じっさい、アイヌは、このようなしかたで、一八世紀から今日にいたるまで数多くのテクストに登場してくるのだ。しかしながら、こうしたラベルはアイヌ社会の性質についての誤解ばかりではなく、歴史の変化そのものの性質についての誤解をも反映するものにほかならない。

江戸時代と同時期のアイヌ社会は食糧の大部分を、狩猟、漁撈、貝や植物の収集に依拠していた。しかし同時にまた、考古学、文書、民族誌学のうえでは、アイヌ社会がすくなくとも二つの形態の農業を営んでいたことを示す証拠が豊富に存在する。第一のものは犬の飼育である。この活動はサハリン(樺太)のアイヌ経済の基盤をなしていた(また、アイヌの生活圏に属する他地域でもより小さな規模でおこなわれていたようである)[62]。ヨーロッパや日本社会では犬はまったく異なる役割をはたしていることが理由になってであろうが、犬の飼育にかんするアイヌの技術が「農業」として認知されることはほとんどない。しかし、利用可能な情報から勘案すると、サハリン(樺太)のアイヌにとって犬は、他の社会で牛やラクダがはたしていたのとまったく同じ役割をはたしていたとみなしても間違いではあるまい。いいかえると、犬は食糧や衣服としても利用され、荷を引く役目もはたした。つけくわえれば、狩りの道具としても重要であったのはもちろんである[63]。一八〇七年—〇九年にサハリン

(樺太)を旅行していた間宮林蔵の記述によれば、身持ちのよいアイヌの家族はどれも五頭から一三頭の犬をもっており、犬については選別をほどこしたうえではじめて飼育がなされ、餌づけや訓練には細心の注意がはらわれた。小さく弱い犬は肉や皮を利用するために殺されたが、強い犬は橇や小舟を引くのに利用された。サハリン(樺太)のアイヌは獣医学上の技術を十分に発達させていた。この技術は、たとえば、橇用の犬の去勢——この手術によって犬をもっと強くさせることができると言われていた——などである。良質の犬はとても珍重され、高い価格で取り引きされた(64)。犬は食糧や荷引きの用に供されたばかりではない。コーネリス・クーンの記録によると、犬は川からサケを捕るように訓練されており、捕った魚の頭を引きちぎって食べ、残りの身の部分を飼い主の家に持ち帰るのがつねであった、という(65)。

第二の形態の農業には、モロコシ、キビ、豆、野菜の耕作といったもっと(他社会にも)馴染みのある活動がふくまれる。北海道南部を対象とする最近の考古学の研究からは、遅くとも九世紀にきわめて実質的な農業がおこなわれていたことを示す証拠があきらかにされている。収穫物としては大麦、小麦、黍、豆があり、おそらくは移入されたのであろうが、わずかながら米も発見されている(66)。徳川期の数多くの文書にはアイヌの農業についての言及がある。最近ではこの主題にかんして、高倉新一郎や林善茂といった研究者による調査研究がある(67)。農作業はたいてい女が従事した。女たちは夏の数カ月のあいだは、朝早く起床し、午前中は作物の手入れに従事した。川の土手沿いに小さな畑が切り拓かれ、刈り採られた草や雑草は燃やされて、肥料用の灰とされた(68)。こうして切り拓かれた原野は二、三年のあいだ耕作がおこなわれて、その後は放置されて元の森の一部に戻る。いったん種が蒔かれると、肥料はけっして使用せず、畑の雑草採りはたまにしかおこなわれなかった。だが、植え付けをする前に、種が鳥の卵と種々の植物のエキスからなる混合液のうちに浸されることもあった。この方法は発芽を促進すると考えられていたからである[69]。

アイヌの農業の性質についてこれほど多く知られているのにもかかわらず、どのような論拠で、アイヌは「日本人が北海道に移り住み、農業をおこなわせようと試みるまではずっと猟師、漁師、罠猟師[70]」であったといまだに紋切り型に定義できるというのだろうか。いったいどうして、アイヌは梅原猛が主張するように狩猟採集社会の生き残りのモデルケースと考えられるというのか。その答えのひとつは、アイヌの農業の歴史はさまざまな近代の知のパラダイムに深く根ざす部分と根本から矛盾することによって、その歴史そのものが観察者にとってまったく不可視化されるという事実のうちにある。その歴史を不可視化させないと、まず第一に、アイヌの農業の存在そのものが、知られるなかで最古の日本文化を保存しているものとしてアイヌを構築・解釈しようとする試みを攪乱する。このこと自体は乗り越えられない問題ではなかろう。林善茂は、アイヌ社会は縄文時代の狩猟採集文化ではなく、最初期形態の日本の農業社会が残りつづけたものであると論じることで、右の問題に対処した。林はこの最初期形態の農業社会を後期弥生時代から古墳時代（およそ二〇〇―五〇〇年）に結びつけて考えた。その著作ではこう書かれる。「アイヌの生活文化の中には、弥生式乃至古墳時代における日本文化の影響がすくなからず認められるが、農耕文化の如きもその代表的な事例の一つであって、弥生式乃至古墳時代における本邦の畑作農業が、停滞的な漁撈民族であるアイヌによって、殆どそのままのかたちで、近代まで保持されていたものということができるのである[71]」。アイヌの農業技術の性質について丹念で興味深い記述をおこないながらも、その後で、林はつづけてつぎのように説明しなければならないと感じた。すなわち、こうした農業技術は日本にみられる技術と似ているが、歴史上の日本社会にみられるどのような技術よりもつねに原始的であった、と。(72)

しかし、アイヌ社会を「農業革命」の縁に永遠に留めおかれた文化にほかならないとするこの描き方からは、いくつかの問題が生じる。ひとつには、林はアイヌの農業技術と日本の農業技術とのあいだの差異を強調するのだが、アイヌの農業技術は、すくなくとも一八世紀後半にいたるまで日本の様々な地方でおこなわれてきた農業形態に驚くほど相似していたのだ。たとえば、松前の和人入植者がおこなった小規模農業の活動について、一七八〇年代に最上徳内《もがみとくない》が記述しているのだが、この記述によれば、彼(女)ら入植者も焼畑農業をおこなっていた。彼(女)らも小さな畑を切り拓き、三年から五年ごとにそこを手放し、アイヌの農民と同じように、(地域で生産された肥料は豊富にあったにもかかわらず)土壌に肥料をまかず、除草に力を入れなかった。そのうえ、こうした農業のやりかたは松前に独自のものでもなかった。なぜなら、最上が聞き取りをした、日本の西海岸から離れた佐渡島出身の農民の言によれば、同じ技術は生まれた地域でもおこなわれていたとのことだったからである。(73)じっさい、類似した焼畑農業は比較的最近になるまで日本の数多くの地域で存在していたことが知られている。

松前と佐渡の和人農民は、たしかに日本の他の地域で利用されていたもっと集約的な農業技術について知識をもっていたであろう。だから、彼(女)らの農業がアイヌのそれと似ていたという事実は、こうした形態の焼畑農業にかんして別の解釈を示唆する。一七三〇年代の松前について坂倉源次郎がおこなった観察からは、こうした別の解釈が支持される。坂倉の論評によれば、松前では農業はまれにしかおこなわれなかったのだが、それは地味が貧しいからではなく、そもそも農繁期と、ニシンが沖合いの広大な浅瀬に大量に押し寄せる夏の数カ月とがぴったり重なってしまうからであった。儲けの多いニシン業が農業から労働(力)を引き寄せたため、日本の他地域の多くでおこなわれていたきわめて労働集約的な形態の農業をそもそも実行不可能にしてしまった。じっさい坂倉は、松前でも農業は或る段階で大規模に試みられたのだが、富はニシン業から得られるので、「古来より耕試みるものなきなり」と示した。[74] この論評に照らしてみると、アイヌや松前地および佐渡の和人共同体が営んだタイプの農業は過去からの原始的な残存物であったばかりではなく、利用された技術は、漁業や狩猟に大量の時間を費やす社会に見合うべく独特の発達をとげたものである、との想定が可能だ。雑草採りもほとんどやらず、肥料もあたえず、灌漑もおこなわない小規模の焼畑農業は、土地が豊富で労働(力)が稀少な地域でこそ理にかなったものであったのだろう。

こうした農業と漁業の緊密な相関関係は徳川時代のアイヌの農業がたどる運命に決定的に重大な結果をもたらした。なぜなら、深沢百合子が言うように、「アイヌの文化は農耕の存在によってよりもその消滅によって定義される」からである。[75] 江戸時代より何世紀も前から農業がおこなわれていたことを示す実質的な考古学的証拠が存在するが、畑作の形跡は江戸時代の中期から後期にかけて消滅してゆく。アイヌの労働力(男性と女性双方)をさらにいっそう集中的にニシン業へと編入していったのは、こうした農業の衰退と関係があったからだとみてほぼ間違いない。坂倉源次郎が当地を一七三〇年代に訪れ、農業は山間部で暮らすアイヌがおこなっており、沿岸のアイヌはおこなっていないとの所見をのこした。それ以前の時代に沿岸に住むアイヌがおこなった農業がどれほどの規模であったかはあきらかではないが、当地への和人漁業の進出により耕作にむかう意欲が失われていったことは疑いない。

ただし、現存する歴史的証拠とは、その解釈にいろいろな問題を包摂するものであるから、一九世紀以前のアイヌ社会にかかわる「単一の結論」を導き出すのは困難であろう。しかし、多くの文献および考古学的証拠は、いくつかの地域でのアイヌ社会における農業、鍛冶技術、土器生産等が明確に衰退していったことを示唆している。

右の事態の招来は、ある時は、「比較優位」という単純な問題に帰納されたのかもしれない。すなわち和人に魚を売る労働が、穀物や野菜の少量の収穫を手にするという不確かな過程よりも、じっさいに利潤をもたらしたのであろう。しかし、経済史で散見されるように、比較優位は必要とあらば銃によって強化された。松前の財源がニシン業に従事するアイヌの労働への依存度を高めてゆくにつれて、アイヌから農業活動への意欲を骨抜きにすることが是が非でも必要となっていった。最上徳内は一八世紀後半まで松前地からアイヌの生活圏への種の移入は禁じられていたと記した[76]。他方、江戸期の別の文書は、なぜアイヌの農業が彼(女)らの村の近隣ではなく遠く離れた谷間でおこなわれたかについて、たいへん興味深い注釈をおこなっている。「(一)農場は盗賊に悩まされずにすむため。(二)日本人が交易に来ると、作物収穫は漁業を妨げ、押さえつけると不平を述べるから」[77](強調は筆者による)。同じ話が、一九世紀中葉に蝦夷地の山深い地域を訪れた松浦武四郎によって語られている。彼は比類ないほど観察力が鋭く共感にみちあふれた和人旅行家である。松浦は地域の村の指導者からつぎのような不平を聞く。作物栽培、とくにタバコや麻の栽培はいつも例外なく日本の交易所役人からの報復を招いた。それはアイヌが農業をおこなうと、輸入された日本の生産物や和人の漁業での賃労働にたいするアイヌの依存度が低下してしまうとの懸念を役人がいだくからだ、と。[78]

脱農業化はあまり明瞭ではない別の要因によってももたらされた。内陸のアイヌ共同体は、もろもろの食糧採取活動が形成する複雑で相互にからみあった網の目にその生活の基層を依存していた。そのなかでももっとも重要なもののひとつがサケ漁である。秋になると、サケやマスが産卵するためにアイヌの生活圏にある川を泳ぎのぼってくるので、谷間の村人は槍やすくい網を使ってサケ・マスを捕るのがつねだった。[79] アイヌによるサケ・マス漁では、比較的少量の魚が収穫された。そして、捕獲するといっても魚の産卵後が多い。これにたいし、徳川時代後半に続々と参入してきていた和人の漁法では、河口に入ってくる魚を捕獲するために大網が使われた。その結果、サケのストックが劇的に低下し、内陸のアイヌ居住地に困窮を、ひいては飢餓をもたらした。村人たちは飢えのために余儀なく内陸地を後にし、沿岸部へと移り、そこで多くの場合、漁業労働者として雇用されていった。[80] 山間部から住民が押し出されたために、内陸部のアイヌ経済を特徴づけていた狩猟、漁撈、作物栽培のバランスはさらに崩壊していった。

いいかえると、アイヌ社会を日本との交易関係へと編入し、その交易にたいする依存度を増加させてゆくことによって、相対的には分散した自給自足経済から、「比較優位」をもたらす地域に重点がますます集中化した経済――狩猟と漁業――への転換が促進された。この結果、農業の衰退ばかりではなく、日本が「比較優位」をしめていた他の経済活動の消失ももたらされた。そのもっとも重要な例のひとつが金属加工である。間宮林蔵が一九世紀初頭にサハリン（樺太）に到着したとき、アイヌの鍛冶屋が徳川期日本にあったのとはまったく異なる技術を使っているのを記録している。彼の記録によれば、こうした型の金属加工は最近になるまでアイヌの生活圏の他地域（現在の北海道の北部も含む）にもあったが、日本の金属加工品が移入される事態に接して、しだいに消滅していった。[81] アイヌ文化にかかわる現在の研究のいくつかは、アイヌが金属工具をつくる能力をもっていたことを否定する。[82] しかし、初期近代のアイヌ社会にみられる自給自足の衰退過程は、歴史家・海保嶺夫によっても強調されている。海保はアイヌの土器生産の衰退と日本製道具へのアイヌの依存度の増加に、とくに焦点をあてて論じている。[83]

すると、アイヌ社会を「狩猟採集」社会の原型として再構築したのは、まさに初期近代の発展過程にほかならない。交易の増加が日本とアイヌとのあいだによりはっきりと仕切られた分業を促進した。すなわち、アイヌの生活圏は漁業と狩猟に特化し、日本は農業と金属加工に特化した、そのような分業である。この意味で、アイヌ農業の衰退は、徳川期日本における農業技術の発展と同じひとつの過程をなしていた。すなわち、西日本の綿作地の繁栄は、アイヌ経済のモロコシや野菜作物の衰微と並行して進んだのだ。経済発展、交易、いっそう複雑化する分業が数多くの近代社会のうちのある部分に脱産業化を生み出したのとまったくおなじように、それらはアイヌ社会の脱農業化を促した。もちろん、この過程を経たからこそ、明治国家が「日本」と農業とを同一とする視座で、（未農業化の）アイヌに農業を「伝える」ことによりアイヌを旧土人化するのが可能だった。

結論

近代日本におけるアイデンティティの創造にまつわるパラドクスと矛盾は、数多くの他の社会が歩んだ歴史においても繰り返されている。近代国家の形成には、明確に定まった国境を設定し、その境界内の人びと全員に或る形態の国民的アイデンティティを強制的に課すことが必要とされた。しかしながら、公式に定義されたアイデンティティを、アイヌのようにフロンティアに位置する人びと《ピープル》に強制的に課そうとする試みは皮肉な結果をもたらした。特別に設けられた「同化」政策の確立自体が、同化の対象を社会の他の部分とは異なる他者として際立たせ、差別と抵抗の循環を創出し、この循環が差異をさらに永続化させた。

したがって国民国家には、マイノリティとは「わたしたち」であると同時に「わたしたちでない」ものでもあるという両義的なイデオロギーが残された。そして、この両義性が二〇世紀社会におけるマイノリティにかかわる学問的な態度の構造全体に、決定的に重大な影響をもたらしてきた。本章で論じてきたのは、こうしたディレンマに対処するために時系列上の境界が利用されてきたという点である。この時系列上の境界を使うことで、マイノリティは「過去のわたしたち」として再定義可能になる。アイヌの場合でいえば、これはアイヌ文化を「狩猟採集社会」とよばれる範疇にゆだね、この社会を持続する発展の産物としてではなく、過去の化石化した残存物とみなすことを意味した。とはいえ、利用可能な証拠が示唆するのは、アイヌはとくに初期近代というごく最近の経済的変化がへてきた過程の結果、次第に狩猟採集者に転換されていった、という点であろう。したがって、アイヌの視座からすれば、「農業革命」を歴史上の決定的に重要な分水嶺とみなす従来の観念はほとんど意味をなさない。

こうした経験がどれほどまでに近代の他の小社会のうちで複製されるかは、広範な比較研究によってはじめて明らかにされることであろう。しかし、日本とアイヌの物語が強調するのは、大規模で富裕な国民国家が歴史の唯一の遺産相続人、近代の唯一の保持者とみなされ、差異は何らかの形態の「後進性」の産物、浅瀬に打ち上げられた太古の社会の刻印である、という根深い世界観を克服することの重要性である。現代の多様性の受容には多様な歴史的宝庫の受容がともなわなくてはならない。アイヌのような小社会のうちに、有史以前の馴染み深い相貌ではなく近代の未知の相貌をみてとることができるようになるときにこそ、わたしたちは二〇世紀の国民国家のフロンティアによって創出された分断的なアイデンティティのありようをようやく越えることができよう。

第二章　歴史のもうひとつの風景

「地球の果てを目指して出帆する思慮深い旅行家にとって、旅は時間のなかにある。彼は過去を探査している。旅程をひとつたどるごとにひとつの時代が過ぎゆく。到着した未知の島は彼にとって人類社会の揺りかごである。(1)」

これは、一八〇〇年にフランス人学者ジョセフ゠マリー・デグランドが、いままさに太平洋へと発見の航海に出帆する探検家ボダンに宛てて書いた手紙の一節である。ここには、一九、二〇世紀の社会思想によるもっとも根深い想定が表現されている。

一五世紀以来、ヨーロッパ社会と新世界の出会いは、マルクスの用語を借りていえば、知識の「本源的蓄積」を支えてきた。知識の「本源的蓄積」とは、すなわち、世界にかかわる莫大な量の生《なま》で未消化の情報蓄積のことであり、まさにこれが啓蒙による知の革命に養分をあたえたのだ。このように蓄積された知識を利用しつつ、新たに明らかにされた複雑な宇宙を理解するために分類学を創造しようとする奮闘がなされた。そしてこの営みがもたらした知的枠組みは、現在にいたるまでかなりの程度わたしたちの時空間認識を支配している知的枠組みを生み出した。一方では、一八世紀後半までにヘルダーなどの哲学によって、世界は多様な「民族」(people/Völker) へと空間的に分割されているという世界像がひろまっていった。この世界像によれば、どの民族も固有の文化と歴史を有し、差異とは距離の関数であった。しかし同時に他方で、モンテスキューやコンドルセといった思想家の著作では、人類普遍の進歩がたどる単線的な道程が描き出され、差異とは時間の関数であるとされた。「記録された歴史を有する民族はすべて、われわれがいま手にしている文明の現段階と、いまでも原始部族のうちにみられる文明段階とのあいだのどこかに位置する」。こうして、「われわれの旅行者が文明化されていない民族にみられる人類の状態について持ち帰って来る話」を研究しさえすれば、はるか遠い昔のヨーロッパの前史にかんして、その輪郭をはっきりと描くことができるだろう、と考えられた[2]。モンテスキューやコンドルセと同時代を生きたアダム・スミスのようなブリテンの人間は、人類がたどる経済の進化は狩猟・牧畜・農業・商業といった発展段階に沿ってゆくとみなしていた。一方、コンドルセ自身はよりいっそう彫琢をくわえ、十段階の位階構造を提起した。「単純な必要」の充足に重きをおいた部族的なありかたから、最終的には「人類の際限なき完成可能性の教義」によって鼓舞される近代文明にまでいたる、というのである[3]。

こうした人類の進歩にかんする発展段階論は、一九世紀から二〇世紀を経てゆくなかで、新たに登場した学問分野の成果に照らして、いっそう洗練されていった。唯物論的・考古学的視座にたつクリスチャン・トムソンやJ・J・A・ワーサエなどの学者は、過去を石器・青銅器・鉄器時代の三つに分けた[4]。この図式はさらにまた社会的・人類学的観点にたつアメリカ合州国の研究者ルイス・モーガン(一八一八—八一)によって修正が加えられた。彼の認識では、過去は蒙昧時代(下期蒙昧、中期蒙味、上期蒙昧という下位区分をともなう)、野蛮時代(同じように下期、中期、上期の下位区分がある)、文明時代に分けられた。モーガンはコンドルセと同様、過去を現在から読解しようと試みた。「アーリア民族の遠い祖先は、おそらく、現存する野蛮部族や蒙昧部族と類似の経験をしたことであろう。これら諸民族の経験は、古代および近代双方の文明時代を、下期野蛮時代の一部とあわせて例証するために必要不可欠な一切の情報を具現している。かれらの祖先の経験は、なによりもまず、現存する制度および発明の諸要素と、蒙昧部族や野蛮部族の制度および発明のうちにいまだ保持されている類似の諸要素との間にたどりうる関連から演繹されなくてはならない」[5]。モーガンの唱える時代区分はさらにカール・マルクスやフリードリヒ・エンゲルスによって借用されていった。モーガンと比べればエンゲルスの利用のしかたのほうが体系的であった。彼はモーガンを「専門的知識をもって、人間の前史にはっきりとした秩序を導入しようとした最初の人」であると述べ[6]、モーガンの説く蒙昧‐野蛮‐文明の系列を、乱婚から単婚家計にいたる人類の家族の進化を分析するさいの枠組みとして利用した。

こうした世界観にもとづいて考察するならば、アイヌのような先住民族の過去はひとつの方向でしか理解されないだろう。アイヌ社会についての著名な歴史家・高倉新一郎の議論にしたがうと、伝統的なアイヌ社会は人類の進化の「狩猟漁撈段階」に属し、(ルイス・モーガンの用語を使えば)「上期の蒙昧」と「下期の野蛮」の境界線上をさまようものであった。アイヌ社会は近年になって発達をとげた――高倉によれば、農業や金属工具などの知識を獲得した――けれども、この発達はもっと「文明化された」社会、とくに日本から影響を受けた結果であるとみなされた[7]。アイヌ社会と、日本のような国家制度をそなえた大社会との差異が表わすのは、後者は動態的《ダイナミック》で変化のある歴史をもつが、前者は静態的《スタティック》である、もしくは非常に緩慢なしかたでしか進化しないという事態であった。

とはいえ、前章でみたように、この仮説は、アイヌ社会が実際に過去三、四世紀をつうじて経験した急激な変化は、モーガンや高倉が予想した通りの進化過程の方向には向かわなかったという証拠と齟齬をきたす。それどころか、むしろ正反対の方向に向かうことすらあった。つまり、アイヌ社会は日本のような集権化された社会との接触によって、農業活動ではなく狩猟や漁撈に特化するように促され、金属加工技術などを手放さなくてはならなくなった。こうした「単線的でない」変化をより深く理解するためには、この変化をいっそう広い文脈において考えるのが有益であると思う。アイヌ社会の歴史経験はたったひとつの独特な経験なのではなく、世界の諸地域に無数に存在する小社会の経験をも反映していることを考察する作業――これが本章のねらいである。

現在へむかう多様な道――オホーツク海域の事例

視軸を拡げ、アイヌ社会だけではなく、アイヌが関与した社会的相互交渉の舞台、広大な北の風景をも考察の範囲におさめることからはじめよう。この北の風景、すなわちオホーツク海域は、南は北海道から北はカムチャツカまで、西はアムール川流域やシベリア東端にまで拡がっている。この地域が数多くの変化の波を経験してきたさまは、考古学の調査記録にはっきりと示されている。共同体が気候の変化に適応したときの変化、移動する新住民がオホーツク海岸に到来したときの変化、オホーツク海域周縁で国家の崩壊が権力均衡を失わせたときの変化などである。むろん、こうした変化を従来の社会進化の旅程表のうえに書き記すことは容易にはできない。じっさい、環境、社会、政治という交差する三つの力に反応しながら、狩猟と漁撈のあいだ、牧畜と農耕のあいだで生存形態の比重の移動がおこなわれたため、この地域がたどる道筋は曲がりくねったものになっていった。

およそ四千年前、現在のウラジオストックのある海域で暮らしていた人びとは、竪穴式住居に住み、漁撈と採集を作物栽培と組み合わせながらおこなっていた。彼(女)らは時がたつにつれその様式を変化させながら土器をつくる一方、中国北部から来た人びととの接触をつうじてであろうか、次第に青銅器製造と養豚の技術を身につけていった。この地域から発掘された貝塚の遺跡をみると、三千年前には海岸線に住む者が海洋哺乳動物を捕獲するため遠くオホーツク海まで敢然と渡り、シベリア極北の極地方に住む人びとが使うのと同じモリを利用していたことがわかる。(8) 紀元後最初の数世紀までに、この地域における新しいタイプの社会活動がはっきりと姿をあらわしてくる。この地域の南部と東部には、時期としては一世紀だと推定されるのだが、丘の頂の居留地で豚と馬が飼育されていたことを示す形跡が存在する。さらに北のアムール川とタタール海岸のあいだでも、漁撈と農業をもとに生活していた丘の頂の共同体が三世紀頃にあらわれる。(9) 七世紀後半から一〇世紀にいたるまで、この地域の南部は渤海王国に編入されていた。この王国は、現在でいえば、国境線をまたいで、遠く中国北東部、朝鮮半島北部、ロシアの海洋地方にまで勢力範囲を及ぼした国家である。九二六年に西からモンゴルが侵入し、渤海王国は崩壊したが、東の地域に新たな集権国家、金帝国が出現した。この帝国は一二世紀から一三世紀初頭まで栄えた。

渤海王国と金帝国は、「オホーツク文化」として知られる社会的・経済的相互交渉領域と共存した。この領域はおよそ三世紀から一三世紀にいたるまで、南オホーツク海をまたいで、クリル（千島）諸島から北海道北岸沿いにサハリン（樺太）やアムール川河口にまで拡がっていた。オホーツク文化圏の居住民はそれ以前の同じ海洋域に住む者と同様、クジラなどの海洋哺乳動物を捕獲するばかりか、大きな竪穴式住居に住み、犬や豚を飼育した。北海道北岸、いまの網走周辺では、大麦などの穀物を栽培する共同体もあった(10)。交易の連鎖はオホーツク文化圏をアジア本土の沿岸社会に結びつけた。唐王朝の史家が、ある土地からの使者が宮廷に到着した時に記述し言及していたのは、この領域のことだとみてよいだろう。ある土地の描写とは以下のごとくだった。「ここの住民は数多くの島に散らばって暮らしている。数多くの原野や沼地があり、この土地は豊富な魚や塩という恵みを得ている。（夏が終わると）かなり早い時期から気候は寒さを増し、大霜や大雪に見舞われることもしばしばである。この住民は幅六インチ、長さ七フィートの木の板〔つまり、スキー板〕に足を紐で縛りつけて、氷のうえを歩き、走り去る動物を追いかける。この土地では、その毛皮を皮革製の衣服にするための犬が数多く飼育されている。長髪で過ごすのが習慣である」(11)。オホーツク海にまで及ぶ広範囲の交易網はその南の居住民を中国ばかりか、漁撈に従事し海洋動物を捕獲する北の共同体にも結びつけていた。こうした交易網の存在は、この時期の中国の貨幣が北海道北部の遺跡からだけではなく、カムチャツカ半島の北端近く、はるか遠くのスレッドニアでも発見されているという事実からみてもあきらかである(12)。

およそ一三世紀以来、オホーツク海域の日常生活と文化的相互交渉のパタンは変容をみせはじめた。

この歴史的な変動の理由はあきらかではない。しかし、重要な誘因のひとつが、一三世紀後半のモンゴルによるアムール川下流域とサハリンへの侵入であったのはほぼ確実である(13)。一五世紀以降みられた、この海域での日本経済が及ぼす影響力の増大と、気候の変化も一因となったのだろう。原因がどのようなものであれ、この海域の大半からある経済活動(たとえば養豚)が消滅し、他の経済活動(たとえば内陸部での狩猟)が重要性を増していったことに変わりはない。トナカイの飼育がシベリア本土からの移民(後にウイルタとして知られる集団の先祖)によってサハリンに導入されたのも、おそらくこの頃であろう。北海道のいたるところで、土器の生産がなくなりはじめ、漁撈と森林での狩猟がとりわけ重要な役割をはたす生活パタン――のちに考古学者や人類学者が「アイヌ文化」と記述する――が現われ出す。「アイヌ文化」は陶器作成の技術を知らないと特徴づけられることが多いが、じっさいは考古学上の証拠が示すように、ごく最近にいたるまでいくつかの地域で陶器は作成されつづけていた。南サハリンの遺跡からはタバコのパイプの遺物に混じって大量の土器の破片が出土されているが、この土器の破片は一六世紀にこの地域にタバコが導入された後の時期のものであると推定される(14)。戦前の遺跡からは、あきらかに時計のはめば車を用いてつくられた模様が装飾としてほどこされた土器の破片とならんで、熊の足跡を押して装飾したものも掘り出された(15)。北海道とサハリンのアイヌ文化を特徴づけるもうひとつのものに機織り技術の発展がある。この場合に使われた織機は、フランス人探検家ラ・ペルーズが一七八〇年代にしるした記述によれば、「われわれの織機に似ている」ものであった(16)。

この時期、オホーツク海をまたぐ交渉は消えてしまったようだが、北海道の北西、西サハリン、ア

ジャン‐バプティスト・シモネ『ラ・ペルーズ世界周航記』表紙（パリ，1797）．ヨーロッパの北東太平洋探検の一例

ムール川流域のあいだの結びつきは強まっていった。清王朝はアムール川沿いに次々と交易所を建設し、一七三〇年代までに、その影響力をタタール海峡を越えてサハリンにまで及ぼし、西岸の有力な村人を「姓長」(hala i da)や「郷長」(gasan da)の地位に任命した。「姓長」や「郷長」は与えられた資格にもとづき、アムール川流域の交易所への貢物として毛皮を収集する責についた(17)。この貢納システムは、西サハリンに居住するアイヌ語やニヴフ語を話す村人と、いまではニヴフ、オロチ、ウルチ、ナーナイとして知られる集団に属するアムール川流域の先住民族共同体との相互交渉を促し、活発なものにした。一八世紀後半のラ・ペルーズの観察によれば、南西サハリンのアイヌの村人はサハリンの東岸についてはなにも知らなかったが、タタール海沿岸とアムール川下流域については詳細な説明をすることができた。サハリンの島人は書記体系をもたなかったけれども、ある若い男は、自ら「チョカと呼ぶ」サハリン西沿岸と(アムール川もふくむ)「マンジュ(満洲)の国」について正確な地図を描くことができた。アムール川については、彼はその河口を「この島の北端の岬より少し南方に下った所」にあると、きわめて精確に位置づけた。さらにまた彼は、「現在地よりサガリン川の河口まで丸木船で行くのに必要な日数を七本の線で示した(18)」。サハリンがひとつの島であるとの「発見」として後にヨーロッパに迎えられてゆく情報を、ラ・ペルーズは自らの観察からではなく、この地域に住む人びとから入手した。間宮林蔵もまた日本において同じ発見をした者として功績があたえられているが、その情報源はサハリン北部のニヴフの村人である。この村人は一八〇九年に間宮を先導してアムール川を下降する旅をおこない、この地域一帯の小社会どうしの緊密な相互交渉を間宮に観察させた。たとえば、アムール川下流域の付近に住むすくなからぬ村人は多言語を話し、また、ある村の人びとは小舟造りの名手としてことのほか有名で、アムール川流域と西サハリン全域の人びとに、船体用に加工した松の延べ板を売っていた[19]。

以上のことは、時間をもたず霧のなかにとらわれた有史以前の社会が停滞するさまを示唆するものではない。逆にここで描かれているのは、数多くの小さな社会集団どうしが受ける急激な変化、そしてそうした社会集団がたがいにかわすダイナミックな相互交渉である。だからといって同時に、この変化は一九世紀の理論が描く「進歩」像に容易に重なるものでもない。変化の位相のなかには、トナカイ飼育や機織り技術の伝播、新たな交易の連鎖や小舟造りに特化した作業場の発展などのように、いかにも「進歩」の定義にぴったりと当てはまるものもあるが、養豚の消滅、陶器生産の衰退といったように、従来の用語では低次の発展段階への「後退」とみなされかねないものもあった[20]。つまり、オホーツクの歴史の物語はこう問いかけているのだ。従来の社会的・経済的「進歩」像は、大量の入植や労働集約的農業には適さない領域で生活する小規模共同体が長きにわたって培ってきた前近代の経験を描写するのに、はたして有益なのか、と。

冬の通常気温が氷点下二〇度を下回るほど極端な気候をもつオホーツク地方のようなところでは、ほんのわずかの気候の変化が人間の生存パタンにきわめて大きな衝撃力をあたえてきたといえるだろう。気候の変化が影響を及ぼすのは、作物の栽培の北限はどこまでなのか、豚やトナカイなどの家畜動物のための飼料は入手可能なのかどうか、といった農業技術にかかわることばかりではない。気候の変化は人間間のコミュニケーションにも甚大な影響を及ぼす。この地方の大半で、もっとも迅速な輸送形態といえば、スキーや犬橇を使った雪上や氷結した海上の移動であった。一年のうちでも寒い季節は、交易のためや、はるか遠くの部族との婚姻をとりまとめるために旅をするのに最適の重要な時期であった。冬が来るたびに、小さな島々はもはや島ではなくなり、サハリンのような場所はアジア大陸の一部に「なった」。冬の気温がほんのわずかでも上昇すれば、通常ならば横断旅行が可能であるはずの海域や河川域に決定的に大きな影響をあたえたので、いつもの旅のルートは大幅な変更を余儀なくされた。こうした環境では、社会がある生存形態から別の生存形態に迅速に適応し社会的相互関係を再組織化する能力をもちあわせていることはきわめて重要であった。この意味で、オホーツクの民族の歴史はオーストラリア極北のユールヌ族のそれにかなり対応している。ハワード・モーフィが指摘したように、オーストラリア極北でも、小さな共同体どうしの錯綜をきわめる経済的・社会的相互関係のパタンは、環境の急激な変化に適応する必要にこたえながら発展をとげてきた、といえるからである。平坦で洪水に見舞われやすい、ユールヌ族の生活圏の地形では、恒常的な気温の上昇が数十年のうちに海岸線の激しい移動を生じさせることもあった。

オホーツクの社会は環境の変化ばかりではなく、西や南の集権的な大社会との関係の変動にも適応しなくてはならなかった。この社会は中華世界のもっとも離れた縁で生存しているため、王国や王朝の興亡にともないアジア本土の国家間で生ずる力の綱引きに左右された。渤海王国、金帝国、モンゴル帝国、清王朝がそれぞれ隆盛をきわめていたときに、オホーツク海の縁沿いの共同体に可能な交易関係は、自地域の稀少な生産物（とくに毛皮）を高価格で交換することであった。他方、こうした集権的な王国が衰退すると、本土との交易の結びつきは弱まり、オホーツクの社会はどれも、生存のための生産（漁業、養犬、トナカイの飼育、手工業生産など）や、この地域の国家形態をもたない小社会どうしの交易に頼らざるをえなくなった。小社会がこうした変化に持ちこたえて存続するには、生産システムの主力をある部分から別の部分へと柔軟に移動させせうるのでなくてはならなかった。ある時期には狩猟や長距離交易に力を注ぎ、またある時期には漁撈、地域交易、手工業生産、(場所によっては)作物栽培に精力をさく、といった臨機応変の対応が欠かせなかった。

重層的な社会的ネットワークの複雑なパタンが、おそらくこうした経済の柔軟性を維持するのに役立ったのであろう。この地域にかんする現代の民族誌学がおこなう説明からは、どの個人の帰属のありかたも多層的な次元をもつという、そうした共同体の存在がみてとれる。民族誌学が記述することのできたこうした社会の多くは、すでに近代世界システムという制度に編入されていた。したがって、この社会は近代世界システムに適応するなかでみずからの社会構造を変容させせざるをえなかった。だが、こうした社会が近代世界システムへの編入以前にどのような社会のパタンをみせたかについて、かいまみることのできる痕跡のいくつかは、いまでも読みとることができよう。たとえば、北海道のアイヌ個人は、同時的多層多重的に、祖先的集団や場所的集団に帰属するとともに、他の重なる輪の累系の目的に応じて帰属してもいた。

サハリン中部地域では、事情はいっそう込み入っていた。多くの村は、二つ以上の言語集団に帰属する住民で成り立っていたからである(たとえば、ニヴフ語とウイルタ語を話す村人、あるいはニヴフ語とアイヌ語を話す村人、といったように)。[21] 異なる言語集団に属する者のあいだの婚姻はごく自然のことだったと推定されている。こうした多言語共同体では、村人は労働のさいに協力し合ったし、おそらくは多くの儀礼活動を共有しただろう。[22] しかし、それぞれの言語集団の構成員は儀礼や姻戚による紐帯を有しており、この紐帯が彼(女)らを、多くの場合は島の遠く離れた部分にいる、場合によってははるか遠くシベリア本土にいる、共同体の他の構成員に結びつけていた。したがって、この地域の民《ピープル》にとっては、相互に交錯する、多くの場合地理的には拡がりのある社会的ネットワークを動員することによって、交易パタンと生存維持活動を繰り返し再編成しなくてはならない状況にたいして、いっそう容易に順応することができたのであろう。

商業植民地主義の衝撃

社会変動と社会が有する柔軟性のパタンはおよそ一七世紀以降、新たな挑戦に直面した。この挑戦とは、まさにグローバルな経済システムの創出を告げる序曲でもあるのだが、それをいま「商業植民地主義」と記述できると考えてみよう。商業植民地主義の正確な構造は地域によって異なった。だが、おおまかにみれば、商業植民地主義にはかならず、国家形態をもつ大社会のエージェントによる特定資源の集中的な、そして徹底した略取がともなった。ここで特定資源というのは、大社会の農業地域では稀少になったが、国家形態をもたない小社会居住地域ではなおも相対的に豊富に残っている資源を指している。こうした資源の開発＝搾取は植民地化をおこなう社会の政府によって奨励され、領土拡張政策への道を切り拓いた。おおまかにいえば、商業植民地主義では、植民地政策をおこなう国家の構造へと先住民族を編入する努力はほとんどおこなわれていない。たいていの場合、植民する側と植民される側との接触は、国家による統制が緩慢にしか及ばない、冒険的な交易業者などのエージェントの手中に委ねられていた。植民地における交易者には、その利潤の一部分が国庫に還流するかぎり、望み通りの利潤を獲得しうるかなりのフリーハンドがあたえられていた。前線の植民者がおこなう残忍な略奪行為から「原住民を保護する者」という名目のもとで、政府が介入をおこなうのは時折のことでしかなかった。たとえば、過度の搾取が武装叛乱を惹き起こした後の秩序回復のため、などに限られていた。

前章で記述した徳川国家とアイヌの関係は、こうした商業植民地主義のパタンにぴったりと重なる。もちろん、日本の場合、状況は松前藩と幕府との多重的なレヴェルの関係が絡むために、錯綜をきわめていた。当初日本では商業植民地主義による利潤は主に、認可を受けた商人と松前藩のあいだで分配されていた。のちに江戸幕府は、利潤をもたらす北交易路にむけてより直接的な統制を確立する手段として、そして同時に、拡張するヨーロッパ諸列強の外圧に対抗するためのより集権的な政策を創出する手段として、「保護」という言葉を利用するようになった。

おおまかにいえば、徳川日本の拡張が先住民族社会にもたらした衝撃は、東シベリアの社会へのロシア商業植民地主義の衝撃や、北アメリカ先住民族へのブリテンの商業膨張主義の影響ときわめて似ていた。一七世紀のロシアによるシベリアへの拡張的侵入はコサックの投機的事業家によって先陣が切られ、それは「柔らかい金」——東部の森林で捕れる貴重な毛皮をそう呼んだ——の交易がもっている魅力に惹きつけられて東方へと向かっていった[23]。この投機的事業がモスクワ公国の承認を得たのは、植民者が毛皮を貢納《ヤサク》として徴収する役目を引き受け、この貢納による富が中央政府の金庫に還流するという条件が満たされるかぎりでのことだった。ヤサク制度は一九一七年の二月革命まで公式には効力を保ちつづけることになるが、この制度のもとでは、先住民族のうち男性構成員は一定の年貢を毛皮によってロシア公国に支払わなくてはならなかった(24)。一八世紀後半までは、このような先住民族共同体を経済的に搾取しているにもかかわらず、先住民族を植民地化をおこなう国民の成員へと包含しようとの本腰を入れた努力は払われなかった。じっさい、松前氏が「蝦夷」と「和人」とのあいだに明確な文化的境界線を引いたのと同様、ロシアの商業植民者はロシア人とイノゼムツィ——シベリアに先住する人びとの当時の呼称で、「他の土地の人びと」を指す——の境界を強化する試みを頻繁におこなった。毛皮交易は一七、一八世紀にはキリスト教徒であれば貢納の義務が免除されていたので、先住民族を改宗させ「ロシア化」する努力を回避したのには明々白々な経済的理由があった。ロシアにおいて先住民族への本格的な同化政策が推進されはじめたのは、一八世紀後半以降、毛皮交易の経済的価値が低下し、新しいロシアのナショナリズムが勃興してからであった(25)。

だが、拡張的な同化もしくは改宗政策がみられなかったとしても、ロシアの商業植民地主義は先住民族の生活規範に大規模で破壊的な衝撃をもたらした。植民地化の過程そのものが、世界中の他地域でおこなわれたように、多くの場合残忍なものであった。そして植民地化の最初の数年間、貢納の徴収は、誘拐や殺人といった手法に訴えておこなわれることも多々あった。たとえば、一六五〇年代にロシアがアムール川下流域に最初の遠征隊を派遣したさい、コサック人の一団は川の下りルートを大勢のニヴフに阻まれ、前進も後退もままならない状態に陥った。G・P・ムラーの描写によれば、「こうした状態のまま一団は二週間半のあいだ停泊し、(両岸は危険なので)つねに川の真ん中にとどまった。とうとう、飢えに苦しみ、絶望に苛まれだした。船からは大量の魚が見えるのである。陸《おか》にあがって身体も乾かしたかった。かれらは一挙に大胆不敵な行為に躍り出る。村へと進軍。三〇人ばかりのギリヤーク〔ニヴフのこと――筆者〕を殺戮し、魚を強奪。そして再びアムール川を下りつづけた。河口に到着したのは三日後の六月二六日であった」[26]。

アムール川流域へのロシアによる初回の拡張の試みは最終的には阻止された。ただし、それは先住民族の存在によってではなく、依然として手に負えないほど強力な中華帝国によってであった。一六八九年に中華帝国とロシア帝国のあいだで調印されたネルチンスク条約では、ロシア側はアムール川北部に不明確な国境線を押しつけられた。その後、ロシアによるシベリア植民は極北東やカムチャツカ半島に重点をおくようになった。しかしここでも、商業的搾取は先住民族社会に圧倒的な結果をもたらした。カムチャツカ南端や北クリル諸島のアイヌの小共同体にとってだけではなく、現在エヴェンキ、コリヤーク、チュクチ、イテリメンとして知られる集団にとっても同様であった。植民者は天然痘などの新しい伝染病を運び込み、地域共同体を破壊した。その一方で、先住民族集団は、ヤサク支払いのために毛皮をとるよう圧力をかけられた。生存基盤の重点を他の生産形態から、狩猟と毛皮の生産へと転換させざるをえなくなった。一八世紀初頭の四〇年のうちに、カムチャツカの先住民族の人口はおよそ二万人からおよそ一万二千――一万三千人にまで減少したと算定されている[27]。

こうした歴史にかかわる説明は、そのほとんどすべてが植民者の手で書かれてきた。しかし、時には先住民族の声のかすかなこだまが植民地にかかわる文書をとおしてわたしたちの耳元に届き、被植民者の経験にかかわる語りかけをおこなう。一七九〇年代の早い時期に、探検家ヨゼフ・ビリングスが、カムチャツカ在住のイテリメン語を話す集団の構成員によるつぎの話を報告している。「わたしたちの魔法使いは邪悪なものへの予知能力をそなえた者たちで、迫り来る危険についてわたしたちに警告を発した。悪魔に生け贄を捧げることにより、その危険を回避した。そうすれば、わたしたちは豊かで、満足し、自由でいられるから。……わたしたちの宗教で見た悪夢がいま現実となったことを知っている。女王〔エカチェリーナ大帝〕は地上の神であり、彼女の配下の役人はわたしたちの苦痛である。わたしたちはかれらの憤りと欲望をなだめようと試み、手にするものすべてを犠牲にするのだが、結局は無駄だった。かれらはわたしたちのあいだの不和を押し拡げ、父や母を破壊し、わたしたちから富と幸福を奪い去った。かれらはわたしたちに救済の望みをいっさい残さなかった。なぜなら、永い年月をかけて蓄積した富の一切をあたえても、かれらがわたしたちの苦痛を主権者にむかって主張し、わたしたちの利益の代弁者になることはありえないからだ(28)」。

北海道における日本の商業植民地主義が先住民族の経済基盤を圧搾し、作物栽培と金属加工を搾り取ったように、シベリアにおけるヤサクは先住民族の定着した生活様式を不安定化し、狩猟への依存度を高めた。たとえば、中央シベリアのエヴェンキの場合、ロシア人の到来は川の流域に定着した漁撈共同体の衰退をもたらし、地域一帯における森林での狩猟とトナカイ飼育の増加を導いた(29)。この現象は自然環境のより効率的な開発にむかう「進歩」として解釈されることが多い。しかし、これがヤサクの重圧とロシア人入植者による川岸の土地収奪によって拍車がかけられたことはほぼ確実である。こうした経済基盤の変動と非狩猟活動の衰退が、まさにロシアの拡張にともなって移動する境界線の動きに沿っていたことはあきらかだった。ユーリ・スレズキーンは以下のように観察した。「毛皮への絶え間ない需要は他の経済活動と衝突しつづけた。北極キツネの冬の行動圏はトナカイの移動ルー

ニヴフの刺繡の一例

トのはるか北に位置した。タイガクロテンの存在は多くの漁師を川での労働から引き剝がした。定住する海の猟師たちは獲物のほとんどを、（ヤサクの支払いのために）内陸の「友」が持ち寄る毛皮と交換しなくてはならなかった」[30]。

交易は先住民族の経済システムの多様性と自給自足の度合いを低下させ、紅茶、ウォッカ、タバコ、鉄具といったロシア製品への依存度を高めさせた。初期のヨーロッパにおける報告では、アムール川河口の周辺で暮らす人びと（ニヴフ語集団のメンバーだろう）が鉄を加工し、精錬された金属製の武器を生産しているとの記述があるが、こうした技術は間宮林蔵がこの地域を一九世紀初頭に訪れたときにはすでに消滅していたようである。おそらくは西から輸入された金属製品によって駆逐されたのだろう[31]。もちろん、交易の拡張はたんに破壊的だったというわけではない。先住民族社会は輸入品を自らの日常生活に受容し、時には新たな技術や知識を獲得していった。たとえば、アムール川流域、サハリン、北海道に喫煙の習慣が導入されると、精巧に彫り上げられた地域独特のタバコ箱が現われるようになった。金属製の針は貴重な交易品であったが、こうした針を手にするようになったことは、すばらしく見事な刺繡技術の発展に寄与した。この刺繡技術は東オホーツク海域のニヴフ、ウイルタ、アイヌの共同体のうちで繁栄し、先住民族共同体の構成員によっていまでも受け継がれている。

しかしながら、多くの点で、交易に依存することによって、この地域の小社会は経済的変化や社会的摩擦にたいしていっそう脆弱なものになった。共同体が毛皮やトナカイ用の牧草地をもとめて広範囲にわたって放浪せざるをえなくなると、近隣の共同体としばしば衝突するようになった。「オホーツクのツングース族がこんな話をした。「一九六年（西暦一六八八年）に、クロテン狩りにコラクの土地にむかったが、コラクは自分たちの狩場でわたしたちが狩りをするのを許さず、わたしたちを追い出した。かれらコラクはわたしたちの一族や友人を打ちすえ、六人を殺した。だが、このあたりではクロテンを狩るのにふさわしい土地はコラクの土地以外にないのだ」と」[32]。

これと似た話は東シベリアやオホーツク海域にかぎられない。ユーラシア大陸の反対側の、スカンジナビア半島の極北でも、これと同じ過程が、スウェーデンとノルウェーの植民者が先住民族サーミと頻繁に接触するようになった一八世紀に進行していた。南からの交易者や入植者との交渉が増大すると、その結果、サーミがかつて有していた多様な経済的基盤は弱体化され、トナカイ飼育というまったくの遊牧生活へとその基盤はいっそう狭められていった[33]。ちょうどその頃、北アメリカの毛皮交易がすでにアメリカ先住民族の生活様式に圧倒的な衝撃をあたえはじめていた。スティーヴン・コーネルの指摘によれば、毛皮交易はたんに動物を狩り、罠をかけるために使う時間量の増加だけを意味するものではなく、皮を剝ぎ、加工処理するための新たな技術の発展、もしくはヨーロッパ植民者からのそうした技術の習得をも意味した。毛皮交易が拡大するにつれて、「農業と引き換えに、狩猟の重要性が増した。きわめて重要なことに、それは生存の維持にではなく、商業化の増大に基盤をすえた狩猟であった。狩猟の目的はもはやたんに自家消費用の食糧、毛皮あるいは関連産品の確保にあるのではなく、ヨーロッパ人との交易関係の維持にあった(34)」。こうした生活の商業化は日常生活に圧倒的な作用を及ぼした。「インディアンの衣食住にかかわる財がヨーロッパ製のものにとってかわられ、伝統的な手工芸の技術のなかにはいっさい利用されなくなるものも出てきた。そして結果的にはまったく忘れ去られてしまうものもあった。かつて贅沢品と考えられていたものが必需品へと変化した。同時に、ヨーロッパ製品によってしか満たされえない新たな欲望が頭をもたげてきた(35)」。

こうした変化は、蝦夷における作物栽培や鍛冶のような技術の衰退をそっくりそのまま反映しているが、この変化がもたらした帰結は波状にひろがり、先住民族の生活形態のありとあらゆる局面に作用していった。身分と威信にかかわる既成の概念は崩壊し、ジェンダーにおける関係の網目は変容し、世代間の権力関係も転換した。さきほどふれたコーネルの著作は、より広い比較研究の文脈のなかで検証されるべき係争点をこう提起している。世界各地の無数の小社会が商業植民地主義との接触によって共通の経済的効果を経験するなら、それは同時に家族構造や権力関係における変化という共通の社会的効果を経験したことになるのだろうか、と。この問いにたいする解答は、「初期近代」世界および「近代」世界にかかわる無数の先住民族の経験をさらに検証する作業によってはじめて手にできるだろう。

結論

一八、一九世紀のヨーロッパの歴史哲学者は人間の過去にかかわる新しいグローバルなヴィジョンを創造するさいに、「文明」と呼ばれる、集権化され都市に基礎をおいた大社会について知られる歴史的事象から着想をえた。こうした理解のもとでは、数多くの（おそらくほとんどの）文明は、ある共通の発展段階——農業の発生、都市の形成、国家構造の出現など——を経過してきており、この発展段階こそが、人類進歩にとって共通の（単線）軌道をはっきりと表わすために利用可能な物差しを提供する、とされた。いったんこの軌道が地図に描きこまれ、この物差しで測量されると、文明の特質を展開するのに「失敗」した小社会は、「現在」（後には「近代」）とラベルが貼り直されたイメージから排除され、過去という後方にむかう小道沿いのさまざまなポイントに想像を介して位置づけ直される。この小社会が大文明の物質的様式から逸脱すればするほど、古き過去の停滞せる残滓をよりいっそう表象するのだ、との想定もなされた。

しかし、ここで語られた物語は、小社会の過去にかかわるまったく異なった視軸を提供する。本章で記述された社会は、それ固有の適応、ダイナミズム、変化の歴史をそなえているが、「文明」にむかう進軍という目的論的（単線）軌道には合致しない。この小社会が具現するのは氷結した「前史」などではなく、看過されたもうひとつの歴史の「現在」にいたる小道である。ジャレド・ダイアモンドのような論者が最近の著作で示唆するように、小社会がたどった適応のもうひとつの小道は、大文明を維持するための農業モノカルチャーの発展には基本的に適さなかった領域ではとくに人間の生存にとってふさわしいものであったろう。[36] したがって、「文明」の歴史と同様、「非文明」の歴史のうちにある共通の様式の検証および理解が重要になる。こうした歴史の視座にたつとき、近代のグローバルな経済システムの到来は、人間の変わることなき進化がより高次の「文明」に向かいながら予想どおり頂点をきわめるという局面よりも、むしろ大西洋沿岸での経済的・地政的状況の結合に起因する新しい社会交通形態《ソサイエタル・フォーム》が突然予測不可能なしかたで噴出するという相貌を露わにすることだろう。

一七、一八世紀の商業植民地主義の拡大にともない世界規模の経済システムに強引に編入された小社会からみると、資源開発をおこなうグローバルな力の前に無防備に曝されるのには、独特のアイロニーがともなった。毛皮、魚、その他の自然資源の物質的な開発＝搾取は、先住民族経済にみられた既存の均衡を混乱させ、狩猟のような活動がはたす役割の重要性が増加する、よりいっそう不安定な生存様式へと先住民族共同体を押しやっていった。こうした（狩猟依存の）生存形態こそ、商業植民者のすぐ後につづいてこの地に到着した探検家や研究者たちによって、もっとも「原始的」と定義されたものにほかならない。こうして先住民族共同体は二重のかたちの収奪を経験した。一方で、先住民族共同体の物質的資源が、植民化をおこなう国家や商人の金庫を豊かにするために冷酷無比に収奪された。他方では、先住民族とは滅びゆく運命《さだめ》にあるものと定義されるような、ひとつの大きな物語《ア・グランド・ナラティヴ》を生産する研究者によって、共同体の存在そのものが採掘・破壊されていった。世界の他地域と同様、東シベリアやオホーツク海域でも、ほかならぬこの二重の収奪が先住民族共同体による「近代の経験」の全体図の基盤を用意したのである。

第三章　民族誌学《エスノグラフィ》の眼をとおして

一九〇五年、日露戦争の終結にさいし、日本は（樺太として知られる）サハリン島の南半分の統治権を獲得した。国境線が島の中央に引かれ、ロシアの領土と日本の領土が区切られた。二〇世紀に登場した二つの大国のあいだに引かれた境界線というにふさわしく、この境界はまさに近代の国境線であった。この国境線はかつての帝国の境界線のように川や山脈の頂きに沿って蛇行するのではなく、北緯五〇度の線に沿って一直線に走った。まさに一九世紀の測量技術の改良が可能にした経路である。国境線が引かれた最初の数年間、それはおおかた地表上では不可視のままであった。国境線の存在は、臨時に設けられた木製の標識によって示されたにすぎなかった。先住民族であるニヴフやウイルタの人びと、国境線の近くに居住していた一握りのロシア人入植者や和人入植者は、沼地の多い森林地帯――両帝国の境界をまたいで途切れないままに拡がっていた――をとおって、相対的に自由に往来しつづけていた。日本の民族誌学者・鳥居龍藏が一九一二年に当地を訪れたとき、土地の道案内人による先導の下、一度も誰何《すいか》されずに国境線を越えることが依然として可能であった。そこで彼は、ロシア側の辺地の居留地に住む農民の家族から、タバコやジャガイモのもてなしを受けた。

しかし、ロシア革命以降、また一九三〇年代にロシアと日本とのあいだの緊張が高まるとさらにいっそう、国境は物理的な存在感を増し、この地域の住民の日常生活を切断するにいたった。木製の国境標識はコンクリート塀にかえられ、一方の側では帝国をあらわす菊の紋章の、他方の側では双頭の鷲の飾りがつけられた。森に溝が掘られて、まるで広い直線道路のような空き地がつくられた。そこを横切る者は、銃撃されるか、もしくはスパイ容疑で逮捕されるかの危険をおかさねばならなくなった。こうして、何世紀にもわたりサハリン経由で北海道をアムール川流域へとつないでいた交易路は断たれてしまった。さらに、クリル諸島経由で北海道をカムチャツカ半島へとつなぐ東側交易路もまた同様に断たれた。国境のどちらの側にもいた親類縁者、交易の相手、かつての近隣共同体は、心ならずも、取り返しのつかないしかたで相互に引き離された。共通の歴史をわかちあっていた人びとが、場合によっては同じ家族の構成員までもが引き離されて、ほとんどの時期に敵対的な関係にあった両大国のどちらか一方の臣民／人民として近代国家へと編入された。いうまでもなく、一方の側は大日本帝国であり、他方の側はロシア帝国、その後継者たるソヴィエト連邦である。

このような砕き壊された歴史を目の前にすると、ロシア－日本の国境線周辺地域は、近代国家とそれが編入し包摂したさまざまな小社会との関係を考察するにあたり格好の場所を提供してくれることがわかる。日本とロシアという帝国は、とくに一九一七年のロシア革命以降、きわめて異なる政治的イデオロギーを体現した。相異なる二つのイデオロギーはまた、それぞれの国境線の内部に居住する先住民族にたいし、きわめて異なるアプローチを含みもった。後にみるように、ソヴィエト連邦にとって、「小民族」small peoples 問題——小民族は malye narody と呼ばれる——はイデオロギー上の係

北緯50度にあったサハリンの国境標．日本側（左）とロシア側（右）

争点として白熱した論争の対象となった。ソヴィエト連邦の無数の先住民族が過度の近代化の圧力に従属させられるにつれて、少数民族や「小民族」にたいする政策はソヴィエト国家の政治的課題の試金石となった。そしてこの政策は、権力中枢におけるイデオロギー上の変化に対応してめまぐるしい転換をこうむった。逆に大日本帝国の場合、先住民族社会は国民形成と植民地主義の政治を展開するうえで、ソヴィエト・ロシアの場合に比べてもっと辺境的な位置におかれた。したがって、先住民族社会が帝国全土にわたって整合性をもつ政策の主題にされることはけっしてなかった。たとえば、アイヌ民族に強制的に課された同化の形態は、台湾の先住民族に適用された政策とは大幅に異なった。こうした集権化されたヴィジョンの欠落は、日本の先住民族政策がソ連の場合のように緊迫したイデオロギー論争を惹起せず、相対的に安定していたということを意味した。たとえば、アイヌへの国家政策における主たる頼みの綱、すなわちあの有名な「旧土人保護法」は、ほぼ一世紀にわたって、いくつかの修正をへながらも、なおも法律文書に残りつづけたのである。

しかし、ここでわたしが主張したい論点は、公式の政策においてはロシアと日本のあいだにこうした違いがあるにもかかわらず、国境線のそれぞれの側に居住する先住民族が実際に経験したことの内実はしばしば驚くほど類似していた、という点にある。こうした基底をなす類似性はいくつかのしかたで説明することができよう。あるレヴェルからみると、この類似性はロシアと日本それぞれが近代世界秩序において占める地理的な位置のうえでの共通性を反映している。両国とも帝国主義勢力に遅れて加わったがゆえに、西洋に支配された国際システムにおける自らの周縁的な位置を自覚し、国民形成と急速な近代化とのディレンマを一挙同時に解決すべく模索せざるをえなかった。さらにいえば、ロシアと日本という二つの帝国主義勢力だけがその勢力圏を、地球上のいたるところに点々と拡散させるのではなく、「母国」から外に向かって地理的に膨張させながら展開したのである。こうした「地理的連続性をもつ帝国」はとりわけ公民権《シティズンシップ》と帰属にかかわる問題を生み出した。植民する側と植民される側、つまり国民国家の構成員と征服された「外国人」の分割線を定義するさいに抱えるディレンマは、スペイン、オランダ、ブリテン、フランスといった海洋帝国の場合よりも深刻だった。

別のレヴェルからみると、ロシアと日本の対照的な先住民族政策は、ある共通の知的遺産にもとづいていたといえよう。この遺産は資本主義世界と共産主義世界の裂け目がひろがりながらも存続したものである。マルクス主義の史的唯物論はロシアばかりではなく、二〇世紀日本においても影響力をもった。そして、過去にたいするマルクス主義者・非マルクス主義者双方のアプローチは、一九世紀的な人類進化の発展段階論に広範な共通基盤をおいていた。したがって、ロシアと日本の先住民族社会理解はアダム・スミス、ルイス・モーガン、フリードリヒ・エンゲルスの概念によって鼓吹されたものである以上、どちらもたがいに類似していた、ということができよう。

しかし、二つの先住民族社会理解が類似した理由は、民族誌学の知識がロシア－日本の国境線を越えて直に交換されていたという事実にも求めることができる。こうした思想の流通は「西洋化・欧化」を論ずる文献では無視される傾向にあった。なぜなら、「西洋化・欧化」という考えは、「啓蒙」とは大西洋岸の諸国から外へと放射上に拡がり、ロシアや日本をはじめとする周縁にむかって進むものだとの強調にもとづいているからである。本章でみるように、国境地域の認識は、両帝国に共通の境界線を越えて交換される知識の流通から深甚な影響を受けていた。まさにこうした知識の流通のなかで、特定のイメージが繰り返し輸出され、再輸入され、民族誌学的想像力への影響力を強化していった。

さらに踏み込んでいえば、こうした共通の知的枠組みの存在は、イデオロギー上の差異にもかかわらず、日本とロシア／ソヴィエト国家が近代の意味にかんして共通の了解をもっており、それゆえ「近代」the modern と「国民」the national の関係をめぐる共通のディレンマに直面せざるをえないということを意味した。両国とも、制度上・科学技術上の係累《インプリケーション》をともなった近代国民形成の至上命令に駆り立てられた。ダイナミックな国民国家であるとは、鉄道、道路、工場、徴兵制にもとづく軍隊、義務教育制度、病院、図書館を備えていることであった。国家の力は、ひとつには住民の規模、そしてもうひとつには数多くの人口を鋳型にはめ込み、画一的な法と社会慣行に統御された単一の公民層へと成型する能力に見定められた。この近代国民形成の過程は、すでに商業植民地主義からの衝撃を受けて経済的に脆弱にされた東シベリアやオホーツクの小社会に、社会的・文化的観点においても、圧倒的な衝撃をもたらした。そして（次章以下でみるように）、この衝撃を特徴づける重大な側面は、先住民族が帝国の赤子とみなされようと、レーニンの革命の相続人とみなされようとかかわらない。したがって、ロシア - 日本の国境線の両側では、「近代性」modernity という語によって包括される、以上のような複雑で矛盾した諸力が有している従来無視されてきた位相をみることが、つまり先住民族による「近代」の経験を探査することができるのだ。

グローバルな民族誌学

民族誌学のまなざしはけっして無垢ではない。「新奇な」人びとに出会う探検家や人類学者は、見慣れない光景や感覚、汚《けが》れない現実の記録に、全身全霊で曝されていると感じるかもしれない。しかし実際には、その視界の拡がりや焦点はつねに、以前に（特定の同じ国ではないとしても）すくなくとも似てはいる地域に足を踏み入れた者たちが遺した記憶によって枠づけられている。先行者の発見をあらためて確証したり、それに反駁したりしようとすると、それだけで、いわゆる「外なるもの」the foreign や「野蛮」the savage の性質を理解するためのイメージ、カテゴリー、問いの貯蔵庫を築きあげるのに、ある役割を果たしてしまう。そして同時に、こうした貯蔵庫をたずさえて、自己、国民、公民《シティズン》を想像するための境界線を地図化《マップ》するのに一役買ってしまう。

こうして生み出されるイメージや設定される境界線は、官僚層による同化や排除、開発や差別といった一連の政策形成の基盤となるので、きわめて現実的な効果をもつ。さらに踏み込んでいうと、このイメージや境界線が創出する枠組みは、先住民族の過去にかかわるわたしたちの見方を現在にいたるまでいまなお形づくり拘束しつづけている。現代の観察者のように、もともと先住民族が有していた世界理解に遡り、そこになんとかたどり着きたいとどれほど望んだとしても、この世界理解は、歌、説話、記憶の破片のなかに、ごくまれにしか、ほんの一瞬のあいだしかかいま見ることはできない。かいま見たとたん、わたしたちは、（たとえば）かつての時代における複雑でダイナミックな先住民族の帰属形態――言語集団、居住地域、親族構造の錯綜した絡み合い――を、きっちりと境界づけられた「民族」ethnic group などという近代的な概念によってほんとうに捉えることができるのか、との疑念を抱え込まざるをえない。しかし、わたしたちの疑いはまさに疑いでありつづけるほかない。なぜなら、わたしたちがこうした問題を論ずるさいの言語それ自体が、歴史やイデオロギーという忘れられた重荷をともなう近代的な学術用語によって、取り返しのつかないしかたで形づくられてしまっているからである。わたしたちに可能な最良のことといえば、この重荷に省察をくわえ、この重荷がいまだにわたしたちの想像力に押しつけている不可視の圧力を、いくらかでも自覚することにほかなるまい。

その多くが西ヨーロッパや北アメリカで生まれた民族誌学理論は、一九世紀末になると、ロシア、日本、中国をはじめとする世界各地に流布し、人間の差異にかかわる学問的分析のためのグローバルな枠組みを創り出した。この枠組みの中心をなすのは、人類社会の進歩過程の地図化《マッピング》であった。そのため、差異の特定の形態、とりわけ小社会を特徴づける差異の形態は、進化がたどる原始段階の残滓であると理解されるようになった。民族誌学者にとって重要な課題は、自らが出会った小社会を進化の位階制構造のなかへと組み込み、多かれ少なかれ「原始的な」民族として位置づける作業であった。同時に、一九世紀の民族誌学は、人間集団が地球上の各地に分散している状態について空間的な地図を描こうと試みた。これは、物理・身体的、言語的、文化的な類似性と差異のパタンの検証を要した。類似性と差異を系統だてて、家系図をつくりあげねばならなかった。一九世紀という時期にはおおかたの場合、人間を別々の独立した「人種」集団へと分割する家系図は言語集団を分割する家系図へと転写《マップ》することができ、したがって言語の類似性は「血」の歴史的共通性を含意する、との想定が浸透していた。

しかし、「民族誌学」と呼ばれる世界規模《グローバル》の知識体系の創造は、たんに「西洋」の理論を世界各地に一方通行的に伝播することを含意したのではない。ヨーロッパや北アメリカの民族誌学者が用いる概念は、文字や口承というかたちで伝えられる、世界中のありとあらゆる源泉から収集された知識の断片に影響を受けていた。ヨーロッパの著作家は中国やインドの古典の翻訳（そして誤訳）に一通り目をとおし、諸民族の過去の動向にかかわる情報を入手した。オランダ人ニコラース・ウィトセンのような熱狂者は、フランスの宣教師や貿易業者、コサックの略奪者、中国王朝の編年史、日本の漂流者、その他数多くの源から収集された地理や文化にかかわる情報をもとに、それらについて莫大な量の要約を作りあげた。近代の民族誌学的世界観は、まさにこうした原材料から織りあげられていった。

国境を横断する交換――間宮林蔵とレオポルト・フォン・シュレンク

民族誌学の情報はパリ、ベルリン、オックスフォード、ケンブリッジ、マサチューセッツ州ボストンといった知の帝都に集められただけではない。国境をまたぐ思想の交換も存在した。こうしてフロンティア地域やそこに住む人びとについてのイメージが近隣諸国民のあいだで交換されていった。この過程は、オホーツクのもろもろの民《ピープル》にかかわりさまざまな民族誌学的イメージが出現した事態のうちに鮮明に見てとることができよう。

サハリンやアムール川下流域に住む民を対象とした最初の重要な学問研究は、レオポルト・フォン・シュレンクが一八五〇年代に着手したものである。彼はウクライナ地方に移り住んだドイツ系移民の子孫で、エストニアとベルリンで研究したのち、ロシア科学アカデミーに勤めるようになった(1)。迂回を重ねた長期にわたる航海ののち、アムール川河口に到着し、丸太小屋の群落のなかに、家を建てはじめたとき（この家はのちにロシア人によって「アムールのニコライ邸」という壮大な名称で呼ばれるようになる）、シュレンクは二八歳であった。オホーツク海沿岸に向かった彼のこの旅は、のちに「アムール遠征」と総称される、東方への探査、科学研究、軍事的拡大、入植といったロシアによる一連の新たな植民地化といううねりのなかの小波《さざなみ》にほかならなかった。

東シベリアの野心的な総督、ニコライ・ニコラエヴィッチ・ムラヴィヨフ伯爵が開始したこの遠征のねらいは、中華帝国の力の衰えに乗じて、ロシアによるサハリンおよびアムール川河口の制圧をゆるぎないものとすることにあった。東方への拡張の動きは、日本との対外関係の変化についての認識、クリミア戦争という出来事（この戦争の最中に、イギリスとフランスの軍隊が、カムチャツカとクリル諸島にあるロシアの前哨部隊を攻撃した）によっても拍車がかけられた。ムラヴィヨフの指導力はもともとモスクワ中央政府から懸念がもたれていたのだが、実際には広範にわたる結果をもたらした。日本との難渋をきわめた交渉をおこない、短期間ではあったが南サハリンにロシアの軍事駐屯地を設けたのち、ロシアと日本をサハリンの共同統治国と定めた両義的な合意が一八五四年の下田条約として正式に調印された(2)。そのさいの中国への取り扱いは手厳しいものだった。一八五六年、第二次アヘン戦争が勃発し、ロシアがアムール川流域にさらに軍事使節を派遣すると、そののち中華帝国は、北側国境線の引き直しを求めるロシアの圧力にあえなく屈した。一八五八年のアイグン条約では、アムール北岸およびそこに連なるウスーリとウスーリ以北の沿岸地帯全体が、ロシアに割譲された。

世界各地とおなじように、この場合にも、帝国の拡大は自然や人間の多様性にかかわる研究と緊密に絡みあっていた。ムラヴィヨフが指揮したアムール川を下る最初の軍事遠征には、ロシア地理学協会シベリア支部から三人の代表が参加していた。この支部は一八五〇年代半ばにリヒャルト・マアクがおこなった同流域への遠征を援助してもいる。それよりちょうど十年前の一八四五年、同協会サンクトペテルブルク支部は、「現在の国境の内部で生活しているさまざまな部族にかかわる知識」を増やすことをねらいとして、ロシアで最初の民族誌学部門を設立していた(3)。もちろん、民族誌学はまだ専門の研究者がほとんどいない新しい知の分野であったけれども。こうして帝国アカデミーは若きレオポルト・フォン・シュレンクに極東シベリア遠征を委任し、彼に同地域の住民（その歴史、習慣、言語）ばかりではなく、サハリンやアムール川下流域の気象学や動物学をも調査研究するという重責をあたえた。結局、この重い課題に応えるのが、彼のライフワークとなった。

一八五四年の秋、シュレンクは、ニコライエフスク周辺の森林地帯を探査する必要上、自前で通訳をしなくてはならないことに気づき、地域の村人たちの言語を研究しはじめた。同時期の他のロシア人入植者や探検家とおなじように、この村人が「ギリヤーク」（近隣の言語集団によって、アムール川下流域とサハリンの一部に住む住民にあたえられた名称）と呼ばれることを知っていた。けっして流暢に「ギリヤーク」語を話すことはなかったが、基礎的な語彙を収集し、情報提供者たちが話す会話の内容を大雑把に把握する程度には修練した。彼(女)らのあいだで話される会話の内容から、この詮索好きな余所者にどれほどの真実を話してよいものかが論じられたり、シュレンクの存在は自分たちの土地を掌握し土地の人びとを抹殺しようとするロシアの計画の前触れなのではないかが論議されているのを理解した[4]。一八五五年の初春と一八五六年に、シュレンクは橇を使い、凍結した海を越えてサハリンまで行った。二度目の旅で、彼は大陸沿いにドゥエ岬にむかって南に進み、ついにははるか東のトゥイミ川にまでたどり着いた。この川の流れはあまりに急で、冬の真っ最中であるのに上流の水はうずたかく積もった雪を深く貫流していた。この地は島のなかでももっとも人口密度の高い地域で、交易路の中心地であり、島のいたるところやその他の地域から、荷積み犬を連れトナカイ橇に乗った人びとが集まってくるのだった。トゥイミ川のギリヤークは測り知れないほど大量の凍った魚を集荷する。その大量の魚には、自分たちのための、あるいは越冬用の食糧ばかりではなく、アイヌ、オロチョン、そして大陸に住むギリヤークとアムール川流域に住むマングンとの交易の品も含まれていた。

「アイヌはトゥイミ川の谷に、日本の品々、オロクの毛皮製品、そのほか銅やアザラシ、ロシアやマンジュ（満洲）の商品を持ってくる」(5)。

レオポルト・フォン・シュレンクがアムール川流域で費やした年月は二年ばかりにすぎない。だが、そののち彼は当地での経験の省察に——サンクトペテルブルクに持ち帰った荷船三隻分の資料の整理・分類に——一生を費やした。それは、挿し絵をふんだんに盛り込んだ、厖大な研究『一八五四—一八五六年のアムール川流域での旅と調査』として実を結ぶ。最終巻は一八九四年、彼の没後ようやく出版された(6)。この研究はシュレンク自身の観察ばかりではなく、彼が以前の探検家たちの著作物から少しずつ蒐集した資料にもとづいている。彼がしばしば引用する、彼にとりもっとも貴重な記録の源のひとつは、日本人探検家、間宮林蔵の記録——ただし、正確にいうと、一八一〇年に間宮が書いたものを、のちにフランツ＝フィリップ・フォン・シーボルトがドイツ語で要約したもの——であった。

間宮は一八〇八年から一八一〇年にかけて北海道とサハリンを経由しアムール川下流域まで旅をしたのだが、もちろん彼は専門的な民族誌学者ではない。しかし、彼は旅の途上で出会った人びとの衣服、住居、食糧、生活様式を念入りに観察した。いいかえると、彼こそまさに、江戸期にみられた、周辺地域の人びとを分類しようとする熱狂の継承者であった。この熱狂は、ひとつにはさまざまな「夷狄」集団を分類する中華思想にもとづく図式と、もうひとつにはオランダ貿易商を介してようやく知られるようになったヨーロッパの地理学がもたらす情報の断片によって感化されていた。間宮は出会った人びとを、それぞれが特徴的な「俗」をもつ、さまざまな「人物」へとはっきりと区分けし、分類した。たとえば、アムール川流域についての報告にはこうある。「其地猶此島（サハリン――筆者）の如くヲロツコ、スメレングル、シルナイノ、キムンアイノ、サンタン、コルデツケ、キヤツカラ、イダー、キーレン抔稱せる異俗の者幾種共なく其部落を分てる趣なれ共、何國の屬夷なる事も分明ならず(7)」。間宮の定義によれば、サハリンには三つの集団の住民がいた。「大抵蝦夷島に異ることな」き、島の南部の「初島人物」。間宮が一時応接しただけの、タライカ地域の、トナカイを飼う「ヲロッコ」。「悉く異にして辨知し難き」言語を話す、北部の「スメレングル(8)」。

各集団の記述は微に入り細を穿ち、しかも生き生きと描かれている。初島人物は漂白されたニレの木皮から糸を紡ぎ、布を織る。あるいは、真鍮の装飾がほどこされた毛皮や魚皮でできた服を着ている。彼(女)らの「居家の造法総て蝦夷島に異ることなし」、あるいは場合によっては「異俗スメレンクルの居家に類する者あり(9)」。しかし、冬には、木の皮と草木の葉枝で覆われた、深さ三、四フィートの穴居をつくる家族もある。間宮が「ヲロッコ」と呼ぶ人びとは、記述では、腕のいい猟師や漁師であり、川で利用するための念入りに設計された舟をつくる。彼(女)らの住居は一時的な避難所であって、木々の枝でつくられており、木皮や半透明の魚皮を縫いあげてつくられた覆い物がかぶされている。貯蔵庫には食糧の蓄えが十分にあり、そのため、冬の真っ最中であっても、旅人は氷に閉じこめられた森林のなかにいながらも栄養をとることができる。「スメレンクル」はおもに漁撈を生計にしているが、とりわけ熱心に交易を営む者として描かれている。「男女の差別なく悉く交易を勤む(10)」。彼(女)らの冬用の住居は「初島人物」のそれと似ているが、夏用の住居はおおかた木製で、木皮や草木の葉枝で覆われている。

未知の世界のこうした記述のしかたは、シュレンクがいだく民族誌学的想定とほどよく調和した。シュレンクによるさまざまな「民族」ethnic group（ドイツ語では Völker、ロシア語では narody あるいは natsional'nosti）のあいだの区別は、なによりもまず、言語の差異にもとづいていた。しかし、同時代の他の民族誌学者とおなじく、彼もまた言語、文化、遺伝にかかわる特性のそれぞれの断層線がたがいに一致すると考えていた。彼の記念碑的な著作においては、狩猟や漁撈の技術、住居、食糧、衣服、身体の解剖学的構造はすべて、それぞれの「民族《フォルク》」を順々に扱う細区分のなかに章だてされて論じられている。間宮の場合もかなり大部を割いているとはいえ、その間宮と同様、シュレンクもまた、自分が出会った人びとそれぞれの身体的な姿形や髪型、衣服や食糧、住居や道具、言語、祭りや信仰を記述した。もっとも直に知ったのは、アムール川入り江、その周囲の沿岸、サハリンの北部に住む「ギリヤーク」民族にかんしてであったが、同時に「オルチャ」や「ゴルディ」、東シベリア沿岸の「オロチョン」や他の民族ばかりではなく、「アイヌ」（間宮は蝦夷と初島人物に分類した）にかんしても記述した。こうした記述をするさいにつねに間宮の記述をふんだんに借用した。といっても、ある箇所では、シュレンクは先住民族社会にかかわる間宮の結論とはまったく別の見解を意識的に引き出していた。とりわけ、間宮は「スメレンクル」社会で出会った男と女が平等であることに驚きの念を隠さなかったのだが、女にたいする男の適切な行動にかかわり別の見解をたずさえて当地に赴いていたシュレンクは、間宮が記述したのと同じ社会を、残酷で抑圧的な家父長制であると非難した。とはいえ、総じていうと、シュレンクによる社会の分類体系は、血統、言語、習慣によってまとめあげられたひとつの集団としてのエトノスというヴィジョンを、すなわち一九世紀のヨーロッパの国民ようということができよう。

主義の核心部分をなすヴィジョンを、オホーツク海域の民に投射したものであったということができよう。

シュレンクは間宮の観察を広範に借用した。しかしながら同時に、彼はこの知識を元手にして新たな知識の枠組みをつくりあげた。間宮の見方では、北方はそれ固有の世界であり、その地平線を想像可能なかぎり引き延ばしていくと、それはアムール川にまでいたるものであった。しかしシュレンクにとって、北方は、北アメリカ大陸、中央アジア、南太平洋、その他にまで拡がる人類の地球規模のパタンの一部である。シュレンクは、コンドルセのような著作家の伝統に鼓吹されて、研究対象とした集団を、人類の進化の梯子のどこかに位置づけなくてはならないと感じるようにさえなった。この梯子の頂点にはヨーロッパが位置した。彼は書いている。「長く厳しい冬がつづくアムール川のような土地では、人間は厳しい天候との闘いに成功をおさめるために、多種多様な文化的属性を必要としている。しかし、人口の増大はいまだ、あらゆる原始民族に多かれ少なかれ共通してみられる、こうした外的な文化的属性の欠如と特有な性格や態度によって妨げられている。この原始民族に共通してみられる特有な性格や態度は、あらゆる天候に適応するという人間だけが有する能力とは齟齬をきたすものなのだが、この性格や態度があるために、彼らはとくに自然との闘いにおいて身動きがとれなくなる。こうした特徴のうちもっとも重要なものが、怠惰と惰性である。まさに怠惰と惰性を特徴とするからこそ、原始民族は生活に必要なものを提供するにあたり間近な将来よりも先を見越すことができず、自然が彼らの期待に反して一時的にその贈り物をあたえないときに、彼ら自身が直面せざるをえない欠乏、飢餓、そして死を考慮に入れることができないのである[11]」。

諸民族の進化にかかわるシュレンクのヴィジョンは、あきらかにアムール川での経験に影響されている。彼が到着したとき、ニコライエフスクの入植地には川土手に一群の木小屋が建ち並ぶだけであった。一年後、そこには温泉浴場、二つの学校、舞踏室と読書室をそなえた建物をはじめとする一五〇の住居が建てられた(12)。あたり一面の森林は建築用に伐り倒され、上流のほうでは、先住民族が狩猟や漁撈をおこなった土地は自由保有可能な区画として仕切られ、すでにロシア人入植者の手に渡っていた。新来者《ニューカマー》は蒸気船や製材工場、聖典や畜牛、ウォッカやバイオリンばかりではなく、病気をもたらした。シュレンクが当地に滞在した最後の数カ月に、チフスがアムール川の村々にひろがりはじめ、二年とたたないうちに、アムール川の東部と北部に位置するサハリンの先住民族共同体にまで浸透し、人口のおよそ五分の一の命を奪った(13)。当該地域の人びとは狼狽し、攻撃にさらされ、自然の圧倒的な力を前に生命を落としたようである、とだけシュレンクは書いている。だが、彼のそうした無感情な記述を知ったとしても、なんら驚くにはあたらないだろう。

レフ・シュテルンベルグと、民族の境界線の問題

この地域の民についてのこうしたヴィジョンは、逆に、次世代の研究者に、なかでもロシアの著名な民族誌学者、レフ・ヤコヴレヴィッチ・シュテルンベルグの思想形成に影響をあたえた。この影響はどこか逆説的なものである。なぜなら、シュテルンベルグは、レオポルト・フォン・シュレンク自身や民族誌学のエリートとしてのシュレンクの学殖豊かな立場にたいし、はっきりと冷笑的な態度を

もちあわせた政治的なラディカルだったからだ。シュレンクによるこの地域の民族の分類を批判しながら、シュテルンベルグはつぎのような観察をおこなっている。「アムール川流域にかんする研究の将来を切り拓くパイオニアは、〔先住〕住民との緊密なかかわりをつくりあげることにではなく、古文書と歴史という性格をもった資料を集めることに成功したのだ」と。(14)

シュテルンベルグ自身は苦労を積み重ねたうえで事をなしとげていった。若いころにはロシア革命運動「人民の意志」に参加したかどで一八八六年に逮捕され、サハリン島での八年にわたる追放生活を余儀なくされた。シュレンクが植民地化の土台を描いたとすれば、シュテルンベルグはその結果を目撃したのだった。彼がサハリンに追放されたとき、帝国諸列強はふたたび当該地域の国境線を設定し直していた。サハリンの「共同統治」の精確な意味をめぐって、ロシア当局と日本当局が数年にわたりかまびすしい論争をおこなった後、日本は一八七五年に、千島列島東部への主権獲得と引き替えに、樺太への領有権を放棄した。(15)こうして日本政府は、アイヌの生活圏のなかでもより大きく開発しやすい南の部分――かつて和人が「蝦夷」と呼び、いまや「北海道」と名づけ直された島――の植民地化に、精力を集中することができるようになった。一方ロシア政府は、十分な数の自由入植者をサハリン島に引き入れることができず、一八八一年、この島を囚人の流刑地と指定した。一八九七年にサハリンには、二三二五一人の囚人と、一一九九七人のロシア人自由入植者がいた。(16)この数は、サハリン島に住みつづけている先住民族の、四一五一人という人数をはるかに上回る。

サハリンに追放されるまでのあいだ、シュテルンベルグは民族誌学の正式の訓練を受けてはいなかった。彼が読んだ数少ない重要な書物のひとつに、フリードリヒ・エンゲルスの『家族・私有財産・

国家の起源』がある。これは、彼がサハリンに追放される数カ月前に、オデッサの獄中で入手したものである。彼の研究には、その他に理論的な枠組みはほとんどない。シュテルンベルグがエンゲルスの作品を心に染み入らせるようにして受けとめていた以上、彼が「ギリヤーク」社会のうちに、人類の発達の最初期段階を特徴づけるものだとエンゲルスがみなす「集団婚」のパタンをすぐさまに見出したのは、驚くべきことではない[17]。こうして彼は「ギリヤーク」を、ルイス・モーガンが作成しエンゲルスが彫琢した人類の発達の七段階からなる位階制のうちにかっちりと位置づけることができた。「ギリヤーク」は農耕をおこなわず、土器をつくらず、集団婚の要素を保っているが、皮を得るために動物(犬)を飼育する民族であるのだから、(彼の主張によれば)「上期の蒙昧」と「下期の野蛮」の境界線上をさまようものとされた[18]。シュテルンベルグの観察は、逆にまたエンゲルスによって、『家族・私有財産・国家の起源』の後の版で、エンゲルス自身の理論の妥当性を証明するものとして引用される。後代の民族誌学者は「ギリヤーク」の集団婚のパタンについてシュテルンベルグがおこなった解釈を疑問視したのだが、モーガンとエンゲルスによる発展段階をオホーツク海域の「民族」に適用する試みは、民族誌学思想と先住民族共同体への実際の政策に引きつづき影響を及ぼしていった[19]。

しかしながら、シュテルンベルグの関心は進化の時間的な段階ばかりではなく、空間的な境界にもおかれた。すなわち、彼は、ある民族（narodnost'）と別の民族の境界線をどのように引いたらよいか、自分が調査研究した民族にどのような名称をあたえたらよいかについても腐心した。追放から帰還した後に書いた論考で、この問題を詳細にわたって検討し、アイデンティティということがもつ根本的で、捉えがたい性質を探求した。いったい何によって、わたしたちはある人間集団を「人種」

「民族」「エスニック・グループ」「国民体」と呼びうるのか。いったい何が人間に、「わたしたち」と「彼(女)たち」とに分割された世界という把握をあたえるのか。シュテルンベルグは、サブ・グループはどれも「部族としての個性を意識している」と確信した。[20] 間宮林蔵やレオポルト・フォン・シュレンクによって外部から課された分類を用いるのではなく、先住民族自身が用いる分類を手に入れるために、先住民族自身の言語を探査することにつとめた。しかしながら、この課題は結局のところ、挫折を余儀なくされた。なぜなら、ほとんどの集団の場合、自分たちのあいだで自らの共同体のことについて語るさいに使う単語と、自分たちの集団のことを外部の者に語るさいに使う単語とではまったく別だったからである。また後者の単語にしても、近隣集団が彼(女)らを呼ぶさいに用いる単語と異なる場合が多かった。さらに厄介なことに、こうした先住民族による多重多層の分類の境界線はかならずしも相互に一致しなかった。

たとえば、シュレンクが「オロク」Orok と呼んだ、サハリンのトナカイ飼育民たちは、自分たちのあいだで話すとき、自らのことを「ナニ」Nani（大まかな意味は「この土地のひと」）と言い表わした。他方、外部の者に話しかけるときには、ときおり「オルチャ」Ol'cha あるいは「ウルチャ」Ul'cha と自称した（Ul'ta あるいは Uilta と綴られ、トナカイを意味する「Ola」あるいは「Ula」という語に由来する）。サハリンに住むギリヤークの近隣集団はまた、彼(女)らのことを「トナカイを飼育する者」を意味する「オルヌィル」Ornyr と呼ぶが、アムール川下流域の「ギリヤーク」は「トズン」Tozung と言い表わした。ここまではよい。しかし、「ナニ」Nani という語はアムール川沿いで生活する数多くの他集団が自らを記述するさいにも使われた。さらに、アムール川下流域の「ギリヤーク」

は「トズン」という語を、サハリンのトナカイ飼育民だけではなく、タタール海峡沿岸の住民（シュレンクは「オロチ」Oroch と呼んだ）を言い表すのにも使った。さらに奇妙なことに、シュレンクが「オルチャ」Ol'cha と呼んだアムール川の民族を指すのに「オルヌィル」という語を使ったのだ（実際は、この最後の集団はトナカイを飼っていない）[21]。この地域の他集団とはまったく関連のない言語を話す「ギリヤーク」のような集団でさえも、結局のところ当惑するであろう。シュテルンベルグは「ギリヤーク」は「自らの民族的一体性の明確な意識」をもっているとしきりに論じたがったのだが[22]、彼の観察によれば、この言語集団の成員（「人間」を意味する「ニヴフ」と自称する）は自分たち自身の共同体とマンジュ（満洲）人をひとつの民族（khal'-nyakhr）と記述していた[23]。

こうした迷宮のように入り組み複雑きわまりない事態に直面したときにシュテルンベルグが見せた反応はおおかた予想がつく。彼は、先住民族による分類と移入された民族観とのうちに潜む矛盾を追求しようとはしなかった。むしろ、自らの民族誌学において先住民族自身の名称を用いる努力を放棄し、シュレンクが提案した分類をいくらか修正したものを利用せざるをえなかった。結局シュテルンベルグは、一介の民族誌学者であったばかりではなく、サハリン当局によって国勢調査をおこなう役人として雇い入れられるようになる。しかも、近代の人口調査といえば、これは、ある一義的な語が「民族」とマークされた箱のなかに置かれることを要請するものであった。国勢調査の論理とは、誰でも「エスニック」あるいは「ナショナル」なアイデンティティ感覚をもつべきで、このため、言語的、物理的、経済的、精神的分割線が錯綜して重なり合っている世界がもつ微妙な変化に存在の余地はありえない、ということにほかならない。つまるところ、シュテルンベルグの調査研究は、明確に境界づけられたさまざまなエスニシティへと分割された世界という描像を確証するにとどまらない。それは、先住民族が近代の植民地世界の内部で自らの位置をいっそうはっきりと見定める、アイデンティティの新たな枠組みを創造することにも寄与したともいえよう。

ロシア民族誌学と、日本人による起源の探求

一九二六年の秋、いまや齢を重ね民族誌学界の重鎮となったレフ・ヤコヴレヴィッチ・シュテルンベルグは、第三回全太平洋会議に参加するために日本に旅立つ。東京に滞在中、シュテルンベルグは日本の著名な人類学者、鳥居龍藏と面会する。鳥居は九歳年下であったが、すでに当時、日本の人類学研究を指導する立場にあった。鳥居宅を訪れたとき、シュテルンベルグは目を見張った。タイラーやマリノフスキーの著作といった人類学の古典ばかりではなく、レオポルト・フォン・シュレンク、リヒャルト・マアク、そのほかロシアの開拓者たちの論考、当時ロシアでさえ入手困難な書物が書棚に並べられているのを知ったからである。(24)

鳥居がロシアの民族誌学に関心をもつのはたんなる偶然ではない。ロシアと同様、日本においても、民族誌学の発展は西洋列強に支配された世界のなかで国民的アイデンティティを探求する営みと切り離しがたく結びついていたのだ。ロシアで欧化論者とスラヴ主義者が闘わせた論争は、移入された近代化を称揚する者と、日本の伝統の復活に活路を見出そうとする者が一九世紀後半におこなった論争にも反響していた。日本の文脈では、真の国民の魂を探求する営みは関心の焦点を、日本民族の本質

と起源にかんする問題に絞り込んでいた。最初に日本人の民族的起源にかんして思弁をおこなったのは外国人学者だが、そのなかのひとりにエドウィン・モースがいた。モースはまた、日本にダーウィンの自然淘汰説を導入し[25]、一八九〇年代に日本の民族誌学者の草分け的存在となっていた。当時の民族誌学者には、坪井正五郎やその教え子である鳥居龍蔵がいた。彼らもまた日本民族の起源という問題を徹底的に調査し、日本人とその北方の近隣者、とりわけアイヌとの関係について議論を闘わせていた。

彼らの著作も、ロシアでの同種の論考とおなじように、植民地が拡大する過程と切り離しがたく絡みあっている。まさにこうした過程が進むなか、土地と民《ピープルズ》がロシアと日本のあいだでの統治をめぐる変化に巻き込まれてゆく。したがって、ロシアの民族誌学が実践的な価値をもったのは、そこには当該地域についての以前の植民地統治者の洞察がふくまれていたからにほかならない。そして実際、この洞察はその後の日本の植民地政策を領導することになろう。日露戦争後、日本が南サハリンの統治権を回復したとき、最初のうちは、新しい日本の植民地当局はサハリン島の「原住民」をどのように扱ったらよいかについて、たいして考えをもちあわせていなかった。新しい植民地体制がしかれてから七、八年たってようやく、植民地行政官は先住民族にかかわる情報を収集する必要を感じはじめた。そうして一九一一年、鳥居龍蔵は行政当局に民族誌学の調査をおこなうよう依頼を受ける。この調査は、鳥居がすでに台湾と朝鮮の日本の植民地総督府のために遂行していたのと同じ課題にほかならない。

それから十年後、鳥居の民族誌学研究の前線はさらにいっそう北へと拡大する。ロシアが一九一七年の革命によって内戦状態に突入し崩壊に見舞われると、日本および反ボルシェヴィキ勢力は東シベリアに軍隊を派遣した。そして一九二〇年に、日本は北サハリンを掌握した。主要目的は当該地域における日本の石油権益の拡張を保護することにあった。[26] だが、サハリン島の北部にたいする日本の支配は短命に終わった。北サハリンは一九二五年に和平協定の一部としてソ連に返還されたのである。しかし、日本が支配をおさめていた短期間は、当該地域の学問研究にとって絶好の機会となった。一九二一年六月、鳥居は日本の遠征軍の助力と指導のもと、北に赴いた。アムール川河口とタタール海峡西岸をしばらく訪れたのち、北サハリンに戻り、六〇年以上前にレオポルト・フォン・シュレンクがたどった経路にしたがい、海にむかってトゥイミ川を下った。

一九二〇年代のトゥイミ川はまだ数多くの言語集団の合流点であった。アイヌはもはや和人の商品を売るために北方に旅することはなかったが、鳥居は、ヤクート出身の富裕な起業家ヴィノクロフ一族に呼び寄せられたシベリアの「ツングース」の一団が、トゥイミ川沿いに道をつくる作業に従事している姿を目にした。また別のところでは、ロシア人の家族が森林から伐り拓かれた小さな空き地に小屋を建てており、河口の砂州の上には、日本の北辰会の出張所が建っていた。その北から採掘される石油にかんして日本は採掘権をもっていたのだが、この会社は石油の運び出しを監督していた。[27] その中間に先住民族が生活していた。「オロッコ／オロク」の村のほとんどは河口近くに集まっていたし、「ギリヤーク」の入植地はさらに上流のほうにまで拡がっていた。

鳥居が北サハリンとアムール川について著した人類学の研究は間宮林蔵に「献辞」が捧げられているが、民族誌学的ヴィジョンについていうと、ヨーロッパの研究者、とくにレオポルト・フォン・シュレンクの著作に負うところが大きい。鳥居はシュレンクによる民族の分類を踏襲し、各「人種」の身体的特徴にかんするシュレンクの記述をふんだんに引用している。[28]鳥居もまた集団を精神的な側面から分類し、「ギリヤーク」と「オロッコ／オロク」の「智慮」の比較を試みている。この比較はやがて、植民地行政が作成する公式の文書のうちに組み入れられていったのであろう。[29]しかしながら、鳥居にとって、とりわけ重要な目標は、日本民族の起源の鍵として、当該地域の諸社会を調査研究することにあった。だからこそ彼は「オロッコ／オロク」が着用する皮製のエプロンと石器時代の日本の土器でできた小立像に見られる衣装とのあいだの類似性を丹念に書き記し、[30]古代日本の宗教慣行と、北方のいたるところの先住民族諸集団が木を削ってつくった幣・幣束（Inao あるいは Irlao）を奉る慣行とのあいだの連関を跡づけてみせたのである。[31]このようにして鳥居は、「オロッコ／オロク」とは八世紀の日本の年代記で「ミシハセ」「アシハセ」と言及される人びとを指し、かつては大胆にもはるか南の北海道あるいは日本列島の北部まで渡来してきた人たちのことなのではないか、との示唆までもおこなった。[32]鳥居はこの論点を証明するために、人類学のみならず考古学をも動員した。北サハリンに訪問中、彼は数多くの考古学上の遺跡を発掘した。そのひとつに、チャイオ付近にある「石器時代」の遺跡がある。そこで彼はトナカイの角でできた彫刻を発見した。[33]

鳥居は先住民族文化のさまざまな面に、とりわけ伝統的な木彫や刺繡の技術に敬意をはらった。しかし、彼が提示するものを全体としてみるならば、それは「自然に滅び行く運命に陥って居る民族」という描像であった。[34]すなわち、いまなお日本の石器時代という過去の痕跡をとどめているからこそ、その消えゆく文化に関心が寄せられる、そうした民族である。「ギリヤーク」を上期蒙昧の縁に位置づけるシュテルンベルグの分析と同様に、このようなしかたでエスニシティと時間を書き記すならば、先住民族文化は適応、交換、葛藤をはらんだ進化の産物にほかならないとの把握が消去されてしまう。そうして、先住民族世界のイメージは、一九世紀民族誌学の大きな理論《グランド・セオリーズ》によってだけではなく、より詳細な人類学的情報をたえず国境を越えて交換することによっても形づくられてゆく。こうした情報交換が進む過程のそれぞれの段階では、特異な時間と場所に属する個々の関心にぴったりと適合するように、思想への粉飾がほどこされる。にもかかわらず同時に、ある隠された基本イメージが保存、強化され、それが普遍的な真理の地位を獲得してゆく。先住民族諸社会は、操作可能な仕切られた「人種」「民族」へと分類され、「民族」は、時系列の位階制にしたがって、多かれ少なかれ遠い過去に位置づけられる。異なる集団の習慣や信念、あるいは相対的な「智慮」にかかわる型にはまった知識の断片が、民族誌学的理解の貯蔵庫のなかに組み込まれる。次章でみるように、鳥居による国家なき小社会の調査・配列は、もちろん、たんに鳥居自身の「先住民族」観をもたらすにすぎないのではない。それは近代国民国家における近代性とエスニシティの了解を深く規定しつつ形づくってもいるのだ。

第四章　国民、近代、先住民族

国民国家は生成する当初から矛盾をはらんだ存在であった。あるレヴェルでは、民族的《エスニック》な存在、つまり首尾一貫した統合性を古くからあわせもつ文化伝統の担い手だと想定される。他方、別のレヴェルでは、とりわけ近代合理性の政治を代理・表象した公民体でもある。理論的にみれば、一方での（フランスやアメリカ合州国のように）明確に公民という観点から自己定義してきた国民と、他方での（ドイツや日本のように）帰属というものがとりわけ民族という観点から定義された国民という、この二つを両極とする幅のうえに、さまざまな国民像を配列することができよう。にもかかわらず、実際には、この幅の両端は混乱と両義性に浸潤されている。「公民《シヴィック》」という点に強い力点をおいた国民把握にあっても、国民であることのイメージは例外なくといってよいほど、ある特定の「民族《エスニック》」共同体の想像された伝統によって色濃く縁どられている。また逆に、「民族」という点を強調した国民把握のもとで打ち出される、有機的に一体化・統合された「フォルク」Volk というヴィジョンにしても、多種多様な文化的マイノリティの位置にかかわる厄介な問いかけが生ずる可能性を除去できはしなかった。

さまざまな国民国家と、それらが編入した国家形態をもたないさまざまな小社会との関係を探査すると、こうした両義性がありありと浮かび上がってくる。本章でのねらいは、二〇世紀初頭から中葉にかけてのロシアと日本の事例をいくばくか検証・解体することで、右の論点を具体的に描き出すことにある。イデオロギーという観点からいえば、ソヴィエト連邦と日本は国民体のありかたの両極に位置した。ソヴィエト社会主義共和国連邦は多民族連合として自己定義したのだが、この自己定義においては、公民としての帰属は社会主義への進歩という目標を共有することで築きあげられる、と考えられた。他方日本では、国家は、共通の民族《エスニシティ》と歴史——連綿とつづく万世一系の天皇家というヴイジョンに具現された歴史——という概念を中軸にすえた国民体《ネイションフッド》のイメージを、明治期以来このかた育んできた。こうした対照的なイデオロギーの存在は、先住民族共同体にたいし一連の政策が二つの社会のうちで表現され実施されるさいに、そのありかたに深い連累《インプリケーション》を有してきた。ソ連邦と日本という二つの国家では先住民族政策のイデオロギーにはっきりと対照的な関係があるにもかかわらず、両国を分かつ国境線のそれぞれの側に居住する先住民族共同体が得た現実の経験に照らしてみると、そこからは驚くほど明瞭に、ひとつの共通の主題が浮かび上がってくる。そして、この共有された経験を手がかりにすれば、近代の国民体の基層に位置するディレンマをくっきりと描くことができるだろう。「近代性《モダニティ》」として一般に記述される現象のうちで無視されてきた局面を検証し、近代という概念と国民という概念の関係を評価し直すための出発点を提供するのは、ほかならぬこうした国境線の両側の先住民族共同体に共有された経験である。

原住民の名で語る。——ソヴィエトの理論と北方小民族

「わたしは原住民の名で語る。過去において、わたしたち原住民はきわめて困難な生活を強いられてきた。帝政ロシア政府の法律を執行する者はみな、わたしたちを抑圧した。かれらはわたしたちを支えも助けもしなかった。……この年のわたしたちの要求は、武器弾薬を与えよ、というものだ。わたしたちは労働する。自助努力によって返済する。しかし今は信用貸しで武器を与えてほしい。……」(1)

これは、一九二六年の第一回極東地域会議において、ニヴフの北サハリン小民族代表、同志ピムカがおこなった演説の一節である。ピムカの演説は、ソヴィエト権力の到来は、小民族である自分たちの存続・生き残りにかかわる焦眉の問題を具体的に解決する方策となるだろうという、先住民族共同体内部で抱かれた希望を反映している。一九世紀初頭以来、シベリアの先住民族共同体への帝政ロシアの政策は、理論面では漸次的同化に、実践面では土地・財産の急激な収奪に依拠してきた。ミハイル・スペランスキーなどの改革者は、一八二〇年代以降、先住民族社会を交易者や入植者による極端きわまりない搾取から保護しようとつとめてきたが、先住民族政策の基底には、「進歩とは公民《シティズンシップ》としての資格・権限の獲得にほかならず、ロシア帝国における救済はすべてロシア化・同化に結びつく」という想定が潜んでいた。(2) スペランスキーをはじめとする一九世紀のロシア国民主義者は、

主権とは「歴史的国民《ヒストリック・ネーションズ》」だけが要求しうるものだ、すなわち人類の進歩の担い手と見なされた文字をもつ大きな共同体だけのものだ、と想定していた。小さな無文字社会は「歴史的国民」文化への同化以外には生き残る機会をもたない、と信じられていた。同時に、帝政ロシア中央政府がはるか遠くに位置し、その官僚機構では非効率と腐敗がはなはだしかったため、先住民族の同化にともなう苦痛を緩和する努力はかならずしもねらいどおりには進捗しなかった。二〇世紀初頭までに、囚人流刑地の拡大や大規模な森林破壊がロシア極東における先住民族の生活の経済的基盤を激烈に破壊し、サハリンのような地域では伝染病や飢饉が拡がっていた(3)。

しかし、新しいソヴィエト国家にとって、先住民族政策はたんに被抑圧共同体の直接的な苦難の解消という問題にとどまらなかった。先住民族政策は、国民的アイデンティティの創出と社会主義への前進という二つの目標のあいだに介在しうる解決困難な問題群と絡み合っていたからだ。理論上、ソヴィエト連邦は自らを多民族連合と定義し、その数多くの構成部分が有する独特な文化を認めていた。しきりに繰り返されたスローガンを使っていえば、最終目標は「形式のうえでは民族的、内容のうえでは社会主義的(4)」である諸社会の平等な統合体にある。だが、この教義は、形式と内容を切り離すのはたやすいとの想定に根をおろしていた。しかも、この公式の教義が先住民族諸社会――「歴史的国民」を特徴づける国民的意識を著しく欠いた「小民族」――に本腰を入れて適用されたことはほとんどない(5)。

ソヴィエトによる統治がはじまった初期、「小民族」政策は、レフ・シュテルンベルグや、その同時代人ヴラディミール・ボゴラズのような革命前の民族誌学者の思想に深く影響されていた。シュテルンベルグについていえば、彼自身は、帝政ロシアにたいする反体制活動を理由にシベリアに追放されているあいだに、先住民族にかかわるフィールドワークに着手しはじめた人物である。この世代の研究者たち——一九二四年の北方委員会（Komitet Severa）創設にあたり重要な役割をはたした——は、「北方小民族」（malye narody severa）を搾取から保護すると同時に、経済・社会の漸次的な進歩を鼓舞する施策を具体化することにねらいを見定めていた。(6) ボゴラズは、ロシア人入植者との接触がもたらす有害な影響から先住民族を隔離するために、特別保留地の創設を提案している。しかしこの提言は、ソヴィエト当局に一顧だにされなかった。当局が許可した先住民族自治は、婚姻、相続、財産権といった小規模な政策にかかわるものであって、これは三名の種族ソヴィエト評議員を選出する種族議会の創設によって具体化された。この議会はまた地方議会に代表を送った。そして、この地方議会の行政委員会には、刑事上の事件を処理する権限があたえられていた。(7) とはいえ、自治を擁護するためのこのように限定された対策にあっても、その当初から、多種多様な根深い問題がつきまとっていた。なかでもとくに注目に値するのは、こうした対策が、明確に定義された「種族」なるものが存在し、しかもそれは容易に認定可能であるとの誤解を導く想定に依拠していたという事実である。実際には種族評議会は現実の地域共同体とは何の関係ももたず、資金不足によって種族ソヴィエトの作業がほとんど不可能になることもあった。(8)

のちに見るように、日本では、先住諸民族と多数派日本人との発生的・民族的関係は、帝国への帰属にかかわる論争のなかで決定的に重要なイシューとなった。これにたいしソ連では、「北方小民族」とロシア人との間の民族的なつながりが理論上からいって政治的な重要性を帯びたことはまったくない。全員がソヴィエト公民であり、社会主義共同体を創設するという同一のドラマに参画していたからだ。したがって、むしろ重要な問題は、先住民族社会をその「原始的な」発展段階から人類に知られるもっとも先進的な段階に変容させるために採られるべき方策にかかわる。レーニンによって定式化され、のちにスターリンが展開した言い方を用いると、適切な指導があれば、先住民族社会は、封建制と資本制という通常は通過せねばならない中間段階を迂回して、現段階から社会主義へと直ちに前進することができる、と期待されたのだ。しかしながら、こうなると、「小民族」は一方でソヴィエト公民として有する通常の権利を享受しながら、他方で種族評議会に具現される特別の法構造をはじめとする特定の保護特権を受けとらなければならなくなるだろう。先住民族はまた、第二次世界大戦中でさえも兵役から免れた[9]。兵役にかんする両義的な施策は、危険で時間のかかる義務の適用免除として解釈もできよう。しかしそれはまた、世界中の数多くの他地域における先住民族の状況に類似してもいる。すなわち、先住民族が一般に兵役を免除されるのは、「母国」を忠実に防衛する能力が彼らには欠けるとの暗黙の了解があるからにほかならないという状況である。

一方、社会の進歩を促進しようという地域での熱狂は「近代性」／「社会主義」をめざす進歩と「ロシア化・同化」との関係にかかわり実際上の問題を惹き起こした。たとえば、北サハリンでは、一九二〇年代の初頭に、先住民族共同体のなかで適正にはたらく識字能力をもつ構成員は四人だけであると主張された[10]。先住民族にたいする教育はほとんど存在せず、公共医療サービスはこの上なく未発達であった。純粋な理想主義に駆り立てられた若い革命家は先住民族学校の創設活動に加わり、一九二五年以降、教育、医療、経済、その他の活動を結び合わせる「文化的基盤」（kul'tbazy）の創出に参画した。[11] しかしながら、「進歩」の本質にかんする彼(女)らの想定は、先住民族の生活の構造とかならずしも容易に両立しうるものではなかった。

あるレヴェルでは、一九二〇年代から一九三〇年代にかけて、「小民族」の社会を特徴づける独特の側面を尊重しようとの本腰をいれた試みがなされた。ソヴィエト・サハリンでは、一九二五年に、トゥイミ川沿いのハントゥザに最初の先住民学校が設立された。この学校にはニヴフ、ウイルタ、エヴェンキの言語集団から四〇人の生徒が取り集められた。その教師である同志ダンチノフ自身、東シベリアのブリヤート先住民族共同体のメンバーであった。そして初期の段階には、漁撈やトナカイ飼育といった実践的な活動の教育にかなりの力点がおかれていたようである。[12] 子どもたちはさまざまな言語集団の出身で、どの先住民族の言語にも文字で書かれた資料は存在しなかったから、この段階での「識字能力」とは必然的にロシア語での識字能力を意味したが、やがてこの状況を変える努力があらわれていった。

初期のソヴィエトの先住民族政策と日本国家（およびカナダやオーストラリアといった他の国々）の政策とを分かつ特徴のひとつに、ソヴィエトの側での、先住民族共同体から取り集められた知的エリートの創出を促そうとの意識的な努力があった。このエリートは書記体系および先住民族の言語で書かれた文書の創作に参画し、いずれ先住民学校で教えるロシア人教師にとってかわるだろう、と期待された。一九二五年から、レニングラード大学はシベリア先住民族共同体出身の学生を若干名入学させはじめ、一九二六年には、シベリア諸言語のための特別プログラムが着手され、そこには一一の言語集団から取り集められた五八名の学生が加わった。[13] この計画は重要な結果をもたらした。一九三一年に、一三の先住民族言語のためのアルファベットがつくりだされ、三つの教科書がうまれた(14)。こうしたプログラムをとおして教育を得た者には、チュクチの作家ユーリ・ルイトヘウやニヴフの人類学者チュネル・タクサミをはじめとする数多くの指導的な先住民族知識人がいる。しかし、エリートの集中的な訓練は複雑な効果を及ぼしもした。それは子どもたちをその共同体から根こそぎ引き抜き、すくなくとも四年間は家族から引き離し、レニングラード社会というまったく見ず知らずの環境に押し込んだのである。先住民族の学生は自分たち自身の言語で学習し書くように（そして、重要なことに、『啓蒙』というタイトルのついた特別に創刊された雑誌に自分の作品を発表するように）奨励されたが、同時に、ロシアの都市生活がもたらす「先進文明」に驚愕し、それを見習い、自分自身の「後進的な」習慣は振り払うように教育された。これは悲劇的な結果をうむこともあった。チュネル・タクサミは、この教育計画の第一期生となったニヴフの学生のことを思い起こす。この学生はレニングラードで自分の編まれた長髪――その当時でもニヴフにとって重要な文化的シンボルであった――を刈りあげるよう説得をうけた。彼が刈り込まれた髪のままで自分自身の共同体に帰ると、その行動は家族を憤激させ、妻は彼を残して出て行ってしまった(15)。

この逸話はソヴィエトの教育戦略の基底に潜む矛盾を具体的に描きとっている。公式の政策が先住民族の言語教育を促進しようと試みられていたとしても、地方レヴェルでは「進歩」と「ロシア化・同化」はあまりにも簡単に混同された。たとえば、一九三四年におこなわれた北サハリンの先住民族の「文化水準」にかんする調査は、「文化水準」を測定するために二つの基準だけを採用した。すなわち、（ロシア語での）識字能力とロシア語を話す能力である(16)。「教養がある」とは、だいたいの場合、ロシア語を使用できるということばかりか、物理的外観と身体の動きをつくり直していることと同一視された。ほとんどの地域と同様、ソ連邦においても、先住民族の教育政策は関心の焦点を衛生に集中させた。サハリンのノグリッキ村での「原住民教育」にかんして、一九三〇年の新聞の報告は、「教養ある習慣（入浴、毎日衣服を替えること、定期的な手洗い、歯磨きなど）を身につけさせるための子どもたちの訓練に多大な関心がはらわれるべきである」とはっきりと述べている。[17] しかしながら、病原菌との戦いと見知らぬ慣習との戦いを切り離すことはかならずしも簡単なことではなかった。学校の児童が「レーニン曰く、ギリヤーク〔ニヴフ〕をきれいにしよう。長髪を切れ！」という文言で粉飾されたポスターを自宅に持ち帰るよう勧められる事例もあった。[18]

さらに一九二〇年代後半になると、先住民族共同体の自治・自律を尊重しようとの努力は、スターリン主義的な開発政策の圧力によって急速に衰えていった。シベリアの原材料開発をおこなう大規模な計画は大量の入植者を先住民族の生活圏へと引き寄せた。たとえば、カムチャツカでは、一九二六年に九七〇〇人であった総人口が一九三七年には七五〇〇〇人にまで上昇し、全体に占める先住民族の割合は一五パーセントから二・四パーセントに落ち込んだ。[19] 一方、旧世代の民族誌学者の見解は、レーニン主義的な階級闘争論で訓練された新たな研究者集団から攻撃をうけた。集団化計画がはるか奥地のシベリア全体にも及ぶにつれて、階級闘争論的な思想は、一九二〇年代後半から一九三〇年代初頭にかけて、先住民族共同体にも適用されていった。

集団化が内包する政治の論理は、闘争対象としての搾取階級の存在を必要とした。こうした階級闘争の過程をとおしてはじめて、かつての搾取者に大量の私有財産の放棄を強制することが可能になると信じ込ませるなら、貧困な大衆自身も、こうした説得に応じ、貧弱な私有財産を放棄するようになるだろう、というわけである。しかし、激烈な階級分裂という観念は数多くの先住民族共同体においては意味をなさなかった。ニヴフ、エヴェンキ、その他の民族のなかには、交易をつうじてかなりの富を蓄積した者が少数ながらいたものの、ほとんどの共同体において、富める者と貧しい者との溝は狭く、分かち合いの伝統のほうが力づよくはたらきつづけた。先住民族の「クラーク」（この文脈では、平均以上にトナカイ、犬、その他の富のシンボルを保有する者）を見つける営みは、地域の激しい抵抗にしばしば出くわした。

最初のころ、ソヴィエトの理論家は、「被搾取階級」を先住民族社会のうちに探しだそうとするさいに、富や占有にかかわる分裂よりもジェンダーの分裂に力点をおく傾向にあった。理論家はレオポルト・フォン・シュレンク以降の民族誌学者が確立した伝統にしたがい、先住民族の女たちは原始的な家父長制の犠牲に供されており、したがって教育と解放にとりわけふさわしい主体であるとみなした。[20]しかしながら、一九二〇年代後半以降、集団化計画には、搾取集団を明確に特定したうえで摘発しようとする営みが現われてきた。すなわち、とりわけ「クラーク」という用語で「シャマニズム」を連想させることに関心を集中させようとされた。あるレヴェルでは、「シャマニズム」は、宗教的職能者が病気や心理的不安を癒すためにかなり入念な儀式を執りおこなう、たんに東シベリアに共通する伝統的慣行を指すにすぎなかった。しかしながら、ソヴィエト当局は「シャマニズム」という語を頻繁に用い、その語に先住民族の世界観全体（創造と一族の起源にまつわる伝統的な神話への信仰をはじめとして）を包含させてゆく。[21]こうして「シャマニズム」は政治的な潜勢力を含意することばになり、シャマンは、幻想の魔術的な力を富裕になるための手段として利用し共同体を犠牲にする人物である、と想定された。しかしもっと広く捉えると、「シャマニズム」は国家の開発計画の妨げとなる先住民族の慣行をあらわす符号になっていった。したがって、一九三〇年代初頭に集団化への抵抗が起きはじめると、非協力的な共同体の指導者を粛清する口実として、「シャマニズム」という語が広範に用いられていった（この時代に階級敵として非難された数多くの人びとのうちに、本節の冒頭に演説の一部を引いた同志ピムカがいる）(22)。

ソヴィエトの国境線付近では、「シャマニズムとの闘争」は非協力者を排除するための別の戦略としっかりと結びつけられた。世界中の数多くの地域と同じく、ここでも、国家の国境線は先住民族共同体を横切り、友人や親類を引き離した。そして、国境を越えてつながりを維持しようと企てる者は、造作なく、潜在的な「スパイ」もしくは「裏切り者」とみなされた。一九三〇年代をつうじて極東のシベリアやサハリンでは、「日本のスパイ」という嫌疑で先住民族の粛清を正当化することがしばしばおこなわれた。日本製眼鏡の着用といった些細なことですら、「スパイ活動」の証拠になりえた(23)。だが、こうした偏執狂《パラノイア》がさらに焚きつけられたのは、ソ連邦も日本も実際に先住民族をスパイ活動の任務につかせスパイとして利用してもいたからである。ヤクート（サハ）の起業家ドミトリー・ヴィノクロフ（彼については後に言及する）は、一九二〇年代後半から一九三〇年代にかけて南サハリンの日本当局に雇われ、国境線のソヴィエト側に居住する先住民族との接触を介して情報収集にあたり、のちにはソヴィエト政府に強いられて、日本にたいする諜報活動に従事した(24)。先住民族のトナカイ飼育者は、形式的には兵役を免れているにもかかわらず、日本とソ連邦の双方に雇われ、国境を横断してスパイ活動をおこなった。そして、しばしば悲劇的な結果がもたらされた[25]。この意味で、どちらの国家も、自らの同化政策によって消し去りつつある、ほかならぬ先住民族の生活の基本要素を、すなわち特定地域の地勢にかんする深い知識と、国境を横断する共同体とのつながりを搾取したのだ。こうした先住民族がもつ技能の政治的搾取は、とりわけソ連の側に深刻な帰結をもたらした。ソ連邦の場合、とりわけ抑圧的な体制がかける嫌疑は、中央から遠く離れた地方の日常生活にまで及んだ。サハリンのニヴフやその他の集団では、「シャマニズム」や「スパイ活動」の嫌疑をかけられ告訴された年長者が移住させられ、ときには死刑に処せられて、一九三〇年代にはいくつかの共同体が荒廃させられていった。

一方、経済にかんしてみると、集団化は大規模生産という概念への強烈な信念に依拠していた。コルホーズであればこそ、機械化された科学技術の応用にいっそう適した大きな生産単位をつくりだし、生産高を増加させ、繁栄をもたらすだろう、というのだ。北方委員会の創設に重要な役割をはたしたアナトーリ・スカチコのような専門家が指摘するには、数多くの先住民族共同体は、冬の数カ月はトナカイ飼育や狩猟に、夏には漁撈に時間を費していた。彼の議論によれば、こうした生活様式は効率性にとって障害となるが、この障害は共同体を単一の活動に専門特化したコルホーズへと組織化すれば克服可能であろう、という[26]。しかしながら、彼が説く経済の論理は、先住民族が何世紀にもわたって経験してきたシベリアの環境への適応過程を無視している。先住民族共同体は、こうした過程のなかで、さまざまな活動——漁撈、狩猟、動物の飼育、植物採集、交易——の組合せを方法的に利用しながら、天然食糧の豊富な季節と天然食糧がまったく得られない季節が交互に訪れる天候条件をなんとか生き抜いてきたのだ。こうした環境で生産活動を専門特化したときの最終的な帰結は、ブルース・グラントがおこなった説明のうちに鮮明に描き出されている。彼は、サハリン北西沿岸の、多くはニヴフの労働者が配属された漁業集団《コルホーズ》について、こう説明した。北方の数多くの地域と同じように、ここでも、サケは一年に二度、短期間の移動をおこなう。一度は真夏、もう一度は一月から三月にかけて。「昔、〔ニヴフは〕余った時間を使って、他の食糧を集めようと旬の獲物や旬の魚を捕獲した。一九九〇年、彼(女)らはコルホーズニクス(コルホーズの成員)として、仕事の量に関係なく、一年中、一日八時間の勤務を義務づけられた。これは、コルホーズの建物のなかに座ったり、砂が窓にあたる音をじっと聞いたり、週末にはトランプに興じたりするなどを特徴とする、しばしばやる気を喪失させる過程である(27)」。

　これと同様の論理はトナカイ飼育にも適用され、類似する結果をうんだ。ウイルタによる最初のトナカイ飼育コルホーズである「ナビル」と「ヴァル」は、もともとは、十分に安定した生存維持のパタンにしたがっていた。男女からなる小集団はいつも通りのルートに沿ってトナカイの群を追った。女たちには子トナカイの世話という特別の責任が負わされた。そして、トナカイの群の飼育のほかに、狩猟や漁撈をおこなって、生存の維持を補っていた。しかし一九三八年に、数多くのサハリンのエヴェンキが「スパイ活動」の容疑で拘留された後、「ナビル」コルホーズは、現存するエヴェンキのトナカイ飼育コルホーズと合併され、一九五九年、この合併されたコルホーズはさらに「ヴァル」コルホーズと合併されて一つになった。規模が大きくなるにつれて、労働の組織化にも大きな変化があらわれた。トナカイの群の飼育は男たちの専門の仕事となり、女たちはヴァルの村に残り、家事や店の経営などをした。「家族はバラバラになった。男はタイガに、女は村に、子どもは全寮制学校に」[28]。

当局の視座からみれば、集団化が望ましいのは、それによって先住民族集団にたいし農業への従事を奨励するのが容易になるからでもあった。そして、農業のほうが狩猟、漁撈、トナカイの群の飼育よりも、人類の発達段階のいっそう先進的な段階をあらわすものだとの想定があった。一九三〇年代には、サハリン先住民族のコルホーズのいくつかは、ジャガイモやオート麦を栽培するよう説得された。当地の気候は穀物生産には不向きで、先住民族共同体は農耕にたいし激しい抵抗を示したにもかかわらず、穀物栽培に従事するように仕向けられた。穀物生産こそ進歩の証であるとの見方がこのように普及していた点は、今世紀中葉のソヴィエトの文学や映画にはっきりとあらわれている。サハリンの小説家セミョン・ビトヴォイの小品『トゥイミ谷で』を例にあげよう。ビトヴォイの小説に登場する英雄、共産主義の草分け的存在であるマティーールヌィは、トゥイミ峡谷のニヴフを説得してコルホーズをつくらせようとするが、ジャガイモ栽培を奨励しようとする彼の努力は当地のシャマンによってサボタージュされる。このシャマンは、マティーールヌィはニヴフ民族から土地を盗むために地面を掘り返している、と非難する。マティーールヌィが当地の村人に、ジャガイモの収穫高は何倍何十倍にもなるだろうと告げると、シャマンは、新たに栽培されたジャガイモを掘り出して、もともと地面のなかにあったのと同じ数のジャガイモが依然としてあるだけだと示した。（ビトヴォイの物語における）ソヴィエトの英雄が先住民族共同体を伝統への「素朴な」依存状態から引き離すのは徐々にしか可能でなく、しかも大きな困難がかならずともなった[29]。

進歩はより大きな社会単位の創設を必要とする、と信じられた。機械化の適用がもっとも成果をあげるのは、大規模な漁場、農場、トナカイの群においてであるのと同じように、教育の場合は大規模な学校で、公衆衛生の場合は集権化された病院でこそもっとも成果をあげることができるだろう、というのだ。人びとを点々と散在する村々から一カ所の大きな村や町に集中的に移住させると、図書館や鉄道サービス、電気や映画を提供することが可能になった。こうした規模にたいする熱狂は一九三〇年代中葉からひろまってゆき、ついに北方委員会は廃止され、シベリアの経済発展はおおかたの場合、「ダルスツロイ」Dal'stroi（極北開発のための行政長官）のような中央の産業機関によって統制されていった。(30) アジア・太平洋戦争後も、先住民族集団や他の住民を集中化された大きな村へと強制移住させる作業は引きつづきおこなわれ、そうした移住の規模は、サハリンでは尋常ではないほどにまで達した。一九六二年から一九八六年にかけて、サハリンの村の総数はおよそ一〇〇〇から三二九に減り、ニヴフ住民の大部分はたった二つの中心地、ノグリッキとネクラソワに集住させられた。どちらの中心地もニヴフの伝統的な生活様式に適したものではなかった。こうした大量移住の過程では、小さな村々の多くは——そこには新たに建設された住居や社会施設が多かったが——ただたんに打ち棄てられるだけだった。(31) 大規模な再入植とコルホーズの合併は、ロシアの他地域から新世代の労働者が流入するのと同時期におこなわれた。その結果、先住民族労働者は、拡張された新たな事業において、最低賃金しか支払われない、型にはまりきった仕事へとますます閉じ込められていった。(32)

人びとの移住によって、現代世界の必要に見合うと考えられた新しい形態の都市計画の導入も可能になった。ニヴフ社会を実例にとると、二〇世紀初頭の村では通常、家々は海岸沿いや川の土手沿いに一列に立ち並んでいた。他方、規模の大きな新村はたいてい格子状の街路に仕切られて設計された。

ニヴフのあずま屋

一九五〇年代には、伝統的なニヴフのあずま屋《ケ・ルイフ》――支柱の上に建てられており、干し魚をつくるための覆いのついたテラスが備えつけられている――でなおも残っているものはわずかしかなかった[33]。こうした住居はきわめて広々としたものであることが多く、そこでは拡大家族が暮らしていた。しかしながら、人びとを大量に移住させて集住させた村が創設されると、あずま屋などの旧来の生活様式をとどめる最後の名残りは新たな生活設計にとってかわられた。ニヴフの民族誌学者チュネル・タクサミは、一九六七年に書いた文章で、つぎのように記述している。「最近、離れ屋のついた二部屋・三部屋の規格化された住居が、サハリン北部の小民族のために、核家族むけの家として建てられている。こうした住宅はすべてモデル・プランにもとづいて建てられる。住宅はコンクリートを基礎にした頑丈な建築で、屋根には屋根板がつけられている」。住居のインテリアも「過去とは著しく異なっている」。鯨油ランプにかわって電気照明が使われはじめ、住居にはテーブル、椅子、箪笥、鉄の寝台架、鏡が備えつけられた。こうした近代《モダニティ》そのものをあらわす装具のほとんどは居住者（あるいはすくなくともそれらを購入することのできる者）自身が購入したものだが、先住民族自身もいくつかの品目（とくにテーブルと腰掛け）を製作した。[34]ヴァルにあるウイルタの村の場合も、家々を一カ所に集住させた新村では、ウイルタの家は「近隣のロシア人のものとまったく異ならなかった」。[35]

当時の出版物は公式の進歩観を鮮明に投影している。「ノグリッキ、ネクラソワ、……今日ではニヴフ、オロク〔ウイルタ〕、エヴェンキはコルホーズが建てた新しい住居で暮らしている。部屋にはガス、熱湯、セントラルヒーティングがある。彼(女)らは「オルビット」局経由でモスクワのテレビ放送を受信している」。[36]先住民族自身の記憶もしばしばきわめて異なっている。ノグリッキの場合、新たな入植者のための住宅設備は不適切なもので、多くの者が長期間にわたって「仮の」宿舎住まいをせざるをえなかった。住民を一カ所に集住させるには、論理の根本的な対立が浮き彫りになった。一九七一年に役人によってコルホーズの「整理・解散」がなされた後、ヴェンスコイェに留まった数少ないニヴフ居住民のひとり、ユーミン・ヴラディミーロヴィチ・イグラインは、オランダの言語学者、チールド・ド・フラーフにつぎのように説明した。「ここはかつてニヴフの村でした。ニヴフだけがここに住み、他の人びとは住んでいませんでした。なぜニヴフはここに住んだのか。近くに川があり、そこで魚を捕り、干し魚にしました。……彼(女)らは、魚を捕ることができ、狩猟をするため、周辺にタイガがあるところで生活しました。魚を捕ったり狩猟をしたりするために遠くまで行く必要がなかったのです。だから彼(女)らはここに住みました。その後、すべてのコルホーズを組織するとの決定がおこなわれました。このヴェンスコイェにコルホーズをつくるとの決定が下されたのです。それは一九五七年に下され、同じ年に村の建設ははじまりました。彼(女)らは文化センターを建て、店を建て、ありとあらゆる種類の立派なものを建てました。そうしてある晴れた日、何人かのロシア人がコルホーズを整理するとの決定を下しました。……彼らは店や文化センターを整理し、……全部整理され、ノグリッキの中央に建て直されました。だから、人びとはそこに移らなくてはならなかったのです。……しかし、わたしは言いました。どうしてわたしは移らなくてはならないのか、と。わたしはここに家があります。周りの場所で生計をたてて、近くで魚を捕れるようでいたいのです。こうして、わたしはとどまって、……ノグリッキでは、釣りに行くのに、一八キロも歩かなくてはならないのです[37]」。

一カ所に集住させた大きな村を創設する政策が実施されるのと同時に、学校で先住民族の言語の使用を普及促進したいとの熱意は冷め衰えていった。第二次大戦後になると、ロシア語教育は集中強化され、大規模な全寮制学校が、先住民族の子どもたちを教育するために、いっそう広範に利用された[38]。こうした学校はとくに「北方小民族」を教育するために設けられたのだが、そこにはたいていの場合、さまざまな言語集団から来た子どもたちが入れられた。生徒は通常、自分と同じ言語集団のメンバーと会話する場合であっても、生まれ育ちの言語《ネイティヴ・ランゲージ》の使用を禁じられた。使うとすれば他の子どもたちを「排除」しかねないとの理由からである[39]。学校はまた、短い冬休みと夏の三カ月間を除き、子どもたちを家族から引き離した。数多くの地域で交通の便が悪かった結果、学校から遠く離れたところに住む者は、学年末の帰郷のさいには、七五キロもの道のりを歩かなければならなかった。東サハリンのヴァルにあるウイルタ村出身の女性は、子どもたちがノグリッキにある百キロも離れた全寮制学校に送られたときに生じた家族関係の崩壊を思い起こす（その学校は一九八九年、ついに閉校された）。「子どもたちが夏になって家に帰り着くと、祖母は子どもたちの顔を思い出せず、「どっから来たんだい？」と尋ねました」[40]。だとすれば、あきらかに、全寮制学校というかたちでの教育の普及は、親から子どもへの先住民族の伝統の継承を意気銷沈させようとの故意から発したものだ、との結論を導くこともできよう。

全寮制学校での教育はさらに子どもたちを、親や親族がおこなう家事の手伝い、子守り、その他の日々の仕事といった通常の家族が培う経験から切り離した。こうした帰結は、一九八〇年代になると、当局ですら激しい驚きの念を隠さずには見ていられないほどのものになった[41]。サハリンの全寮制学校の或る卒業生が思い起こすように、最初の頃は学校も当然ながら質素で、子どもたちは薪の収集、ジャガイモ栽培、野草の採取などの活動に加わらなくてはならなかった。こうした活動は不快感を催させるものであったにもかかわらず、すくなくとも子どもどうしのあいだに協力の絆を築きあげ、子どもたちの実用的な技能の訓練に役立った。しかし学校が大規模になり、いっそう大規模集中化されるにつれ、その性格は変化してゆく。「通学する子どもたちにとって、最後の二〇年間はまったく別ものでした。彼(女)らにはすべてが用意され、すべてが与えられていました。政府は食事を与え、衣服を着せ、靴を買い与え、洗濯物を洗い、……政府は、まるっきり何もできず、自分の世話にまるで関心をもたない若い世代をつくってしまったのです。それは親から引き離されて育てられた世代であり、もちろん、最終的な結果は不幸でした」[42]。さらに不幸なことに、全寮制学校は、（フーコーがいうような）他の全面的《トータル》な監視・監督制度と同様、子どもたちを完全に当局の管理下におき、教師という小集団のなすがままにさせたのである。全寮制学校の教師のなかには子どもの福祉のために献身した者もいたのは疑いないが、そうではない教師も実際にはいた。そして、すくなくともひとつの学校では、子どもの性的虐待の事例が何年間も報告されないままに放置された(43)。

「北方小民族」の伝統を感傷の対象にしないように用心するのは、もちろん大切である。数多くの先住民族の著作家たちの論考を読めば、「伝統的な」生活様式がしばしば極端に厳しいもので、多くのひとが電気、水道、天然痘ワクチンなどの登場を快く迎え入れたのはしごく当然である、と思い知らされる。ユーリ・ルイトヘウは、極北東シベリア地域のチュクチやその他の民族がかつて冬の間に生活した竪穴式住居について記述しながら、煙が立ちこめる薄暗い部屋が、読み書きの練習や学校の宿題をしたいと願う新世代の欲求には、どれほどふさわしいものではないかを思い起こしている。「学校時代にわたしは、よくなめしたセイウチの皮を敷いた床に伏せりながら文字を書くことを学びました。鯨油ランプの弱くちらちらする光のもとで読書をしました。おそらくそれが原因となって今現在わたしの視力は悪いのでしょう(44)」。

しかし、「北方小民族」へのソヴィエトの政策が、「伝統」と「近代性」以外の選択肢をまったく思い描かなかった点は興味深い。そのさい「伝統」は、支柱で支えられたニヴフのあずま屋やセイウチの皮を敷いた竪穴式住居によって表象され、他方「近代性」は、規格化された直方体の木造住宅や鉄筋コンクリート製のアパートのブロックによって表象されている。したがって、たとえば、伝統的なあずま屋や竪穴式住居自体が「進歩」の対象になりうる——ことによれば、部屋の採光と換気を良好にし、就学者の必要に適するように徐々に改造を加えてゆくことも可能であった——との把握はまったくない。鉄筋コンクリートのブロックがシベリアの風でぼろぼろに崩れ、そのような状態では冬は寒さと慢性的な電力不足に悩まされつづけた。こうしてはじめて、ブロックが具現する社会主義的な近代性のモデルは深刻な問いかけに曝される。スレズキーンは、ゴルバチョフ時代が到来した時期の北東シベリア先住民族の住宅事情を描写して、こう述べる。「ロシア型の住居はあまりに寒すぎることが多く、玄関は目抜き通りに面し、風に吹きさらしのままだった。そして住居が直方体のかたちをしているため、大きな雪の吹き溜まりをつくってしまう。永久凍土層が融け出すため、新しい家のなかには、南に傾き、そのためたえずつっぱりで支えなければならないものもあった。配管設備、下水、セントラルヒーティングといった広く宣伝された、生活を快適にする設備はまったく存在しないか、あってもうまく機能しなかった。貸借人が商魂たくましい場合、倉庫や燻製場などといった北の生活に欠かせないものを増築していったが、そうでない場合でも、中庭にテントを張り、新しい住居を住宅以外の目的に利用してしまった(45)」。

住宅についていえることは、生活のその他の局面すべてにあてはまった。「近代的」であるとは、大量生産されるパンと缶詰の魚を食べることであって、ユコラのような先住民族の必需食料品をもっとおいしく栄養に富むように調理工夫することなのではない、と想定された(ユコラとは、「まるで南の楽園の果物のように(46)」熟すまで干された乾燥魚のことである)。「進歩」は、犬橇やトナカイが交通手段として備える潜在力をどれだけ引き出すかに真面目に意を注ぐことではなく、むしろ列車や(後には)ヘリコプターで旅行することを意味した。どのような変化が選択可能なのかにかかわるこうした狭隘なヴィジョンは、一方では、たんなる想像力の欠如を反映していた。しかし、それは同時に他方で経済的な諸力によって駆動されていた。ソヴィエトの経済システムは、高度に集権化されたハイパーモダンな大量生産システムを（ときには手こずりながらも）めざした。したがって、この経済システムは地域ごとの多様性に応ずる能力をほとんどもたない。二〇世紀初頭まで、オホーツク地方全域に共通して、冬は竪穴式住居で暮らし、夏は簡易建築の地上の住居で暮らすという慣行がみられたが、これは環境への適応としてみれば実にすぐれている。しかし、この慣行は、舗装道路や配電網、国勢調査集計員や規格化されたヨーロッパ風家具からなる広範な国民的システムのうちにはうまく適合されえなかった。ソヴィエト国家が思いつきもしなかった純粋に地域固有の経済的自治・自律だけが、先住民族の伝統が存続する余地をあたえ、この伝統が適応し生長するのを可能にしえたであろう。スターリン主義国家が追求した、集権化された開発・発展の形態を念頭におくなら、人口の最大かつ政治的に最強の部分がもっている規範にしたがうようなしかたで生産と消費の規格化が進められてゆくのは不可避であった。

一方、先住民族の慣行はますます、余暇と娯楽という非本質的な領域へと追いやられていった。すなわち、ソヴィエト社会が一貫して変わらずに多民族的性質を保持していることの証拠として、ことさらにエキゾチックさが誇示される民族の祭りに貶められ、そのような祭りが時折おこなわれた。それどころか、先住民族の自治・自律を支える経済的基盤の破壊が進行すると、このようなイベントは過去と現在との対比をドラマ仕立てのものにする見世物《スペクタクル》としていっそう強調されていった。――小民族は「一千年を跨ぎ越す」というわけだ。「ニヴフの伝統的な祭りは現代のカーニバルになってしまった。犬の競走、トナカイのコンテスト、民族の格闘技、弓術……(47)」。「ニヴフやエヴェンキがあれほど真面目に祭りの準備をするのは全然不思議ではない。——彼(女)らの祖先はかつて権利をもたず、読み書きができず、貧しかったのだから(48)」。先住民族政策の自覚的な意図が何であれ、結局、そうした制度全体の性質が意味したのは、本質からいえば、民族‐国民の形式はけっして社会主義の内容から切っても切り離せない、ということである。すなわち、進歩とロシア化・同化がふたたび同意語とみなされるようになるのは逃がれようもない、と。

記憶喪失としての同化——北方先住諸民族にたいする日本の政策

国境の日本側では、先住諸民族への政策を裏打ちするイデオロギーは、ロシア・ソヴィエト側とはきわめて異なっていた。明治国家は、ヨーロッパ諸列強の勢力拡張に直面して国民統合の強化の必要性を認識したため、その成立の当初から日本人の有機的一体性を強調した。このイデオロギーは、一八八〇年代から一八九〇年代にかけて、日本人はひとつのはっきりとした別個のエスニック・グループもしくは民族《フォルク》であるという日本人像を中核に結晶化しはじめた。独特の言語と文化を担い、この言語・文化の歴史的な連続性を連綿と続く万世一系の天皇家と同一視させる、そうした日本人像を結晶核にしたものだ。にもかかわらず、日本は実際には数多くの文化的伝統をうちに含み、同時に植民地支配を拡張する権力であった以上、日本民族の境界と特徴を定義することはそれ自体がひとつの難問であった。

境界を定義する試みで最初のもっとも悲劇的なもののひとつは、サハリンとの関係で生じた。一八七五年のサンクトペテルブルク（千島樺太交換）条約のもとで、ロシア政府と日本政府は、日本がサハリン島（樺太）の共同統治権を放棄し、そのかわりにクリル諸島（千島）全土を支配することに同意した。これは植民地支配権力のあいだでの合意であり、当然のことながら、同地域の先住民族は自らの生活圏の処遇にかんして何ら意見を求められはしなかった。それどころか同条約の付録は、「樺太及久留里《（ママ）》島ニ在ル土人ハ現ニ住スル處ノ地ニ永住シ且其儘現領主ノ臣民タルノ権ナシ」と明確に言明した[49]。こうした明確な表現により、まるで持ち主が変更するかのように、先住民族が戦利品として一方の大国から他方の大国へと譲り渡された。すなわち、およそ二千人を数え、その多くは和人の経営する漁業のもとで何世代にもわたり働いてきたサハリン在住のアイヌは、家／故郷をあとにし、日本に移り住むのでなければ、自動的にロシア人になる。これにたいし、ロシア語を話し、ロシア正教会に改宗した者が多い、北クリル諸島の数少ないアイヌやアレウト（アリュート）は、ロシアに移り住むのでなければ、自動的に日本人になる。八四一人のサハリンのアイヌは日本への移住を選んだ。もしくは、そのように説得された。北クリルのすくなくとも八四人の先住民族もまた、ロシア人によってカムチャツカへと移住させられた[50]。第一章でみたように、国境の日本側に残ったクリルのアイヌも、国家間の／国際的な新たな境界線からかなり南に離れたところにある、一カ所に集中化された村へと移住させられた。いずれにしても、住民の移動は悲惨な結果をもたらした。最終的には札幌付近のツイシカリ（対雁）の村に（意志に反して）入植させられたサハリンのアイヌにかんしていえば、およそ半数の人が天然痘などの伝染病で死亡した[51]。

そもそも北海道でも、当局は植民地化過程にかかわる、いわばグローバルな知識の共同基礎《プール》の出現に依拠する政策をとった。北海道の「開拓」にかんする外国人顧問の長、合州国農務省前長官ホレス・ケプロンは、インド、オーストラリア、合州国をはじめとする他の植民地社会で、土地がどのように収奪され、どのように入植者に分配されるかにかんして詳細な説明をおこなった。そして彼は合州国のモデルにそった方式を採用すべきであると力説した。アメリカ先住民族から押収した土地は小自作農地としてヨーロッパ人入植者に切り売りされたのだから、この方式をモデルにせよ、と。だが同時に、軍の将校としてテキサス州におけるアメリカ先住民族の抵抗の鎮圧に従事した経験をもつケプロンは、(52)(すでにみたように)合州国の方針にそって先住民族の「特別」保護区を創設するのではなく、アイヌへの大規模な同化政策を促進するよう強く主張した。(53)大規模な同化政策を基調とする同化主義的アプローチは明治期に出現する国民観とぴったりとかみ合っていた。それはすなわち公民《シヴィック》・国家《ネーション》の成員権《メンバーシップ》と民族国家《エスニック・ネーション》の成員権は同義であるとの一般的な想定にもとづく国民観である。こうして北海道では、アイヌは和人の姓に変えられ、日本の公民権《シティズンシップ》の普遍的な官僚制的基盤である戸籍へと組み込まれた。

さらに北にゆくと、状況はもっと複雑で、両義性の度合が深まる。日本が南樺太を一九〇五年に再獲得したのち、ツイシカリ(対雁)への悲惨をきわめた移住を経験した生存者のほとんどは故郷《ホームランド》に戻り、日本国籍を再取得した。しかし、樺太の南半分を日本の支配下に戻したポーツマス条約では、千島樺太交換条約締結時に樺太に残りつづけたアイヌ住民についても、また、ほとんどがウイルタやニヴフの言語集団に帰属する五〇〇人もしくはそれ以上の先住民族居住者についても、その存在が言及されることはまったくなかった。彼(女)らに日本国籍を与える施策はおこなわれず、彼(女)らはロシア革命期にいたるまで理論上はロシア人のままだった。そしてロシア革命以降、彼(女)らは、いわば公民として忘却の淵に置かれた状態――卓越した日本人法学者・山田三良が「誠に拭ふべからざるの失態」と記述した事態――に陥ってしまった。[54] 一九二五年、日本によるサハリン北部への短期間の侵略の後、南サハリンの居住者は、ロシアの公民権の保持を望むならば、地方領事館に登録しなければならない、との法令をロシア当局は出した。南サハリンの先住民族でこの法令の存在に気づいているものがいた可能性はきわめて低い。したがってその結果、彼(女)らは一九三〇年代にいたるまで、正式に定められた公民権を何らもたないまま放置された。[55]

　こうして樺太の先住民族は、植民地での公民権にかかわる幾重もの同心円の内部で、もっとも外側の、もっとも両義的な位置を占めるものとみなされていった。もっとも完璧な公民権をそなえた圏内《インナー・サークル》は内地人によって占められた。とはいえ、内地人には資格制限があり、これにより、北海道アイヌのような集団、いわゆる「旧土人」は内地人から区別され分離された。男性であれば選挙権や兵役のような権利・義務を内地人と共有したのだが、また同時に「旧土人保護法」の堪えがたい管理下に従属させられた。中心に位置する圏内の次には朝鮮や台湾の植民地臣民がいた。彼(女)らは国際法の観点からは日本の公民であったが、「外地戸籍」に登録されており、アジア・太平洋戦争が終結に向かう段階にいたるまで、議会代表をもたず、兵役の義務から排除されていた。さらに、たいていの場合、彼(女)らは日本人の植民地入植者から分離されて教育をうけた。「樺太土人」(興味深いことに「旧」がつかない)は戸籍をまったくもたず、「土人名簿」に登録された。これは彼(女)らから兵役を免除しただけではない。それればかりではなく、彼(女)らが日本の刑法および民法にもとづく施策の保護下にないことをも意味した。そのため、彼(女)らが財産を取得したり、事業を経営したりするのはほとんど不可能になった。

このように稀薄化された国民概念《ナショナリティ》は南サハリン／樺太に残りつづけたアイヌだけに適用され、一八七五年の千島樺太交換条約以降に北海道で暮らしはじめた彼(女)らの友人や親族には適用されなかった。このことを念頭におくなら、それが先住民族自身による精力的な抗議活動を惹き起こしたのは、何ら驚くにあたいしない。たとえば、一九三〇年、開拓相は、正式の樺太視察の途上、タランドマリ(多蘭泊)でアイヌの代表に会い――そのなかには、新聞の表現をつかえば、盛装した「モダンアイヌ」もいた――、「一、アイヌ人に日本の国政を附予すること、二、アイヌ人に公民権を与ふること、三、土人漁場として存置されてある多蘭泊定置漁場を土人直営とせしめられたきこと」を要旨とする陳情をうけた。(56) そのさいの当局の対応は先住民族のアイデンティティがもつ両義性の解決にはほど遠い。一九三二年、「満洲事変」に誘因された愛国心が高揚してゆくなか、帝国政府は、日本の完全な公民権を樺太アイヌすべてにまで拡大した。だが、他の先住民族集団にはあたえなかった。こうした曖昧な対応は、樺太アイヌのなかには公民権をもっている者もいれば、もっていない者もいたという変則的事態を修正しようとして出されたものにほかならない。アイヌ以外の先住民族を排除したことについては、配慮もせずに「生活様式」を引き合いに出すだけで正当化できる、とみなされた。

しかしながら、植民地における帰属にかかわるこのように入り組んだ構造は、知識人による正当化の跡づけによって徐々に裏打ちされてゆく。第一章でみたように、そのさいにイデオロギー上の支えとなった中心のひとつが、アイヌをはじめとするごく最近になって編入された帝国臣民は、より原始的な日本文化の姿を具現するという想定である。こうしたイメージは鳥居龍藏のような研究者がおこなった発見によって強化された。鳥居は植民地化された領域で自らがおこなった民族誌学のフィールドワークを使って、当時もっとも白熱した議論が闘わされた問題のひとつに解答をあたえようとした。日本民族の起源というこの難問にたいする彼の解答は、帝国の領土全域およびその周辺地域を素材にしてつくられた有史以前の日本住民の描像に依拠していた。このようにして調合された描像を形成する主な元素は、(一) 日本の最初期の居住民であったアイヌ、(二) 鳥居の見解によれば、朝鮮半島を経由して日本に移り住んだアルタイ語族である「固有の日本人」、(三) インドネシアやインドシナ地域からの南方集団、(四) 奈良・平安時代に日本住民に同化した朝鮮・中国からの移民であった(57)。また「微量元素」と呼ばれる周縁的な構成分子に、ウイルタのような諸社会がふくまれた。こうした社会は「固有の日本人」とはるか昔からつながりをもちつづけ、日本国家と長きにわたり歴史的接触を保ってきたと、鳥居は考えた。

この分析のうちもっとも興味深い局面は、鳥居が多様性を強調するにもかかわらず、それでもひとつの人種集団を「固有の日本人」として選び出している点である。彼はそれをたんに最大の構成部分としてばかりではなく、ある意味で、一切の小さな枝葉が接ぎ木される幹として描き出した。こうした解釈図式のもと、「固有の日本人」は有史以前の「内地人」の役割を果たしながら、自らのアイデンティティを喪失することなく、周囲の民族《エスニック・グループ》を永久に自らに同化させてゆく。このようにして、差異を吸収し同化する中心に「固有の日本人」は不変に位置するという、著者もしくは想像された読者の帰属感を攪乱することなく、日本人の多様性が認定されえたのであろう。朝鮮人、アイヌ、その他は、わたしたちの一部であると主張しうるのであって、わたしたちこそが彼(女)らの一部であるとは見なさなくてすんだのであろう。

これと類似する思想は戦間期の著作家によって熱狂をもって採り入れられ、展開されていった。[58] たとえば、社会史家・喜田貞吉は日本《やまと》民族は数多くの起源をもつ民族の混淆をつうじて創り出されたと考えた。「本来わが日本民族は、けっして単純なる民族ではなく、もと種々の系統を異にしたる民族が、久しくこの島国内に共棲している間に、互いに婚を通じ、俗を移し、言語を同じゅうし、はてはその来歴をも忘却して、ことごとく同一の日本民族をなすに至ったのである」[59]。ここでいわれる「種々の系統を異にしたる」には、アイヌと、朝鮮や中国からのその後の移民も含まれた。そして、彼(女)らは皇室の凝集力によって服属させられ、単一のエトノスへと鋳型されていった[60]。しかし、民族の一体性は皇室による統合だけでなく社会ダーウィニズム的競争による産物でもあった。「日本民族を構成する各種の要素本来の言語風俗が、その要素の分量に比例して保存せられているものではない。優勢なるものは劣勢なるものを同化する」[61]。こうして日本文化は、歴史上の進歩的要素がたえず「静的」で「原始的」なものを吸収してゆく自然淘汰という多文化的過程によって鍛えられ築かれていったからこそ優勢になったのだ、と主張された。したがって同時に、アイヌ、朝鮮人、台湾人、ウイルタ、ニヴフなどのいまだ同化していない圏外の帝国臣民は、その運命にかんし、「行く行くは皆過去の歴史が示すごとく、渾然融和した同一の日本民族となるべき」[62]、不完全な日本人として定義されえたのだろう。このように、鳥居や喜田といった研究者の論考では、同化と進歩は一体になった。

アイヌ、ニヴフ、ウイルタなどがより「近代的」になればなるほど、それだけいっそう彼(女)らは日本列島のなかでの自らの祖先の歩みをたどり直し、日本人になってゆく、というのである。

しかし、喜田も強調したように、進歩／日本人への同化にいたる道は単純なものではなかった。正しい言語を話すだけでは十分ではなかった。なぜなら、喜田が指摘するように、若い世代のアイヌの多くは、中央から遠く離れた同世代の「固有の日本人」よりも「はるかに流暢な普通語」を話すが、にもかかわらず不完全な国民のままだったからである。彼(女)らの多くは日本の風俗習慣も身につけていた。そして、(喜田が認めるように)日本では地域的な文化の差異はきわめて大きかったので、じっさい民族的アイデンティティを定義する特徴として風俗習慣を採用するのは疑わしい。さらに、アイヌの血が日本人に流れたように、日本人の血がアイヌにも流れたのだから、人種の生物学的境界もはっきりしない。結局、浸透性のない分割線はひとつしか残らなかった。「彼らがみずからまたそのアイヌたることを意識している間は、これをもっていわゆる日本民族と同一視することはできない」(63)。いいかえれば、アイヌは圏外の帝国臣民である他の成員と同様、彼(女)ら以前に同化した者たちがとった最後の一歩を踏み出さなかった。――彼(女)らは「その来歴をも忘却し」なかったのである。

したがって、きわめて異なるイデオロギー上の出発点に立ちながらも、先住民族社会にたいするソヴィエトと日本の視座はある種の共通の地盤に到達している。「北方小民族」へのソヴィエトの戦略は、時を経るにつれ変遷したが、先住民族社会は人類の発達の最高段階にむかって進歩しつつあるとの信念によって駆動されていた。理論上は、このことはエスニシティとは何の関係もなかったし、明白なロシア化・同化過程を必要とするとは想定されていなかった。実際、文化の多様性への配慮がしばしば強調されていた。しかし、ソヴィエト体制の性格全体を考慮にいれると、結局のところ、社会主義という内容がロシア国民主義という形式に包み込まれるのは不可避であった。

他方、アイヌやその他の北の先住民族集団にたいする日本の政策は、同化と民族的帰属という観念と切っても切れないほど固く結びついていた。しかし、こうした観念は、広く受容された日本人像によって裏打ちされてゆくようになった。すなわち、文化ダーウィニズムの過程を経て、不活発な周囲の社会から外的要素を採り入れることで形成される、生き生きと活発に躍動する集団としての日本人というイメージである。アイヌ、ニヴフ、ウイルタが独特の風俗習慣を保ちつづけている場合、彼(女)らは、その祖先が日本の「歴史的国民」に併合する過程で放棄した「原始的な」要素を保持している、と想定された。したがって、彼(女)らが近代的になれば、そのまま日本人になることになろう。こうして、(すでにみたように)日本の着物を着ることは自動的に「近代化」を示す目に見える証拠として、また(以下でみるように)フロックコートやモーニングコートの着用は「日本人」になったことをあらわす目に見える証拠として理解することが可能になる。繰り返せば、「近代」と「国民」という範疇は分離できないほど融合され、アイヌ、ニヴフ、ウイルタを良き日本人へと変える営みは、実際には、彼(女)らを「近代化」する営みとほとんど区別できなくなった。さらにいえば、こうした営みは、国境線の向こう側での、北方小民族を良きソヴィエト公民へと変える営みと驚くほど類似していた。

こうした営みの中心に、より大きな村への強制移住という政策があった。人びとを一カ所に集住させてつくられた村は、統制がしやすく、日本の地方統治の規範に適合させやすかっただけではない。

それは、学校、商店、道路、警察署の設立といった他の近代化施策の基盤にもなった。日本による北海道の大規模な植民地化の初期段階では、アイヌの共同体はしばしば、新たに和人町をつくるために強制移住させられた(64)。しかし、一八八〇年代になると、強制移住にむかう別の動機が強調されはじめる。土地の喪失、狩猟や漁撈にたいする制限、入植者との競争の増加が、数多くのアイヌ共同体を飢饉へと追いやっていた。当局はアイヌに農業をおこなうよう説得――ときには強制――につとめることで対応した。これは飢餓を取り除く慈善に満ちた方策であると同時に、先住民族を「文明化」する過程における大きな一歩であるとみなされた。アイヌ民族を点々と散在した小さな村々から、日本の農村にきわめて似た大規模共同体へと移住させることは、農業振興政策の重要な要素であった。アイヌの家々は大規模共同体へと移住させられると、日本の他地域の農業共同体を特徴づける協力型集団を形成するように促された。さらには、皮肉にも（とはいえ偶然ではないが）、アイヌは移住政策によって北海道のそれほど肥沃ではない内陸部へと移され、肥沃な土地を無償で植民者に引き渡すことになった。

アイヌの新しい大きな村はしばしば、どちらかといえば辺鄙な地域におかれたので、明治期初頭に自発的に生じていたアイヌと入植者との交渉を切断しがちであった。しかし、こうした村は福祉にかかわる政府の役人の業務には好都合であった。そして、こうした諸条件が一八九九年の「旧土人保護法」に具現される諸政策を実行するさいの基礎をなした。ソヴィエト連邦での集団化が、ソヴィエトの田舎に住むプロレタリアートという神話的なイメージにしたがって先住民族を改鋳しようとしたのにたいし、「旧土人保護法」は日本の小農民という神話的なイメージにしたがってアイヌを改鋳しよ

樺太植民地当局が建てたアイヌ共同体の住宅群

うとつとめた。とはいえ、すでに第一章でみたように、「旧土人保護法」のもとでアイヌに利用可能であった農地の広さは、一般的にみて、彼(女)らが農耕だけで生存していくには不十分であり、農地そのものにしても、アイヌを他の日本公民・帝国臣民とは異なるものとして印づけるお仕着せがましい制約を加えたうえで提供された。一九二二年におこなわれた北海道アイヌにかんする調査によれば、収入の五三パーセントが農業に依存している。と同時に、小川正人が指摘するように、多くの者が農業収入を、近隣の町での季節労働や他の形態の副業によって補わざるをえなかったのも確かである。(65)

樺太の植民地においても、先住民族にむけられた最初の施策のひとつは、アイヌ住民をより大きな村へと移住させる試みであった。植民地化を実行した最初の数年におこなわれた調査によれば、アイヌは四三の村で暮らし、村の多くはそれぞれ二〇人以下の人数であった。(66)しかし一九一二年から、樺太庁はこのように散在した住民をたった九つの村——五つは東側沿岸に、四つは西側沿岸に——へと合併した(67)。こうした住民の強制移住は激しい抵抗活動を惹き起こしもした。住民に苦痛をもたらす要因のひとつは、移住させられることで自らの親類縁者や祖先たちの埋葬地を奪い去られ、死者の墓への訪問が困難になるという事実であった(68)。しかし移住政策は、植民地当局に、自らの文明観・秩序観を先住民族の生活に押しつける機会をあたえた。新しい村は主に、幹線道路沿いに建設され、その両側に同一の住宅が並び建てられた。住居そのものは日本の都市住宅の方式にしたがって設計された。とはいえ、居住についてはもっとも基本的で必要な最小限以上のものが考慮されたことはなかったようである。規格化された住宅に性格と生命をあたえることは、居住民自身に委ねられた。

一九三〇年代に樺太の南東部沿岸にあるシラハマ（白浜）のアイヌ村で育った白川新作は、自分の家はひと並びの同じ直方体の建物のひとつで、家には表に六畳が二部屋、奥に六畳が二部屋あったと思い起こしている。「家によって障子の入ってるところもあれば、襖の入ってる家もある。押入れも同じで、裕福な家は建具もちゃんと入ってるし、押入れもあるけど、貧乏な家はなーんもなくて、ガラーンとしていたな。金もないから買えないんだよ。手の器用な人は自分で作ったりしてたけどな。だから、ぼくの姉さんの実家なんか、ちゃんと唐紙、自分らで買って付けてあったよ(69)」。

日本政府は、南樺太を植民地とした最初の数年間、ロシアとの国境線近くの、どちらかといえば遠方の地域で暮らしていた非アイヌ先住民族の存在をまったく顧慮していなかった。しかし、一九二七年以降、彼(女)らもまた、たったひとつの集中化された村――樺太植民地の極北にあるオタス――へと移住させられはじめた。ポロナイ川（幌内川）中流の砂州に建設されたオタス村では、居住区画は別々の言語集団ごとに分割された。村の中心部付近には村の学校と公衆浴場があった。学校の右手にウイルタ語を話す住民の集落があり、左手にニヴフ語を話す住民の集落があった[70]。渡し船がこの村を外界につなぎ、船着き場からは一本の道路が村を貫き、ドミトリー・ヴィノクロフの家に通じていた。ヴィノクロフとは、一九二〇年代初頭に鳥居龍蔵がトゥイミで出会ったヤクートの起業家である。ヴィノクロフは北サハリンでのさまざまな事業活動に従事していたが、一九二七年には、ソヴィエト当局によってそこから追放され、南のオタスに逃げこんだ。そして、日本当局によって同村の「親玉」とみなされたのであった（しかし、オタス住民はそうはみなさなかった）。ヴィノクロフは独立ヤクート共和国の夢を抱き、この政治的な野心を実現しようとした結果、一連の諜報活動網に引き込まれていった。そして、（すでにみたように）この活動は、とりわけソヴィエト・サハリンの先住民族共同体に悲劇的な帰結をもたらした[71]。

北海道と同じく樺太においても、アイヌや他の先住民族共同体にたいし、農耕に従事させようと説得する熱心な努力がなされた。気候条件からすれば、北海道の場合よりもはるかに農耕に適さず、漁業や製材業が経済を支えていたにもかかわらず。一九一〇年、当局は、植民地のアイヌ住民に農耕を促進させようとの計画を導入した。ジャガイモやその他の穀物の種を無料で分配し、村の著名な年長者を訓練して、その共同体の農業を発展させるうえで指導的な役割を果たさせた。一九二〇年代には、類似の計画が他の小さな先住民族言語集団にまで拡張されていったが、そのさいに、こうした集団の成員のひとり（ホモガンと呼ばれる男）が、農業技術の知識を振興するための代表として選び出された[72]。しかし、この政策の結果はきわめて限定されたものであった。ほとんどの共同体において、はるかに重要な収入源は、一九〇九年に設置され、部分的には政府からの貸与で基金を得た（アイヌ労働

者は労働で返済した）「土人漁場」であった。(73)

オタスでは、ニヴフやウイルタの村人は野菜用の小作地をつくるために三年を費やしたが、結局、その収穫物の半分を洪水で失った。(74)農耕にたいする熱意が冷めていったのも無理からぬことであった。オタスのウイルタ区画で育った北川アイ子は、つぎのような記憶を語る。「はじめは役場の人が畑のこと、作物の育て方を教えてくれた。野菜を食べないとダメだと役場の人が言っていた。「野菜を食べないと早死にするぞ」ってね。いつだったかこんなこともあった。ウイルタたちがあるとき役場の人と一緒に、イモをまきに幌内川の上流の中敷香というところにある町の土地に行ったんだ。そこにイモの種をまいたのはいいんだけど、二、三日経ってそれを全部掘り返して持ち帰って食べちゃったんだって。「ウイルタというのは馬鹿なもんだ。そんなことするから、シシャ（日本人）に馬鹿にされるんだ」と、あとで父さんたちと大笑いした。考えてみたら仕方ないんだよ、ウイルタは畑を作って作物を育てるなんていう習慣はもともとなかったんだもの。トナカイと一緒の生活で、ひとつところにじっとしていなかったんだもの。魚やトナカイなんかの動物の肉以外は、食べたのは何種類もあるフレップ（コケモモやガンコウランなどの実）だ。フレップはたくさん取った。しかし食べ残すほどウイルタは取らないんだ。今日取ったものは今日食べ、明日食べる分は、また次の日に取りに行く」。(75)集中化された新村は、農耕振興政策ばかりではなく、同化主義教育にとっても基盤になった。北海道では、ツイシカリ（対雁）での最初の実験以来、「土人学校」は一八八〇年以降、総数二五の村で設立された。(76)一九二二年までは、こうした学校に提供されたカリキュラムは、内容の面からいっても期間の面からいっても不均等であった。日本の他の尋常小学校の場合、就学期間は六年間であるが、「土人学校」の場合は四年間だけであった。ソヴィエトの全寮制学校と違い、「土人学校」は通学によるものであった。そして、遠く離れた共同体出身の児童は、おおむね、就学中は地域の家庭に下宿住まいをした。しかし、教育の内容は、ある点で、ソヴィエトの「北方小民族」に与えられたものと類似していた。教育にはかなり実用的な要素がふくまれ、農耕のための訓練がとりわけ強調された。日本の「土人学校」でも、衛生と身体的外観に重きがおかれた。これは、規則的な入浴、健康的な食事などの重要性を強調するばかりではなく、正座や礼などの公式の日本人の行儀作法を習得させるために児童を訓練することも意味した。[77]日本の場合、アイヌ語や他の先住民族言語の教材をつくる努力はまったくなされなかった。逆に、日本語の教育は「土人学校」のもっとも基本的な機能のひとつであると考えられ、唱歌、暗唱、その他の直接的な手法が、生徒に国家語を流暢に話せるようにさせる手段として推奨された。[78]

樺太における先住民族教育は、統一性をまったく欠いたままはじまった。あるところでは、寺子屋式のものが「土人漁場」に付属するものとして設立された。[79]別のところ（たとえばタランドマリ（多蘭泊）の村）では、地方の警察官が毎日数時間アイヌの児童に学校教育をおこなった。[80]また別のところでは、学校教育に着手するイニシアティヴはおおかたアイヌ共同体そのものにあったようである。たとえば、樺太の西沿岸にあるトーブツ（登富津）では、村の学校として利用する建物はアイヌの一村人によって無料で提供され、その共同体の三人が学校備品を提供するための費用を請け負った。[81]しかし、一九一二年の強制移住以来、教育もまた、シラハマ（白浜）、ニイトイ（新問）、チライ（智来）の三つの「土人学校」に併合され、一九三〇年、オタスにひとつの学校が設立された。

オタスの「土人学校」の公式のねらいと樺太全体の教育規程を比較することで得られる洞察は広く深い。樺太での教育規程は、「愛國的住民」「自治的住民」「協同的住民」「奮闘的住民」「實用的住民」の育成の必要を強調していた(82)。これにたいしオタスの学校は、その使命は「國民的情操の育成」、「職業訓練の付与」、「協力心の涵養」、「勤勉な労働心の発達」にあると宣言していたが、自治的住民の創出についてはまったく何も語られていない(83)。学校の建物の半分は、教師の川村秀弥とその妻ナオのための住居として使われた。授業（すべて日本語でおこなわれた）は、神道にもとづく神話や国史・日本史の英雄たちが活躍する時期からとられた説話に、ことのほか重点をおいた。そして、教室には将校がときどき訪れ、日本の軍事的勝利にかかわる熱のこもった説明がなされた(84)。

しかし、一九三〇年代になると、分離と不平等を基調とする教育規程を備えた「土人学校」制度は数多くの方面からの批判にさらされてゆく。北海道では、自らも教師となった武隈徳三郎のようなアイヌの著名人が、すでに早くも一九一八年に分離教育に反論を加えていた。武隈は同年に公刊された『アイヌ物語』で、アイヌの児童は和人の学校に統合されると和人の同級生に遅れをとるだろうとの公式見解を論駁した(85)。樺太においても、アイヌの平等な権利を求める運動は統合教育を求める運動と結びついた。一九三二年に、すべてのアイヌにたいし戸籍に編入される権利と地方選挙での投票権が認められると、数多くのアイヌ村は祝典を催した。しかし、オチホ（落帆）のアイヌ村では、共同体は、国旗掲揚によってではなく、地方当局にたいし教育における「差別的取り扱い」の中止を求めることによって、この機会を祝おうとした(86)。日本当局はこの要求を無視するのは困難であると判断した。いずれにせよ、アイヌの児童を日本社会に同化させようとつとめながらも、アイヌの児童を他の和人児童から分離して教育することには、明らかにパラドクスがある。北海道では、アイヌの和人学校への漸次的統合は、一九二〇年代から一九三〇年代にかけての数多くの「土人学校」の閉鎖にいたった。そして、一九三七年に公式に廃止されるまで依然として機能していた「土人学校」はごくわずかしかなかった。[87] 一方、樺太アイヌの「土人学校」は一九三三年に廃校された。とはいえ、他の先住民族集団のためのオタスの学校はアジア・太平洋戦争終結まで活動しつづけていた。

しかし最終的には、戦前の大日本帝国は民族同化を強調するにもかかわらず、一様性ばかりではなく差異も必要とした。差異が重要であったのは、それにより民衆《ピープル》を搾取しやすくなるからだけではない。象徴にかかわる理由もあった。不思議なことに、同化政策の成功じたいをもっともよく証明するのは、その政策を可視的に異なる人びとに提示する部分であった。ソ連邦が特定の時に催される先住民族の歌や踊りを利用して、「原始的な」過去と社会主義の未来との距離をドラマとして見せたのとまったく同様に、大日本帝国も類似の催しを利用して、帝国が成長し、「異なる民族《ピープル》」を帝国臣民に改宗させるさまをドラマとして見せようとした。たとえば、裕仁皇太子が一九二五年の夏、樺太を訪れた際、その土地の居住民が漁場で働く姿や、耕作を奨励され農地を実際に耕す先住民族の姿を見はしなかった。そうではなく、彼は伝統的なアイヌ音楽の演奏と、ウイルタによるトナカイ飼育場の披露によって迎えられた。そして、アイスクリームを食べ、ビールやフレップ・ソーダを飲んだ後、トナカイやアザラシの肉などのもてなしを受けた。[88] ニヴフ、ウイルタなどの児童は日本語を話し、日本の食事や風俗習慣を採り入れ、自らを「天皇の赤子」と見なすことを奨励されたが、また同時に植民当局は「異国ふうのオタス」と記述されうる場所への旅行を奨励した。そして、一九四〇年、植民当局が東京での博覧会を、国民の「紀元二六〇〇年」式典の一部としておこなったとき、そこにオタスの実物大のパノラマを設置した。このパノラマを訪れると、伝統的な漁撈や狩猟活動に従事するオタスのニヴフやウイルタの蠟人形を見たり、村の子どもたちが日本の愛国歌を唄っている様子の録音を聞いたりすることができるのだった。(89)

しかしながら、日本領樺太の先住民族にとって、その生活と将来にもっとも甚大な影響を及ぼしたのは、ほかならぬ大日本帝国の崩壊であった。日本の降伏直後、ソヴィエト軍がサハリン島の南半分を占領した。アイヌ住民は、当時は日本の公民権を有していたので、植民地住民の大半を北海道に運ぶ引き揚げ船に乗り込む権利主張をおこなうことができた。ほとんど全員が永遠に故郷を後にして、未知の環境で新しい生活を再建するという気の重くなる課題に直面した。数多くの樺太アイヌが、稚内や網走といった都市の近くの、北海道北沿岸にある漁村に移り住むことを選んだ。そこは、住居が比較的安価で、環境はサハリンとさほど変わらなかった。しかし、ここで、彼(女)らは新たな困難に直面する。戦後直後の数年間に、魚の乱獲と生態系の変化が北海道のニシン漁場

1940年に東京で開催された樺太展覧会のポスター(『樺太時報』1940年1月号より)

の崩壊をもたらした。漁業にかんする知識を手がかりに生計を立てようと望んでいたアイヌの家族は、別の収入源を見つけ出さざるをえなくなった。北海道北部の砂の多い不毛な土壌で、ジャガイモやその他の穀物の栽培や、地域産業や地域サービスでの職探しを強いられた(90)。一方、オタスのウイルタ、ニヴフなどの居住民は、自らを帝国臣民とみなすように何年間にもわたり教育されていたが、ソヴィエトによる南サハリン占領時、日本の戸籍の不所持のため、引き揚げ船に乗り込む資格のないことが告げられた。オタス出身の若い男たちの大半は、侵入するソヴィエト軍によって逮捕され、「諜報」活動を理由に戦争犯罪人の告発を受け、強制労働収容所に送り込まれ、そこでそのうちおよそ五〇名が命を落とした(91)。逮捕されなかった者はソヴィエト体制のなかでの生活に適応し、そのために言語および風俗習慣の再調整が強いられた。一九五〇年代になり、少数の生存者とその家族に、日本への再移住が認められた。その理由は、旧帝国臣民として、彼(女)らは「広義の日本人」であり、したがって「日本民族たる日本人」と同じ戸籍への登録が認められてしかるべきだ、という根拠であった(92)。

共有された分離

ロシアと日本の国境線は先住民族の生活を貫通し、そこに深く刻まれた跡を残した。国境線を境に北と南に住む者の運命は、根底から対立するイデオロギーと、敵対する二つの国民国家の異なる歴史的命運とによって形成されていった。北のピープルは集団化やスターリン大粛清に特有の艱難辛苦に直面した。南のピープルのなかには、アジア・太平洋戦争における日本の敗戦によって惹き起こされ

サハリンの先住民族（ニヴフ）のための住居．1960年頃

た空間的、社会的混乱に直面した者――樺太植民地の民《ピープル》――もいた。

しかし、本章は、国境線の両側には明白な対比・対立があるにもかかわらず、その両側における先住民族の歴史の基底には共通性があったということを示そうとしてきた。すなわち、近代のグローバルな秩序に特異な経験を表現するとみなしうる共通性である。この経験には、土地の喪失が含まれただけではない。馴れ親しんだ環境から剝離され、近代国民国家の構造に調和する大きな共同体へと移住させられる過程もともなう。住民の強制移住は広範にわたる社会的効果をもたらす。共有された歴史をもたないピープルが突如としていっせいに渾然一体となった場合もあった。長いあいだ続いていた歴史的なつながりが寸断される場合はもっと多かった。もっとも重要な亀裂は、古来たがいに経済的・社会的な絆をもちあわせていた異なる先住民族言語集団どうしのあいだにつくられた。アイヌ、ウイルタ、ニヴフは過去において、同じひとつの北方の生態系のなかで別々の位置を占め、たがいに、そしてシベリア大陸の近隣共同体と財や知識を交換しあっていた。のちに彼(女)らは次第に、別々の遠く離れた共同体へと分離されていった。

先住民族共同体を編入する国家の政策はさらに、世代間に深い断層を惹起した。これはとりわけ国境線のソヴィエト側にあてはまる。そこでは全寮制学校制度によって、子どもたちは年長者の保護から取り去られた。しかし日本においても、アイヌ、ウイルタ、ニヴフの子どもたちは、家族の記憶が織りなす景色から切断され、父や母、祖父や祖母とは異言語を話すようになり、古い世代の風俗習慣を原始的で恥ずかしいものとみなすよう教育された。

国境線のどちらの側においても、優位を占めるイデオロギーは、「近代化」と「同化」を同義であるとする想定を強調した。国民国家は近代世界システムのために組織化をおこなう枠組みを提供した。その経済・政治制度は、「近代」のヴィジョンの根本を支える、規模、大衆《マス》/大量、集権化という原理に則って作動した。〈先住〉(the indigenous)は「原始的」である——人類の発達が経る過去の段階として特徴づけられる——と想定されたため、そこからは同じひとつの空間において、先住民族が「近代」として共存し進化する権利が否定された。こうして国家制度の実践はいつもきまって、先住民族文化の「生き残り」を、近代の日常的な諸制度から遠く離れた、分離され安全なものとして仕切られた空間にとどめおこうとした。学校、工場、農場などのなかで、先住民族は完全に「近代的」な存在であることを期待され、一方彼(女)らの風俗習慣をはっきりとあらわす象徴はその失敗の証とみなされた。しかし、時あるごとに、スペクタクルで非生産的な空間が特別に設けられ、先住民族は完全に「ネイティヴ」な存在であることを——伝統的な舞踊、スポーツなどをおこなうよう——期待され、(眼鏡や時計の着用といった)「近代」の徴は不調和なものだとみなされた。

こうした世界観がまるで把握しえないものは、さまざまな小社会の成員たちが、先住民族からのもの、移入されたもの、古くからのもの、ごく最近のものといった数多くの伝統形態のあいだでかわされる複雑な絶えざる交渉に対処してきた、現実の日常生活《リアル・ライフ》であった。植民地樺太のアイヌ村では、子どもたちはハウキ——アイヌの英雄の説話——を学び、日本の大衆音楽のレコードを聞いた[93]。オタスの子どもたちはトド狩りを覚え、近くのシスカ（敷香）にある映画館で時代劇を見た[94]。一九五〇年代のニヴフの家族は黒パンや店で買ったキャンディーのほか、ユコラも食べ、女たちはコルホーズで働いて得た収入を補うため、旧世代から引き継いだ模様でオットセイの毛皮を刺繍した[95]。若い世代が次第に生まれ育ちの言語を流暢には話せなくなっていったとしても、アイヌ、ニヴフ、ウイルタの個々のことばは生きつづけ、ロシア語や日本語を使う彼(女)らの日常会話のなかに組み込まれていった。

別個な存在だという感覚は、過去の遺産のなかだけではなく、現在の経験のなかにも存続した。強制移住、分離教育、被差別の経験は、国民の歴史の物語を横切る集合的記憶を創造する。ブルース・グラントがソヴィエト・サハリンにかかわり観察するように、「一九六〇年代から一九七〇年代の村の移住は、すべての人びとが主張できる習俗伝統にたいする明白な焦点をつくりだした[96]」。アイヌの伝統も、いまでは特別の熊送りの儀式だけでなく、（たとえば）ツイシカリ（対雁）共同体の子孫が祖先の苦難を思い起こす毎年の儀式にも具現されている。近代の生活についてのこうした別個独特な経験こそが先住民族のアイデンティティの基盤をつくりだす。「伝統文化」の可視的な表現の多くが消滅してからかなりの時間が経過しても、彼(女)らのアイデンティティは生きつづけ、新たな息吹を与えられてふたたび現出するのだ。つづく二章では、こうしたさまざまなアイデンティティが一九二〇年代以降どのように表現されはじめたか、そしてそれらが「近代」と「国民のアイデンティティ」の因習的なイメージにいかなる挑戦をおこなったのかを検証してみたい。

第五章　他者性への道
——二〇世紀日本におけるアイヌとアイデンティティ・ポリティクス

そして〈他〉へと通ずるこの道の
　路傍でひっそりと咲いている
わたしのなかに死んだ帝国という向日葵が……
（フェルナンド・ペソア「十字架の道」Ⅵ、一九一四年）

いつの時代にも、その時代を映す固有の暗示語句やうたい文句がある。たとえば、鉄のカーテン、ドミノ効果、権力均衡、南北対話、ペレストロイカ、国際化、グローバリゼーション。ここ二〇年ほどでもっとも喚起力を有する暗示語句のひとつが「アイデンティティ」という語であることは疑いない。エスニック・アイデンティティ、文化的アイデンティティ、アイデンティティ・グループ、アイデンティティ・ポリティクス、交渉されるアイデンティティ——アイデンティティという概念は化粧品やロック音楽を売ると同時に、内乱や民族殺戮をうみだしもする。この語は、わたしたちの政治や社会にかんする語彙のなかでも、定義されないまま濫用されることのはなはだしい言葉のひとつであろう。

社会理論家の見田宗介は、こう書いている。

「自分」とは何か。「私」とは何か。「個性」とはどういうことか。「主体性」とはどういうことか。「アイデンティティ」とはどういうことか。このように互いに重なり合いながら、少しずつ異なっている問題群は、学問にとってだけでなく、思考や表現や行動のさまざまな分野にとって、基礎的な問題である。(1)

本章は、アイデンティティという問題の小さな一角を、近代日本におけるアイヌの活動と国民国家の関係というレンズをとおして検討する試みである。アイヌのアイデンティティの表現にみられるいくつかの転換を跡づけることで、アイデンティティと多様性というより広い争点を、つまり近代日本におけるアイヌという社会だけではなく、現代世界におけるその他の数多くの社会にも関連する争点を引き出してみたい。

主体性、帰属、アイデンティティ

日本で「アイデンティティ」という言葉が人口に膾炙するようになったのは一九六〇年代後半から一九七〇年代のはじめにかけてであろう。そして一九八〇年代には、この言葉は、数え切れないほどの書物のタイトル、雑誌論文、商業用の宣伝文句のなかに登場し、いたるところでみかけるようになった。にもかかわらず、見田が指摘するように、この「アイデンティティ」という言葉は、それ以外の既存の言葉と重なり合いながら、さまざまな意味をひとつの複合的なオーケストラへと仕立てあげている。あるレヴェルでは、この言葉は「自己」、「主体性」、「個性」を連想させる。この場合のアイデンティティとは個的な事柄である。わたしを現にあるわたしたらしめるもの、（ハーマン・メルヴィルがかつて観察したように）眼を閉じさえすれば見ることのできる内的な本質である。しかし別のレヴェルでは、「アイデンティティ」という言葉は「帰属性」を含意する。個が独立していることではなく、むしろ逆に、自己がより大きな集団へと没入すること、眼を開いてはじめて相貌があらわれるアイデンティティ、つまり「われわれ－アイデンティティ」である。

「アイデンティティ」という言葉がさまざまな意味を融け合わせていることは、ヨーロッパにおいて自己という観念がたどった進展の或る転換を反映している。「アイデンティティ」にかかわるヨーロッパやアメリカ合州国のかつての著作は、自己であることの個的でパーソナルな次元を多くのばあい強調した。フィヒテの「自我は自我である」という見解に具現される純粋な自我がそうであったように。もちろん、クレイグ・キャルホーンが注意するように、自己についての「啓蒙的」あるいは「近代的」な見方を過度に単純化しないことは重要である。(2)フィヒテは、彼のいう純粋な「自我」が「非我」との関係においてしか存在しえないことを認識していたし、主体性についての一九世紀の理論家、たとえばウィリアム・ジェイムズは、「引き裂かれた自己」について書きもした。(3)しかしそれでも依然として、つぎのことは正しい。すなわち、一九世紀全般および二〇世紀前半の社会理論家が、

個人のある種の心理的あるいは観念的集合によって生ずるものである」と思い描いていただろう、と。[4]「われわれ - アイデンティティの構築は、パーソナルな自己アイデンティティをあらかじめ備えた諸個人のある種の心理的あるいは観念的集合によって生ずるものである」と思い描いていただろう、と。

とはいえ、自己創出的で自律的な諸個人のあいだの契約として社会的帰属を考える、こうした見方は、だいたい一九六〇年代後半くらいから別の見方に次第に席を譲るようになる。この別の見方では、人間は、他者たちとの相互関係の網の目によって形づくられ創造された、ほどきがたく文化的な存在であるとみなされた。自己であることとしてのアイデンティティは、もはや集団の成員としてのアイデンティティと切り離すことができない。なぜなら、自己に存在の土台をあたえるのは、まさに集団への帰属――家族、社会、文化、エスニシティへの関与――だからである、と。日本文化研究者のなかには、自己性の観念をめぐる、ある見方から別の見方への移行にかかわる最先端の論争に加わりながら、右のようなアイデンティティについての二つの考え方を、「西洋」型モデルと「日本」型モデルとして対比しつつ定義しようとした者もいる。河合隼雄は、『日本人とアイデンティティ』のなかで、独立した自己性にもとづく頑強な男性的個人主義をきわめて「西洋的な」アイデンティティのかたちとみなし、文脈を配慮し「女性的で」集団を志向する自己を「日本的なアイデンティティ」とみる。[5]しかし、この議論が自己性についての、いまやすたれつつある「西洋的な」仮説を、「西洋的な」自己の現実のあますところない記述であると誤認していることはたしかであろう。日本にかぎらず、アメリカ合州国やヨーロッパにおいても、現代の理論はアイデンティティを孤立した自己完結的な個という観点からではなく、二重もしくは多重な自己、みずからを取り囲む世界との相互行為をつうじてしか存在しえない「エコロジカルな」自己という観点からみることのほうが多い。[6]

エコロジカルな自己の認知には、人権についての言語は集団的帰属や文化的アイデンティティの権利を包括するまで拡張する必要があるということへの認知がともなってきた。ウィル・キムリッカの著作は、リベラルの理論家がつぎのような認識を持ちだしたことの雄弁な証左である。すなわち、個人の選択と自由は文化に根ざしており、したがって国民国家内部での少数民族の文化的権利を保護するような施策がとられなければ、「「人々を各個人として扱う」というお話はそもそもエスニックかつ国民的な不正義を覆い隠すものにすぎない」(7)との認識である。文化的権利という概念は、アメリカ合州国やカナダ、オーストラリアなどで、一九七〇年代中葉からこのかた、多文化主義にもとづく政策に知的な基層を提供してきた。国家が長きにわたりエスニックな同質性を強調してきた日本においてでさえ、文化やアイデンティティにかかわるマイノリティの権利という考えは、一九九七年五月に可決されたアイヌ文化振興法に具現されているとみることができる。なぜなら、この法律は伝統的なアイヌ文化を維持するために政府が特定の集団だけに援助をおこなうことを規定するものだからだ。

とはいえ、世界の数多くの地域と同じように日本でも、多文化主義にかかわる討論が通常依拠してきたアイデンティティの意味の把握とは、おおかた以下のように展開されるものであった。たいていの近代国民国家は（日本のように相対的に「同質な」国民でさえも）、それぞれ別個の文化をもつさまざまなエスニック集団をかかえている。各個人は、みずからの伝統・価値・アイデンティティの源泉である、特定のひとつのエスニック集団／文化集団に帰属する。したがって、多文化社会にとっての問題は、さまざまなエスニック集団が有する別個の文化が国民の社会的結合の必要とどれほど調和されうるかを規定することである、と。――多文化主義にかんする日本の研究者である関根政美がつぎのように書くとき、それはウィル・キムリッカが国民国家内部のそれぞれの少数民族を、はっきりと境界づけられた固有の「社会構成的な文化」societal culture をもつものとみるのとまったく変わらない。

「要するに、文化とは、文化人類学・社会学では「生活そのもの」を示すわけで、民族衣装や料理、お祭りや踊りのみをさすわけではない。社会制度、生活様式を含んだ広い概念だとすると、……まったく異なる社会構造や生活様式を認めるか否かという大問題にぶつかる。……文化や言語は人々のアイデンティティの源泉であり、経済的、政治的利害の妥協にくらべて、アイデンティティの妥協は難しく、複雑な「アイデンティティ・ポリティクス（identity politics）」を生みだしやすい[8]……」（強調は引用者）

しかし、社会はさまざまなエスニック集団からなる継ぎはぎのキルトであり（エスニック集団は固有の独特な「生活様式」をもち）、個のアイデンティティは特定のひとつの継ぎ布にしっかりと縫いとめられているのだという描きかたは、いくつかの強力な異論にさらされている。そうした社会像・アイデンティティ像は、エスニック文化がつねに多様で変容しつつあるものではなく、全体論的《ホーリスティック》で静止的《スタティック》なものであるという印象をかもしだす。それはまた、諸個人が多重のアイデンティティを現に上手にやりくりし、集団に共有されたアイデンティティの性質を場合によっては再定義する、そうした過程を理解しにくくする。この描像は、自己創出的で自律的な個が社会集団の創り手であるという一方通行の像のかわりに、自己創出的で自律的な文化集団が個のアイデンティティの創り手であると示唆するが、これにしても同じように一方通行の像であることにかわりはない。わたしたちは、こうした両極端を避けるために、記憶、意味、自己定義についての個と集団との終わりなきインタープレイという、より複雑な考え方をとる論客たちのアプローチを検討しなくてはならない。

石川准の指摘にしたがうと、文化的アイデンティティは、人びとが日常生活のどの面においてもつねに意識している何かではない。それどころか、ふつう、「われわれ‐アイデンティティ」の問題が大きな争点になるのは、はっきりとした不平等な権力関係においてだけである。こうした状況では、抑圧された、もしくはスティグマを貼られた集団の成員は、相異なるさまざまなしかたで反応する。彼(女)らは「エスニック・マジョリティ」の行動を身につけることによってスティグマを貼られたみずからの地位を隠蔽し、「印象操作」することもある。また、強力な社会制度と同一化すること、たとえば軍隊に参加することで、自分たちを保護することもあるし、あるいは偏見を、よりつよいスティグマを貼られた他の社会集団に転嫁してしまおうとする試みも可能だろう。しかしながら、差別やスティグマ化がもっと深刻で長期にわたる場合、多くの抑圧されたマイノリティは、結局のところ、自分たち自身のアイデンティティを奪還し、既成の社会秩序に挑もうとする戦略をとる。抑圧する者が「未開で」「粗野で」「見慣れない」などと定義してきた文化的特徴を逆に肯定的に定義し直すことで、そのような戦略を採るにいたる。(9) いうまでもなく、これは合州国のブラック・パワー運動が採った戦略だが、日本におけるアイヌ集団が彼(女)らの歴史において幾度となくみずからのアイデンティティを奪還してきた過程でもある。いいかえると、石川のアプローチは、アルベルト・メルッチやフィリップ・シュレジンガーのいうアイデンティティ観念に近い。すなわち、所与としてのアイデンティティではなく、「集合的行為が有する、ダイナミズムにとんだ創発的な局面」としてのアイデンテイティという考えかたである。[10] 石川がさらにつづけて考察するには、ある時点でアイデンティティ・ポリティクスは、こうした「アイデンティティの自由」を要求する戦略をさらに一歩踏み越えることになる。マイノリティ集団の成員は、集団的帰属の象徴を自分たち自身の言いかたで定義する権利を求めるのではなく、むしろ「アイデンティティからの自由」を求めはじめる。すなわち、特定のエスニックな帰属性にともなうステレオタイプや責任という重荷を永遠に背負わされるのではなく、自分たちの自己のありかたが複合的であることを肯定的にみとめる権利を追求することになるだろう、と。[11]

これらの考えは鄭瑛恵《チョン・ヨンヘ》が展開する議論と共鳴する。[12] 彼女は、一般にひろく受け容れられている「在日韓国・朝鮮人」というエスニックなラベルが設定する、不自然でぎこちない、ひとを閉じこめる境界を疑問視する。彼女の議論にしたがえば、社会が彼女にあたえる「エスニックなコリアン」という単純きわまりないラベルを受け入れるとするなら、それは他の人びとにみずからを「純粋な」もしくは「本当の」日本人であると、単純きわまりないしかたでラベル貼りすることを可能とするであろう。そうではなく、鄭は、日本国家の既成のエスニック・カテゴリーの安定性を揺り動かす方法として「不純さ」や多重性を強調することを選ぶ。異種混交性、「内なる多文化主義」をこのように肯定することは、グロリア・アンサルドゥーアやトリン・T・ミンハの考えかた、そして「境界線はまさにわたしの舌を貫き走っている」というゼイファー・セノカックの隠喩がもつ生き生きとした心象を思い起こさせる。[13]

もろもろの「エスニック集団」のあいだに引かれる物象化された境界線を疑問視することは、酒井直樹による最近の著作のテーマでもある。[14] 彼は、近代国民社会はすべて潜在的には、ほとんど際限なく多様な「文化集団」へと下位区分することが可能であると注意を喚起する。実践にそくしていえば、（たとえば）「アイヌ」の文化と「多数派日本人」の文化だけが異なるのではなく、地方の人と都市の人、ティーンエイジャーと大人、自動車を運転する者としない者の「文化」、つまり生活・行動様式もまた異なることになる。とすれば、ある「文化的」もしくは「エスニックな」差異が「国民のアイデンティティ」の外側にむかった境界を定義する過程にとって中核をなすものだと選択されてきたのにたいし、別の違いは取るに足りないものとして無視されるのはどのようにしてか、という重要な問いかけがまた生ずる。(15) 日本の歴史の文脈でいえば、沖縄人やアイヌは通常、彼(女)ら自身によっても他の人びとによっても、別個独特な「民族《エスニック・グループ》」として定義されるのにたいし、八丈島や佐渡島出身者はきわめて独特な歴史や伝統をもつにもかかわらず、そのように定義されはしない、それはいったいなぜなのかと問い直すこともできよう。酒井によれば、エスニック・マイノリティの同定と複製が国家にとって必要不可欠であるのは、あるマイノリティを「異なるもの」として（そしてまたときには、「逸脱するもの」あるいは「破壊的なもの」として）定義することが、「多数派」の同質性と忠誠という幻想を維持することに役立つからなのだ。

いいかえると、近代国民国家においては、「さまざまなエスニック・アイデンティティ」は創造され、再創造されるばかりではなく、展開しつつあるその他のアイデンティティとの絶えざる相互作用をつうじて創造されもする。そして、そのような展開しつつあるアイデンティティのなかでももっとも重要なものが、まさに国民国家のアイデンティティにほかならない。

「アイヌのアイデンティティ」の再定義がどのようなものであるかの再検証は、アイヌの文化と歴史という問題を考察することに尽きるわけではない。それは、「日本人」であること、「先住民族」であること、「民族」であることはどういうことかを再定義する、さまざまな異なるありうべき方法の検証でもある。しかしながら、国民国家という観念じたいは真空のなかにではなく、特殊な世界秩序の、すなわち国家間システムの一部として存在している。したがって、アイヌのアイデンティティを定義し再定義するとなれば、日本の国民的アイデンティティばかりでなく、諸国民国家からなるグローバル・システムの内部での国民性の意味する性質をも、いやがおうでも再考せざるをえない。以下にみるように、こうした再考の作業の核心にひかえているのは、自己決定（self-determination）という重い問いかけであろう。そしてまた、現代の世界秩序のなかでそうした決定をおこなう「自己」の性質とは何かという問いである。

ある程度の人間の数

ヨーロッパにおける数多くの地域と同じく、日本における近代国民国家の創出には、以前は自律的もしくは半自律的であった小規模の近隣諸社会にたいして、大規模の、位階制的に組織された社会が主権を上から一方的に宣言することがともなった。日本の例では、このようにして編入された地域のなかでもっとも重要なものは、南は琉球王国、北はアイヌモシリだった。こうした「国民形成をおこなう植民地化」の過程によって国家に編入されたさまざまな小規模社会は、多くの場合、それまで数世紀にわたって、より大きな近隣国家と交易やさまざまな交渉に従事してきたのであった。

アイヌにかんしていうと、一七世紀にいたるまでは、アイヌ共同体と蝦夷南部にある日本の交易所とのあいだには、比較的均衡のとれた通商関係が存在した。しかし、そうした通商関係も日本の松前藩によってその性格を変質させられた。

第一章でみたように、日本の商人とアイヌとの交易関係がますます不均等なものになってゆく過程を特徴づけているのは、経済的および文化的な差別化の論理であった。一八世紀から一九世紀初頭にかけての日本の農業生産性の上昇は、アイヌからの非農業産品の輸入（とくに肥料に使われたニシン）の増加によって支えられていた。そして、日本側に入る物品の増加は、逆に、（以前にはアイヌの狩猟・漁撈活動を補っていた）アイヌの側の小規模作物栽培の衰退で裏打ちされた。これと類似する日常生活の経済基盤の狭まりは、小規模社会がより大きな農業経済との緊密な経済関係に入るようになった他の数多くの諸地域でも例証されている。たとえば、サーミ民族の場合、一八世紀になり、ノルウェーやスウェーデンの貿易商や開拓者との交流が増えた結果、かつては多様であった経済基盤が縮小され、その経済基盤はもっぱら、まったく遊牧民的なトナカイ猟に集中化された[16]。アイヌ社会と日本社会との経済的差別化には、文化的差別がともなった。たとえば、松前藩は、アイヌにたいする日本語の学習の禁止や日本風の衣服の着用の禁止を徹底化しようとしたのである。

他方で、近代国民国家の成立は差別化とは逆の論理、すなわち同化の論理を基層としていた。国民形成には、明確な国境線の設定や小さな辺境社会の編入ばかりではなく、境界の内側になるすべての人びとをある特定の鋳型に入れて、単一の想像の共同体にはめ込もうとする営みがかならずやともなった。一般民衆（the people）を、言語・習慣・儀礼によって統合されたひとつの民族（a people）に変えようとする努力がなされたのである。[17] この文脈では、フランス革命時に、当時フランスと呼ばれた領域の住民の半数がフランス語を話さなかった、という花崎皋平の指摘を想起されたい。[18] 近代フランス国民の創出にとって中心的な役割をはたしたのは、革命家アベ・グレゴワールの〝フランス語は「自由の言語」であり、言語の一体性は「革命の不可欠の部分」である〟という考えであった。[19]
日本の場合にも、一八六八年の明治維新以後、新たに命名し直された北海道という島を国民国家に編入するさいには、激しい同化政策がなされた。この同化政策のもとでは、アイヌ——国家が好んで使う、すさまじい呼びかたを踏襲すれば、旧土人——は日本の臣民として再定義され、アイヌ語とアイヌの習慣は抑圧されたのであった。この過程の行き着いたところが、一八九九年成立の「旧土人保護法」である。

しかしながら、国民形成の過程は内側から、つまり内向きの「想像の共同体」の創出としてだけとらえられなければならないのではない。それはグローバルな視点から、つまりもろもろの国民国家からなる世界規模のシステムの出現としてもとらえられなければならない。二〇世紀後半の潮流を論じる考察のなかで、ウルフ・ハーネッツは、グローバリゼーションは「画一性の複製よりも、むしろ多様性の組織化によって刻印されている」、と観察している。[20] ある意味では、これと同じことを、一九世紀および二〇世紀初頭に生じたグローバリゼーションの最初の波についても主張できよう。その段階では、植民地拡張主義が生々しい現実であったにもかかわらず、多様性を組織するためのイデオロギー的な構築物の中心をなしていたのは国民国家の概念であった。したがって、国民形成は、一方で世界規模での議会、官僚制、教育システム、鉄道網などといった共通のフォーマットの複製を含み、他

方でこのフォーマットが「我が国」に特有で公式に定義された性質を際立たせるような象徴によって充塡されたのである。(21)

一九世紀中葉以降、このグローバルな秩序はますます、自己決定への諸民族の権利という観点から理解されるようになってゆく。いいかえれば、「ある民族」a people というなにか漠然と定義された存在体がそれ自身の運命を統制する自然権を、国民というものが体現したのである。現代の観察者のなかで、国民形成の過程がヨーロッパやその他のより小さな「民族」を飲み込んでゆくまさにその時に自己決定権を主張しているというアイロニーに気づいた者はすくなくない。このパラドクスが通常どのように正当化されるかといえば、自己決定をおこなうのに適しているのは、近代の過程に参加するのに十分な、つまり官僚制、工業化しつつある経済などを維持するのに十分な人口をもつ民族にかぎられるというものであった。そのようにして、たとえば、J・S・ミルは『代議制統治論』において、こう主張した。バスク人やスコットランド・ハイランダーズのような小さな民族は、「世界の一般的な動向に参加せず関心ももたず、過去の時代の半未開の遺物」として生き残るよりも、より大きな国民国家に吸収されるほうがよい、と。(22)

自己決定は「大きな」民族にだけ適しているという観念は、二〇世紀の日本の思想に強い影響をあたえ、新明正道のような今世紀中葉に生きた国民主義についての理論家の著作のなかで繰り返し主張されてきた。また、ごく最近にいたるまで主流の政治思想のなかでも重要な役回りを演じつづけてきた。たとえば、一九八六年に中曾根首相は国会の討論のなかで、こう主張した。「民族と言う場合には……ある程度の人間の数という問題も要る」。これを理由のひとつにして、アイヌ民族（現在はおよそ二万四千人からだいたい八万人までのあいだの人口を数えると算定されている）は少数民族とみなすことはできない、と。(23)

したがって、国民はひとつの空間の単位（その内部では、住民は単一の国民的アイデンティティによって混合一体化されることになっている）としてのみみなされたわけではない。国民はひとつの時間の単位、すなわち進歩の担い手として、近代という捉えどころのない目標地点にむかう諸民族の際限なき競争に没頭するものとしてもみなされたのである。空間と時間の二つの次元をそなえているという国民の性質が重要性をもつのは、その性質を検証することで、国民形成の過程におけるいくつかの決定的に重大なパラドクスが説明しやすくなるからだ。日本（およびその他の地域）における国民的アイデンティティの研究は、空間的かつ文化的単位としての「日本」と、その他の空間的かつ文化的な単位（そのなかでも圧倒的に重要なものが「西洋」として知られる）との差異を抽出し、拡大するところで成立するアイデンティティの局面に、焦点を集中させる傾向をもつ。国民的アイデンティティ規定にかかわるこの次元は、たとえば、一八七〇年代以降、万国博覧会への日本の寄与という形態であらわれた。この博覧会での「日本」は、精巧な技術、独特の風景、特異な宗教的伝統という観点から呈示された。またそうした次元は、人種の観点か文化の観点かのいずれによるのであれ、日本人の独特の特徴を定義しようとつとめた国民主義の知識人が書いた著作のなかにもあらわれた。二〇世紀前半の人種主義の理論家が情熱的に論じたのは、日本人は人種的に同質な民族であるのか、それとも独特な人種的混合であるのか（そのなかの一要素にアイヌの系統があった）という問題であったが、新渡戸稲造から和辻哲郎にいたる文化国民主義者は「日本人らしさ」の本質を、武士道のような深く根ざした伝統や、美的感受性の形態のうちに探し求めたのである。[24]

しかし、一九世紀後半および二〇世紀前半の日本におけるアイデンティティ・ポリティクスにとって本質的に別の次元がまた存在したことを認識する必要がある。すなわち、日本を「西洋」と比較対照することよりも、植民地公民と日本人全体の多数を占める部分の意識を鋳直すことに向けられた次元である。こうした視座からみると、日本人であることとは主としてサムライ精神や美的感受性によって充塡されることだったのではない。それはなによりもまず、「進歩的」であること、「近代的」であることであった。修身書が繰り返し、日本の児童の心に染み込ませてきたのは、天皇、両親や教師にたいする崇敬の念ばかりではなく、物質的な進歩という行進への参加に誇りをいだく感覚でもあった。一九一八年に出版された尋常小学校修身書はこう宣言する。

始めて東京横濱間に鐵道がしかれてから五十年たつただけですが、今日では何處へ行くにも汽車を利用することが出來ます。又始めて汽船を見て驚いたのは七十年程前ですが、今日の我が國は、汽船の數では英・米二國の次に位してゐます。……五十年前には工場の數が千餘であつたのが、今日では数萬もあつて、紙でも絲でも織物でも大仕掛にこしらへてゐます。[25]

このような発展を支えるために、子どもたちは、「納税・選擧の務をはたし、進んで産業を盛んにし、風俗をよくするなど」という将来の公民の務を自覚させられたのである。[26]

アイヌの住民に押しつけられた同化（文字どおりの意味で〝同じになる〟こと）という観念は、「日本」という概念そのものが有するあらゆる複雑性と両義性をかかえこんでいた。公式の言説では、同化は、人種の観点から呈示されることもあった。つまりアイヌが「日本的になることで、彼(女)らの人種としての特徴がやがては消滅する」、そのような「混血」として呈示されたのである。[27]他方、同化はしばしば文化的過程とみなされた。アイヌ語ではなく日本語を話すこと、日本の衣服を着ること、そして、たとえばアイヌの児童が天皇への誓いの言葉を日々暗唱するといった、もろもろの儀礼への参加を義務づけられること、こうしたことが同化という文化的過程の一局面にふくまれたのである。[28]

しかし、日本の官僚層の文化的同化主義から、もっと徹底したかたちで出てきたテーマは、読み書き能力、苛酷な労働への耐久力、衛生、予防接種、貯蓄への配慮である。もちろん、近代のこうした装置はすべて、国家がはるかに高圧的ではないしかたでではあったけれども、同時にアイヌ以外の臣民にも押しつけようとしたものでもある。ここでの問題の核心を鮮明に描き出しているのは、一九三四年の帝国議会で、北海道庁長官が北海道のアイヌの生活状況にかんする質問に応えた答弁である。彼はアイヌを二つの集団に、つまり「新しい教育を受けざる」者と「新しい教育を受けた」者とに分けるところからはじめた。前者は寒くて、不衛生な家に住み、その家の設計は伝統的な宗教的信仰によっておおきく規定されている、と指摘し、さらにつづけて、「新しい教育を受けた」アイヌの生活状況について冗長に述べた。その内容は(おおかた)以下のごとくである。

ハイカラな教育を受けた「アイヌ」になりますと、文化住宅を造り、硝子窓などを造って、其の縁りには「ペンキ」を塗って、室中には「ストーヴ」や椅子「テーブル」などを置いて、極くハイカラな生活をやって居る、……中には「アイヌ」でも、或は「アイヌ」などはすっかり文化的になって居りまして、式などに出る時には、「アイヌ」の娘なども口の縁りに入墨などをして居るが、家に帰ると落してしまふ、丁度引眉毛のやうなことをやって居る、さう云ふやうな者の衣服は内地人と少しも違はない、追々と「アイヌ」人が内地化して来まして、新しい教育を受けた者になりますると、全然住宅の如きものも内地人と同じになって居ります、それから着る着物も同じやうにならうと思はれるのであります、……近文《ちかぶみ》などの「アイヌ」になりますと、見せ物になるやうな家は旧式の笹小屋や、或は葦を以て葺いた屋根の家が、ありますが、さうでない家は大体市で建って貸したものらしいのですが、住宅は「バラック」の西洋風になって居ります、次第に内地ふうが「アイヌ」に浸潤して行って居るやうに思ひます、さう云ふことであります、中には道庁などに能く陳情などに参る「アイヌ」は皆「フロックコート」や「モーニングコート」を着たりして……[29]

ここには、近代化と同化という二つの概念のあいだにある潜在的な緊張関係についての感覚・理解はない。そしてあきらかに、「西洋風」の家に住み、フロックコートやモーニングコートを着ることが日本人になったことの証拠とみなされる過程のうちにはらまれうるパラドクスについての意識もまったくない。しかし、近代化と同化とのあいだの矛盾の突端部で生きるアイヌの活動家にとっては、同化主義のうちに内在する両義性は死活にかかわる重大事であった。

保護民に理屈言ふべき権なしと

このような矛盾を探査するには、詩人にして先駆的なアイヌの活動家、違星北斗《いぼしほくと》の位置を考察することからはじめることができよう。彼は一九〇二年に北海道の貧しい家に生まれ、二七歳にして結核で生涯を閉じた(30)。一九二五年、当時東京で生活していた違星は、東京のクラブでおこなわれる研究者の晩餐の会で講演するよう招待された。その講演を精確に書き写したものはいまは残されていないけれども、違星の言葉は、その時の聴衆のひとりであった沖縄の学者、伊波普猷によってメモとして書きとめられ、後に伊波の論文のひとつ（「目覚めつつあるアイヌ種族」）として再生された(31)。

違星は、被差別の経験や広範囲にわたる読書を背景に、まずアイヌとしてのアイデンティティから逃れ、それを否定する必要を確信したと、思い出を語る。とくに彼は、植民者が持ち込んだアルコールや病気がタスマニア先住民にたいして及ぼした壊滅的な影響を記した論文に深く感銘を受けたと述べた。タスマニア先住民と同じような運命をたどることを避けるためには、「言語風俗習慣の点に於て、和人と寸分も違はない」ようになるのが自分のようなアイヌの義務であると、彼は感じた。その結果、彼は自分がアイヌの生まれであることを恥じ、アイヌ語の使い方を忘れはじめる。ある晩、彼が札幌の夜学校に出席してみると、先生が講義を始める前に、彼の名前を呼んで、こう尋ねる。「違星君！　私の演説中に和人に対して便宜上あなた方をアイヌといふ名称で呼ばなければならない場合があるが、アイヌといつた方がいいか土人といつた方がいいか、どちらがいい気持がするか」と。違星は、どちらでも差し支えないと応えたが、家に帰ってあとでさめざめと泣いたのであった。

違星は自らの経験を省みながら、もともとは「人間」を意味する「アイヌ」という語が、軽蔑的な「土人」という語と同じような侮蔑語に変えられてしまったという残酷なアイロニーを意識しはじめる。こうして彼は、「ウタリ・クス（吾等の同胞の意）の位地を高めて、アイヌの本来の意味を取返す」ようにつとめることを決意する。こうした認識につよく促されて、英国の宣教師でアイヌの習慣にかんする研究者、ジョン・バチェラーという人物から、アイヌの伝統にかんする情報を得ようと考えるにいたった。そこで違星はつづけて述べる。「私は最初アイヌとして自覚した時、アイヌの恩人のバッチエラー先生の所に走らうかと思ひましたが、外国人にたよるのは日本人として面白くないやうな気がし」た、と。こうして結局、「ウタリ・クスに同情を寄せて下さる和人」である金田一京助に助力を仰ぐ。違星はつぎのように述べて講話を閉じた。「今ではよい日本人となつて、アイヌのため日本のために、何かやつてみたいといふ気になつてゐるのです」(32)。

一見すると、違星の物語は、「印象操作」から「アイデンティティの奪還」への移行についての石川准の説を示す範例であるようにもおもわれる。しかし、話が進むにつれ、その物語はもっと込み入ったものになる。もちろん、違星はおそらく自分の話を、中産階級の日本人聴衆にあうように仕立てていたのだろう。しかし彼の言葉は同時に、彼が二つの選択肢のはっきりとした対比を認知していたことを示唆してもいる。すなわち、シャモ（アイヌ自身とは区別される日本民族をあらわすアイヌ語であり、ときには日本語で「和人」とあらわされる）になろうとする決意と、日本人であろうとする、もしくは日本人になろうとする決意とのあいだにある差異の存在について、彼は気づいていた。日本人とは、「外国人」と区別された日本国民（Japanese national）のことであり、違星はこの範疇を彼自身の覚醒したアイヌとしての自覚と完全に両立しうるものだとみなしていた。シャモと日本人という区別が興味深いのは、この区別を英語（英語の場合、「ジャパニーズ」はエスニシティと国民国家の成員の双方を含意することになる）に移し変えることが困難であると同時に、同化主義にかかわる公式の日本の修辞に、この区別は欠落しているからである。違星の講演では、シャモ／和人と日本人という二つの範疇の区別を、彼自身がどのように規定していたかは明言されていない。しかし、他の戦前期の活動家の著作から、この二つの範疇の差異を実際に解釈した可能性があったと判断できる。

　ここでわたしが論じる著作は、一九三〇年代の雑誌『蝦夷の光』に掲載されたものだ。この雑誌は北海道アイヌ協会によって発行されていた。この協会そのものは、アイヌの福祉を改善し、「旧土人保護法」の見直しを求める運動をはじめるために、一九三〇年に設立された。その活動は一九三七年に、協会の要求のいくつかが満たされるまで継続したが、その存在はアジア・太平洋戦争が終わるまで忘れ去られていた。リチャード・シドルが記すように、協会の指導的なメンバーの多くは、主流派日本人社会の内部で「影響力をもち、場合によっては富裕」になることに成功したアイヌであった(33)。実は、協会長はアイヌではまったくなく、アイヌに同情的な北海道庁の役人、喜多《きた》章明《まさあき》であった。したがって、協会はアイヌの意見を広範に代表しているものとみることはかならずしもできない。そのようなわけで、『蝦夷の光』で公刊された見解の多くが道庁の同化主義的政策と両立していたことに気づいても、さして驚くにあたらない。とはいえ同時に、同誌に掲載された論文は同化という問題にたいする多種多様な異なるアプローチの存在をあらわしてもいる。こうしたアプローチのうちの多くは、「アイヌ」、「シャモ／和人」、「日本人」という範疇それぞれのあいだに引かれる境界線をどのように理解しうるかについて、興味深い洞察を提供する。

「滅び行く民族、何と悲しい、ひゞきではありませんか、保護民、何と弱き名ではありませんか、それが我達同族の名よ」。(34)

一九三一年に出版されたある論文はこのようにしてはじまる。ここでの言葉は、『蝦夷の光』に繰り返し出てくるテーマ、社会ダーウィニズム的な考えというテーマを響かせている。幾人かの寄稿者が観察したように、この考えは、アイヌ以外の日本の住民だけにかぎらず、アイヌ自身の「心に書き込まれる」ようになっていた。アイヌは自分たち自身が無力で、「遅れ」ており、滅び行きが避けられないのだという感覚をいだくように吹き込まれた。そうした吹き込みは、同化主義的な教育システムによるだけではない。「滅び行く民族」の生存者を観察し、測定し、記録するために、押しつけがましく侵入した人類学者、そして「旧土人保護法」の抑圧的な重圧によるのでもあった。保護制度は、アイヌの村落の共有地を、福祉支出の財源として利用可能なものとすべく国家の手中におさめさせた。そのため多くのアイヌは、役人に生計手段を求めるという侮辱的で、時間を浪費する過程に依存せざるをえなくなった。『蝦夷の光』で引用されている詩は、道庁役人の高飛車な態度が人間の尊厳にどれほどの腐食作用をもたらすかをしかととらえている。

又金が欲しけりや酒止めと
追返されたアイヌ哀しも

保護民に理屈言ふべき權なしと(35)

進化途上にある人種

『蝦夷の光』のほとんどの寄稿者にとって、このように悲しみに沈みながら滅び行くことから逃れる道はたったひとつしかなかった。すなわち、彼(女)らが良い「日本国民」、良い「社会人」にならねばならないということである。実践にそくしていうと、このことには、表面上は日本当局の「同化」政策にまさに同調しているかにみえる過程がふくまれていた。どの論文においても、執筆者たちは、アイヌ同胞にむけて、自己教育、貯蓄、禁酒、住宅の近代化、高水準の衛生の維持をこころがけるよう力説した。だが、もっと枝葉に分け入ってみると、微妙な差異が浮かびあがってくる。『蝦夷の光』の創刊号に掲載された、釧路國支庁管内アイヌ代表、小信《このぶ》小太郎《こたろう》の論説を例にあげよう。一見すると、自己を改めよと説くこの短い主張は、政府の同化主義哲学を心の底から受け容れているさまを反映しているかにみえる。小信の議論によると、アイヌの現在の苦境は大部分、アイヌ自身の先祖の失敗に責めを負わせることができる。なぜなら、彼(女)ら祖先は経済にかかわる洞察力に欠けていたため、その土地は利口で活動的な日本人によって取り上げられてしまったからだ。いまやアイヌにとっての唯一の希望は、アイヌの祖先が従来とってきた態度を捨て去り、身装、家、教育、日常生活を「改め」ることで「完全なる社會人としての自己を造る」ことである、と。(36)

しかし小信の言説は、単純ではあるが根本的な一点にかんして、(前に引用した議会での答弁のような）公式の同化主義の主張と異なっている。その一点とは、自己を改めるという活動そのものの目的である。小信にとって、自己改造のもっとも重要なねらいは「アイヌ族の名」を保つことである。(37)つまり、政府の視座からみると、良き「日本国民」になるのは、「近代化」されると同時に「内地人／和人」と同一になることがふくまれた。したがってそのさい、想像による同一化を介して自己改造をするとなれば、アイヌとしての独特のアイデンティティが消滅せざるをえなくなるだろうという想定が確実にあった。他方、小信のような書き手の視座からみると、「日本国民」としての自己創造には、「近代化」されるのと、「内地人／和人」と同等になることの双方の意味がふくまれた。これは、アイヌとしてのアイデンティティ感覚を完全に消去するのではなく、むしろその感覚を豊かにするであろう過程である。いいかえると、日本国民になるのは、日本社会の諸規制の内部で首尾よく活動するための十全な条件を獲得することを意味した。しかし、それはシャモ／和人になりきるという選択肢とは暗黙のうちで区別されていたようだ。というのも、シャモ／和人になりきるという選択肢は、たいていの場合、自らアイヌの伝統の遺産を同時に否定することを示唆したからである。

『蝦夷の光』の寄稿者がアイヌであることをどのように表現したかを問うのは、ちょうどこの場所でこそ、ふさわしい。この問いが重要性をもつのは、近年の書き物に顕著に現われる、アイヌのアイデンティティをなす局面の多くの論点が、『蝦夷の光』の論説には著しく欠けているからだ。一九三〇年の調査によれば、アイヌの全世帯のうちおよそ半数が「自然宗教」の信仰者として自己定義したが、イヨマンテのような宗教的伝統はほんのかすかに言及されているにすぎない。いやそれどころか、ほとんど申し訳なさそうに言及されているだけである。(38)一九三〇年代までは、アイヌの活動家のなかに（そこには知里真志保がいる）アイヌ語とその口承を保存し記録しようと働く者もいるにはいたのだが、アイヌ語の維持にかかわる主張もほとんど存在しない。したがって、アイヌのアイデンティティとは、「文化」の観点からよりも、むしろ主として人種や歴史の観点から呈示されていたとみても間違いではないだろう。

『蝦夷の光』の寄稿者の多くは戦前の人種のレトリックをはっきりと受け容れ、自己覚醒のための彼(女)ら自身の闘いを、人種の平等という原理の枠内にすえた。この人種の平等という原理は、そもそも日本政府が国際連盟という国際舞台で口頭で採用する旨を言明したものである。

「黄色人種も白色人種も黒色人種もアイヌも神の前には平等である。自らを卑下する必要はない。……寧ろアイヌたるを誇り得る様になるべきである」(39)「吾々同族は、アイヌと呼ばれる事を憤慨しますが、アイヌとは人種の名称であるから、何も恥づる必要はありません」(40)という言説は、その明確な証左であった。他方、アイヌであるとは、同時に独特の歴史を継承する者であることをも意味した。そのため、『蝦夷の光』の論説のいくつかはアイヌの歴史の再発見と再解釈につとめていた。この営みは重要だが、多くの困難をともなった。というのも、この主題は戦間期日本における歴史論争の主流からはおおかた排除されていた部分であったからである(41)。

ひとつの驚くべき例が、一九三一年に公刊された、著名な著述家にして活動家の吉田菊太郎によるエッセイであった。吉田はアイヌの歴史を平安時代にまで遡って跡づけることからはじめ、つづいて以下のように考察した。すくなくとも一七世紀前半にいたるまでは、アイヌが和人という近隣者ほどの勢力をもたなかったと信ずる理由はまったくない、と。『蝦夷の光』の寄稿者の多くが、アイヌの勢力が衰退の一途をたどった原因をアイヌの先祖の無知や無関心に帰していたのにたいし、吉田はアイヌの過去を多少とも違ったしかたで照射した。なるほど、吉田はアイヌに固有の書記体系がないのを、アイヌが和人と交渉するさいの決定的な不利益であるとみなしていた。しかし同時に、アイヌの文化的な「後進性」は松前藩の政策によって計画的につくられたものである、なぜなら、松前藩はアイヌを恣意的に孤立させ、和人社会との文化的な接触を妨げたからだと強調した。(42) 吉田の議論によれば、その結果、明治期以降このかた押しつけられた徹底的な収奪・同化政策への順応に困難を感じたアイヌがすくなくなかったのは当然だった。

ここから、つぎのような有効な問いが開かれた。すなわち、もしアイヌと和人の役割が逆だったとしたら、何が生じていたであろうか。長いあいだ文化的接触を断たれていたにもかかわらず、突然アイヌ語、アイヌの風俗習慣、信仰、生活様式を採るように強制されたとしたら、和人はどれほどうまく対処しえたであろうか、と。吉田は、人種科学と社会ダーウィニズムという抑圧の武器を逆に同化主義のイデオローグたちに差し向けた。

「世人は亡び行く民族と冷笑し、或は敗惨民族と嘲罵し、宛かも先天的に自立し能はざる種族なるが故に、特殊法規を設けて保護するかの如き観念を包蔵されているが、具さに土人の実情を審査し、保護法の正体なるものを解剖したならば、斯んな出鱈目なヨタは飛ばせない筈だ。……人類学者の発表に依れば、現在の大和民族は七種以上の人種の混合物であつて、就中アイヌの血を最も多く受けているると言ふている。是れに依つて見るもアイヌ人は、亡び行く民族にあらずして寧ろ進化途上にある人種である事を物語つている(43)」。

吉田が「民族」という語（「エスニック・グループ」、「ピープル」、「ネーション」とさまざまに翻訳可能な語）を使ってアイヌを指し示しているのにたいし、同誌『蝦夷の光』の他の寄稿者には人種やアイヌ族という表現に満足している者もいたことは指摘しておいてよい。用語にかかわるこの不確実性は、国民性という含意をもつ「民族」という語は「ある程度の」規模の人間のためにとっておかれるべきとの認知がひろく浸透しているのを反映していたのだろう。

ここで論じた著作は、戦間期日本のアイデンティティ・ポリティクス内部でのさまざまな異なる位相のスケッチにあたって、いくつかの基盤を提供する。もちろん、アイヌのアイデンティティにかかわる「公式」もしくは「政府」の態度について一括りにして語ることは、日本の官僚制と政治世界の内部に存在した、ニュアンスにとむ差異を消し去ることにもなろう。にもかかわらず、わたしが思うに、アイヌにかかわる戦前の政府の政策は一般に、つぎのような想定にもとづいていたとみて間違いない。すなわち、「アイヌ」は「日本人」という範疇の有史以前の別姿であり、したがって「近代的」になること（これは「日本国民」になることへの決定的に重要な要素であった）は、同時にアイヌであるのをやめるのと同義であるという想定である（この想定は考古学者や人類学者の調査研究によって強化された）。

これにたいして、『蝦夷の光』へのアイヌの寄稿者は、自らのアイヌのアイデンティティにかかわり人種と歴史の双方の観点からの定義を試みた。多数派日本人が民族であるのと同じ意味で、アイヌが民族であるかについては、いささか確信がなかったようであるが、わたしが引用した論客たちは、アイヌのアイデンティティが別個独特のものであることについて疑いをまったくもたなかった。二〇世紀の国民・国際システムのなかでアイヌ自身が生き延び、成功をおさめるのを可能とするような技能を獲得すること——よい教育、財政にかんする才覚、政治活動への参加能力などを手にすること——は、アイヌであるのをやめることを意味しなかった。普通教育や近代科学技術の採用で、明治期の日本人が日本人であるのをやめることを意味しなかったのとおなじようにである。

この視点からみるなら、日本国家が採用した同化主義には基本的なパラドクスが内包されていた、との指摘が可能であろう。そして、このパラドクスとは、日本国家のみが有したものではなく、数多くの国民国家が、国民内部のマイノリティにたいする政策として、世界中で無数に複製されたものである。為政者たちは、国民国家とは民族共同体であるとの想定をまずもち、かつ、その国家単位が歴史的進歩の担い手であるとの欲求をもった。しかし、近代化の過程そのものが、実は、国民的そしてエスニックなアイデンティティを産出しているという当然の事実に、為政者たちは気づけなかった。国民国家というグローバル・スタンダードとなったシステムへの参加は、「日本国民」、「日本民族」、特異な「日本文化」という近代概念の出現を必要条件とする点に、国民的アイデンティティの形成を主張した戦前のイデオローグたちは気づけなかった（「国民」「民族」「文化」は、すべて明治期の造語であったことに留意されたい）。また、二〇世紀の国民的・国際的秩序のなかにアイヌを組み込む同化政策とは、必然的に、人種、エスニシティ、平等といった「近代」の言葉で、自らがもつ差異を鋳直す手段をアイヌ自身がもつことを同時に意味した。

結局のところ、フロックコートの着用は、新聞の政治ニュースを理解する能力や、請願書を書き北海道庁に届ける能力をも伴う複合的な過程のまさしく一部にほかならない。この過程（一般に「近代化」と呼ばれているが、本書で「グローバリゼーション」と述べてきた）は、一方では、行動のフォーマット化が増大することを意味した。世界中の人びとが社会の秩序形成や知識の伝達にかかわり同じ根本規則を採用することである。しかし他方で、このグローバリゼーションの過程は、差異の強調にもつながった。国家エリートたちが伝達にかかわる普遍的ルールを使用しつつ、「国民的」特異性の創出を試みたようにである。国民レヴェルでは、この収束と拡散の同時進行過程は、「日本人」のアイデンティティというより明確に仕切られた理解・感覚を産出することに使われた。世界規模の貿易や国際政治に日本がかかわればかかわるほど、「日本人」であるという唯一無二で決定的な特性を分節化する必要が増大したのだ。国民《ナショナル》レヴェルだけではなく、サブナショナルなレヴェルでも、同様のダイナミズムは働いた。つまり（政府が使用する意味での）「同化」政策がとられればとられるほど、抑圧的、差別的法令によって規制されたアイヌのようなマイノリティにとって、自らのアイデンティティが明確化されたのは当然であった。「日本国民」としての同化を強制されれば、シャモ・和人・内地人から、自らを区別し、その境界を明確に意識する力学もまた生まれたのである。「国民」という名のもとにアーチ状に覆いかぶさる国体の枠組みのなかで、自らを特異なマイノリティとして自覚することが可能になったのみか、また必要となったのでもある。

人種から文化へ

戦間期のアイヌのアイデンティティ運動には、当然にも活動範囲と影響力の限界があった。にもかかわらず、この運動のおかげで、アイヌを日本国家の内部における独特の民族ととらえる明確なヴィジョンの基礎がすえられた。戦後の活動は制度の面でも知性の面でも、この基礎のうえに築かれたが、同時に、共同体への帰属という概念に新たな意味をあたえる方法をも創造した。

二〇世紀後半のアイヌのアイデンティティ・ポリティクスは豊かで複合した歴史をもっている。したがって本書で、戦後アイヌの活動がみた発展を詳細にわたって論ずることはできない[44]。とはいえ、この問題にかかわるいくつかの重要な主題を粗描し、それを国民国家および国際秩序における性質の転換へと関連づけること、この作業をわたしは試みたい。

日本の戦後民主化はマイノリティの権利にかかわる概念に新しい枠組みを創り出すのに役立った。アジア・太平洋戦争以前には、社会的・政治的平等の追求は一般に、国民社会への参加という局面、すなわち真の「日本国民」や「完全なる社会人」になる過程として表現された。ところでいまや、そうした戦前期のレトリックは完全には消え去ってはいないものの、そのレトリックは自由《リバティ》と自治《オートノミー》という無境界の言語によって補足されるにいたった。たとえば、小川佐助は、一九四六年に北海道アイヌ協会を再出発させるにあたって、こう述べた。「終戦後、私共にも自由が容されたのと同時に、誰れ言うことはなしに、全道一万七千のアウタリーが、此際ほんとうに結束して、自主的に立ち上がろうではないか……[45]」。

二〇世紀後半におけるアイヌのアイデンティティ・ポリティクスは、他のグローバルな政治潮流からの影響も受けた。とりわけ、一九六〇年代と一九七〇年代前半の新左翼の解放運動と、一九七〇年代以降の先住民族の権利をもとめる世界規模のキャンペーンからの影響があげられる。どちらの場合にも、政治行動を導くイデオロギーと技術は、より広範な国民的・国際的舞台から汲み上げられたものであったが、アイヌの経験の特殊な姿態に合致するように変えられた。たとえば、和人の「アイヌ研究者」による知的搾取や誤った表象にたいして、アイヌの若い活動家たちが一九七七―七八年に抗議運動をはじめ、これは一定の成功をおさめた。この運動は、新左翼のイデオロギーと部落解放運動によって開発された「糾弾」技術の双方に依拠した部分もあったのだが、また同時に、アイヌの伝統的「ウコチャランケ」にもよった。「ウコチャランケ」を（その運動の過程に参加していた）萱野茂はつぎのように表現している。

「ウコは「互いに」、チャランケは「言葉を降ろす」の意で、つまり、とことんまで議論をして、もめごとを解決するというアイヌの習わしです。アイヌはもめごとを暴力で解決しないということでもあります」(46)。

過去十年にわたって、アイヌによる国際連合やその他の国際フォーラムへの参加は、同様に、先住民の権利にかかわるグローバルな思想と特定の地域的関心との合流を含んでいた。先住民の権利にかかわる討議へのアイヌの参加者にとってとりわけ要となったイシューは、アイヌによる「エスニック集団」もしくは「民族」としての自己定義という問いであった。わたしがここで少々立ち入って言及したいのは、近年のアイデンティティ・ポリティクスにおけるまさにこの局面なのである。

北海道アイヌ協会の戦後の出版物を特徴づけるもっとも重要な点のひとつに、人種のレトリックから文化のレトリックへの転換が認められる。この転換は内容のうえではっきりとあらわれているだけではない。同協会の出版物のレイアウトにも、可視のものとして示されている。戦前の北海道アイヌ協会の雑誌である『蝦夷の光』には、アイヌを「近代」という国民的もしくはグローバルな枠組みで呈示しきろうとする画像が差し挟まれている。すなわち、スーツや着物をまとった集団が国旗の前や、振り子時計という進歩の厳然たる象徴の下にいる姿が写真に撮影されていた。添えられている手書きのイラストが表わすのは、相対的な抽象的自然というテーマであるが、そこにはアイヌの伝統との明白なつながりはまったくうかがわれない。以上のことは、アイヌを独特の人種的・歴史的共同体として描く、同誌所収の文章の内容と一致するが、アイヌのアイデンティティをなす言語、宗教、その他の局面については、ほとんどなにも語られていなかった。

　これとは対照的に、同協会の戦後初の雑誌『北の光』（創刊号だけが一九四六年に発刊）は、熊やサケ（明治以前の狩猟・漁撈経済で鍵をなす要素）のような、どちらかといえばただちにそれとわかる大衆がいだく、アイヌの物質的伝統についてのイメージを組み入れたものであった。この転換がよりいっそう可視化されたのは、協会（その時点では北海道ウタリ協会と改名）が一九六三年に新たに『先駆者の集い』を発刊しはじめたときだった。この雑誌の創刊号には、教育・住宅・衛生・貯蓄にかんする改善の必要という昔ながらのお馴染みの主題が木霊のごとく反響しつづけていて、アイヌ共同体に

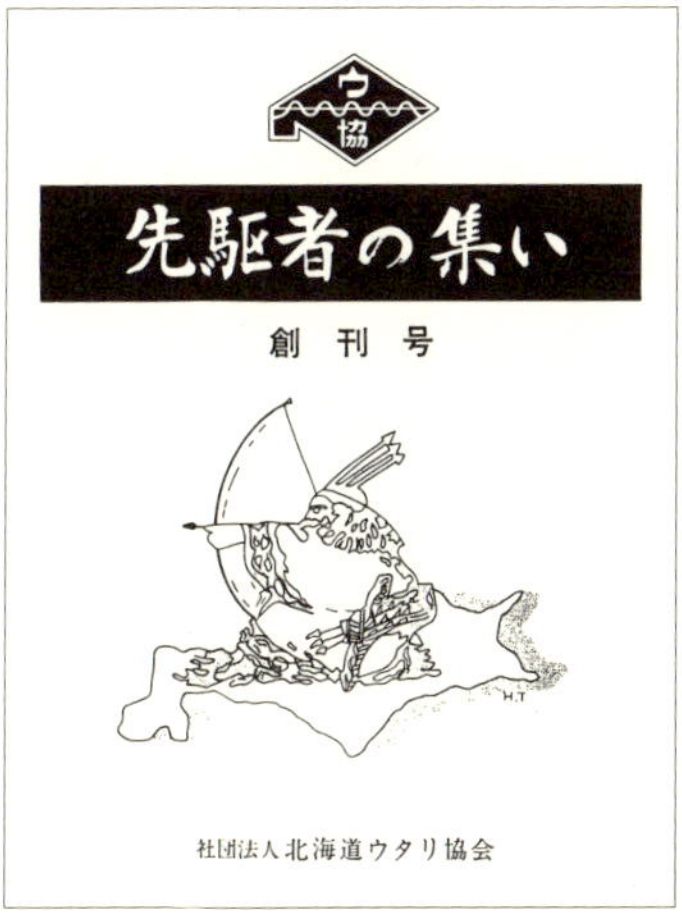

『先駆者の集い』創刊号表紙（北海道ウタリ協会『アイヌ史——活動史編』1994 より）

おけるモデル住宅建設の発展について詳細なイラストなどが掲載されていたが、驚くことに、その表紙は、伝統的な衣装で正装したアイヌの戦士の姿へと変えられた北海道地図によって美々しく飾られていたのである。

こうした図像によるアイデンティティの表象は、当の雑誌『先駆者の集い』に載ったいくつかの文章の内容にみられる傾向を反映している。たとえば、釧路代表、塚部《つかべ》展達《のりたつ》は、アイヌが自分たちを「人種」と定義しようと、「民族」と定義しようと、たいした違いはない、なぜなら、どちらの用語の意味も曖昧だからだ、と主張した。そうではなく、アイヌは「日本の原住民」であるという辞書の定義を言い換えて、日本の「先住民」あるいは「先駆者」とみなされてよいと提言している。塚部はそこからつぎのような考察に進む。

「最近多くの人が文化財に多大の関心を寄せるに至つた事は洵に喜ばしい事である。ウタリの此れ祖先の遺した文化遺跡に至つては今更ら強調する迄も無く一大宝庫にして世界文化史の貴重な資料ともなり環とするものである(47)」。

こうした文化の再発見になくてはならなかったもののひとつが萱野茂の仕事であろう。彼は、一九七二年に二風谷《にぶたに》村落に開かれたアイヌ文化資料館の基になることになったアイヌの織物・彫刻・日常工芸品のコレクションを、一九六〇年代前半までにすでに収集していた(48)。これはすぐれたコレクションであり、アイヌの芸術的伝統とアイヌの環境知遺産にかんする萱野自身や他の者による詳細な調査研究の基となった。一九六〇年代から一九七〇年代にかけて、これにつづいたのが、伝説や歌という無形の伝統をつたえるために創設された、山本多助のヤイユーカラアイヌ民族学会のようなイニシアティヴであった(49)。

『先駆者の集い』では、住宅・健康・教育についての論文はいままでどおり数多く掲載されたが、こうした論文とともに、アイヌの芸術や祭りにかんする論文の数が着実に増えていったのは、右にみた文化の再発見という側面が反映している。それと同時に、塚部の一九六三年の論文以降では、人種概念の強調は衰微し、民族という語の使用頻度が増加した。このことは、生物学的継承の問題が取るに足らなくなったということを意味しない。協会はアイデンティティを主に先祖や「血統」の観点から定義したが、同じく、自らがその共同体の成員をなすという「自己認知」の重要性を不可欠のものとした。しかし協会は同時にまた、婚姻や養子縁組によってアイヌ共同体に加わる者をアイヌとして認め、「血の濃淡については、特に問わないものであること」と述べている(50)。

したがって、依然として先祖は帰属性の基であるけれども、最近の著作物では、アイヌの共同体的アイデンティティはなによりもまず文化の観点から表現されることが多い。アイヌが国連の「先住民に関する作業部会」でおこなった最初の提案の冒頭句にみられるようにである。

「アイヌ民族は、かつて日本の本州北部、北海道、樺太（サハリン）南部、千島列島に居住し、自然と一体化した独自の宗教、文化を有し、主に狩猟、漁撈、採集によって生活していた北方自然民族なのである。／アイヌとは、アイヌ語で「人間」を意味し、アイヌは日本語とは異なる独自のアイヌ語を使用し、独自の文化を築いてきたのである(51)」。

人種から文化への重点の移行は、戦後世界の、とりわけ日本そのもののアイデンティティ・ポリティクスをめぐるもっと広範な傾向を映し出している。一九六〇年代から一九七〇年代にかけては、先史研究者や人類学者は日本人の人種的な起源について論争をつづけていたけれども、日本のアイデンティティについての社会的・政治的著作は、国民的アイデンティティの凝集力になるべく想像された文化的特異性によりいっそう焦点をあてはじめた。この「日本人論」という文化国民主義的なジャンルは、現在ではひろく批判されてきている。このジャンルが「日本人」内部の差異(たとえば、アイヌの伝統)を完全に無視し、日本人論者自身のもつ想像された国民的もしくはエスニックな「文化」を、物象化された、いつまでも変わらずにつづく、ひとつにまとまった統合体として呈示しようとするからだ。[52]「アイヌ文化」を、同じように静止的で全体論的な観点から呈示しようとする試み(その驚くべき一例は哲学者・梅原猛の最近の諸著作である)には、同じ批判が可能である。[53]

しかしながら、アイヌ文化の復興運動の多くの局面は、「日本人論」と並行するような「アイヌ論」を創出する試みとしてよりも、アイヌ社会の多重かつ多様でダイナミックな伝統を、社会ダーウィニズムという死せる手から奪還する過程へと一歩踏み込む作業として解釈することができる。たとえば、小川早苗は一四歳になる娘にむけられた人種差別的な冷笑にたいして家族としてどのように対応したかを感動的に記述した。彼女、その夫、娘は、自分たちが有するアイヌの文化遺産にかかわる自己教育を試みる。それはまた娘の社会的自信と尊厳の再建を試みる希望の旅路であった。ついには、この自己教育の過程の末、小川早苗はアイヌのモチーフを組み入れた織物の指導的なデザイナーとなる。[54]

戦前の『蝦夷の光』への寄稿者は、多くの場合、外部者がアイヌの物質的な、衣食住にかかわる伝統、宗教信仰、儀式、音楽、踊りといったものを「原始的」として片づけることを暗黙のうちに了解していたようである。けれども、一九七〇年代までに、経済の「近代化」による環境危機と社会的抑圧が、単線的な進歩論を見直す余地を生み出していた。萱野茂や小川早苗のような人びとの活動が示唆しているのは、彼(女)ら自身の物質的・芸術的伝統の再主張ばかりではない。その活動は、アイヌのような小社会が社会進化の先史段階へと押し込められ、国民国家が近代の唯一の器とみなされるような、そうした世界史観全体にたいする根本的な挑戦をも示していた。彼(女)らは、アイヌの言語、食糧、祭り、刺繡、踊り、自然観を復興させながら、もはや原始的な過去の残滓としてではなく、記憶、経験、ライフスタイルによって現代にたいするオルタナティヴなヴィジョンを、現在という時間にいたるオルタナティヴな（幹線道路でない）小道を表現している民族とみなされる権利を主張する。彼(女)らは場所ばかりか時間をも返還しようと企てるのである。

自己決定とエコロジカルな自己

「私たちは、日本政府の用いる"people"（ピープル）という言葉は、特に個人の複数形の言葉として「人々」と日本語に訳される場合、欺瞞に満ちており、"people"という言葉は、民族の自決権を意味するものであると明確に表明されるべきだと考えます。さらに、私たちは、アイヌ民族の集団としての権利を主張するものであります(55)」。

今日、わたしたちがアイデンティティについて書くとき、自らが他者の集団のために語る資格があるといえるためのパーソナルなバックグラウンドを説明して、自らの「発話の位置」にかかわる言説を含み入れることが通例となっている。わたしは、イングランド人・スコットランド人・アイルランド人を先祖にもつ女性の研究者であり、日本国籍所有の男性と結婚し、オーストラリアで暮らしている者であるが（このどれもわたしが誰（何者）であるかをほとんど説明しない）、そのような者として、わたしに誰かのために語る権利があるかどうかは怪しい。日本のなかでアイヌであるという経験を生きた者のために語る資格がないのは確かであるし、アングロ-ケルト族のバックグラウンドをもち日本人と縁戚関係にある他のオーストラリア国民のために語る権利さえ、おそらくないだろう。しかし、右で引用した言葉に耳を傾けると、あの「カメレオンのように色彩を変える」、"people" という言葉がもつ多重の意味にかかわり深遠な問いかけがなされているのを聞きとることはできると思う。この問いかけは、生きていることと帰属することにかかわり、わたし自身を含むすべてのひとの感覚において、さまざまな連累をあわせもっている。(56) したがって、ありとあらゆる人びとが「people とは何か？」との問いかけに注意をはらい、その問いかけが国民、アイデンティティ・ポリティクス、自己決定といった概念に、どのような連累をあわせもつかを熟考することは重要であると、わたしは考える。もちろん、聞くことはつねに能動的な過程でもある。他者の声を聞くことで、わたしたちはわたしたち自身の意味を創造し、わたしたち自身を構築する。だからこそ、本章のねらいのひとつは、先住民族でも日本人でもない者としてのわたしが、アイヌの論者や活動家の言葉たちのうちに見いだす、自己、アイデンティティ、自己決定にかかわるイメージと、どのようにして創造的な対話が可能か、そのさまざまな方法を探ることにあった。

一九世紀と二〇世紀前半の自己決定の理論は、おおまかにみて、スティーヴン・メネルが「われわれ‐像の形成」で輪郭を描いたものとほぼ変わらない、暗黙の「自己」像を基層にしていた。「自己アイデンティティをあらかじめ装備した」自律的な各個人が集まって自発的に国体を形成すると想定されたのとおなじように、自律・自治的で、自己を定義し、きちんと境界づけられた各国民が集まって国際社会を形成するとの想定がなされたのである。たとえば、ウドロウ・ウィルソンは諸民族の自己決定を、集団の「性格」の一形式と想定していた。そこでは、責任ある成人のように、「自己所有、自己支配……政治的成熟度を示す堅実さと自己統御」が諸国民にあることを証拠だてるよう期待されてきた。[57] すなわち自己決定権をもつ国民は同時に以下の三つのものとして想像された。先祖・言語・伝統という絆によってひとつにまとめあげられた「民族」として、物質的な進歩という委任命令を遂行できる国民経済として、世界という舞台で自律的に行動することのできる国民国家として、である。常備軍と産業経済を維持するにはあまりにも小さな *peoples* は、過去の時代の遺物であると定義され、国民国家という不明瞭だが均一の実体のなかに溶け込んで姿を消すよう期待された。その結果、ついには、「一個のピープル」*a* people であると主張できるのは国民それ自身だけになり、その構成諸部分たる *people* は、サブナショナルな集団への忠誠あるいは権利を奪われた、複数形の「人々」peoples にほかならなかった。

これまでの論議で、従来の自己決定の論理が想定するように事態が進行しなかったのはなぜか、つまり強制的に同化された小社会の集団的アイデンティティが、国民形成の過程で、その存在の痕跡を消去されたのではなく、むしろ再創造され再定義されたのはなぜか、そのいくつかの理由の跡づけにつとめてきた。二〇世紀末の現在にたってみると、自己決定についての従来のイメージが基層にしている「自己」観念では個的アイデンティティの意味が理解できないばかりか、集団間の政治の意味も理解できないことが自明化しつつあるように思われる。国民国家は、経済的な自己決定にかかわり、標準化する世界経済によって、その能力を奪われはじめている。政治的な自治についてみると、増殖する国際的な調整制度によって取り囲まれている。そして、文化のグローバリゼーションの新しい波が、ふたたびまた、世界規模での画一化とローカルな差異化の増大（いわゆるグローカリゼーション glocalisation と呼ばれる現象）を同時に生み出している。それとともに、さまざまな「内なる国民」nations within（国家／国民／民族と訳される nation を構築する無数の nations といった意味である。便宜上、ここでは、「国民」と訳した）が自己決定の主張を表わしだした。その主張とはあきらかに、議会、常備軍、関税設置権などといった従来の自己決定のすべての範囲にかかわる権利を含むものではない。しかし、そこで主張されている事柄はより微妙であるとともに、ダイナミックなものであろう。すなわち、差異の権利（たとえば、言語や歴史の教育においての）、集合的な交渉権、土地・河川・海といった収奪された資源を利用する自由を取り戻す権利（土地先有権＝ランド・ライツ land rights）を含んでいるのだ。[58]

したがっていまや、自己決定という観念を、エドワード・リードのいう「エコロジカルな」自己という観点から再考しなくてはならないだろう。この自己観で、わたしが念頭におく事柄は二つある。第一に、そのように理解された自己決定はもはや国民国家モデルを基層にすえた絶対的な「主権」という単一の解釈類型を示唆する必然性がないという点。そもそも国民国家は完全な主権を有すると主張することが今日ではできないと自明化しているからだ。そのかわり、相対的な主権の多重的なパターンの探査が可能になってきた。[59] このため、国民国家へと強制的に編入された小社会は、それ固有の特殊な主権形態の権利を主張しやすくなった。この権利は、編入という行為がもともとは非自発的なものであったということから導きだされるだけではない。当の共同体が近代の国民形成にともなう同化主義的な圧力に対応しながら、別個独特なアイデンティティをひきつづき維持し、再定義してきたということからも導きだされる権利でもある。

第二に、peoples の「自己決定」は一回性の「独立宣言」という観点からみることはできない。むしろ持続的な過程としてとらえるべきであろう。丸山眞男の定義にしたがえば、デモクラシーは既成事実であるよりも、むしろ絶えざる生成過程である。ちょうどそれとおなじように、自己決定もある決定的な瞬間に達成されるべき事態であるのではなく、持続的な交渉による自由の拡大として理解することができる。[60] したがって主権は、さまざまな peoples——共通の歴史感覚と共通の伝統の遺産を分かち合う諸集団——が他の *peoples*、国民政府、国際組織と、相互の境界、権利、義務について継続的な交渉過程に入るよう力をあたえる《エンパワリング》という観点から読み解くことができよう。この視座からみると、一個のピープル（*a* people）を排他的な集団とみなす必要はまったくない。個が一度にひとつ以上の *people* に帰属することが可能であるのとおなじように、ひとつの個がサブナショナルな *peoples*、国民国家、国際共同体（たとえばヨーロッパ連合）に同時に帰属することもまたあきらかに可能である。同様に、さまざまな「内なる国民」が有する境界、特性、主張が、たった一回の決然とした「自己決定」の宣言によって時間のなかに凍結される必然性もまたない。そうした境界線、特徴、主張は、変化しつつある国民的秩序や地球的な秩序との対話をつうじて、絶えず再定義され再交渉されうるからだ。

一九九七年五月八日に、「旧土人保護法」(一八九九年成立) がようやく日本の法令集から削除され、「アイヌ文化振興法」にとってかわられた。この法律を通過させることにより、日本の議会ははじめて公式に、アイヌ民族の独特の歴史と文化を認知し、工芸、踊り、言語のようなアイヌの文化的伝統を支えるための制度を創出する旨を規定した。アイヌのさまざまな組織による長年にわたるロビー活動があったにもかかわらず、この法律は、漁場、森、その他の自然資源にたいするアイヌに特有の権利(ランド・ライツ) を認めなかったし、地方・中央の政府にアイヌ代表をおく権利も否定した。アイヌ文化振興法は現存する差別や経済的不利益の是正に着手する直接的な施策をなんら含まず、過去や現在の不正悪行にたいする謝罪もなんらおこなっていない。北海道ウタリ協会の代表はアイヌ新法を迎え入れたが、新法を将来の変革のための「第一歩」としてだけみている。(61) 橋本首相(当時) でさえ、新法の具体化にかかわる真剣な交渉はまだはじまったばかりであると感じざるをえなかった。(62)

世界中の数多くの地域で、議会や裁判所が先住民共同体に特定の権利を承認している。この事態が一方で、自らの既得の権利が新たに先住民の権利によって脅かされていると考える一部の人たちからの反動を生んできた。その反動とは典型的には、確実性、閉鎖性の要求であり、法で先住民族の主張を押さえ込む企てであった。しかし、小さな peoples の権利の主張が問いかけるものとは、現存する「内なる国民」にかかわる存在認知のみではなく、アイデンティティ・ポリティクスを、閉鎖することのない過程として認知することでもある。個の形成と同じように、peoples の自己決定権もまた、互いの言葉を降ろしつづける「ウコチャランケ」のなかにあるのだから。

第六章　集合的記憶、集合的忘却
——先住民族、シティズンシップ、国際共同体

一九九七年のアイヌ文化振興法の成立は、国際的過程というより広い文脈からみれば、小さな一歩にすぎない。なぜなら、さまざまな国民国家とさまざまな先住民族共同体との関係は、すでに過去二〇年間に世界規模での変化をとげてきたからである。その変化の速度と内実は国ごとに異なっていたとはいえ、世界中のさまざまな国民政府は、「保護」と同化という一九世紀的な観念にもとづく政策の再考を余儀なくされた。数多くの国の政治・法システムが、先住民族がかかげる三つのタイプの権利要求の高まりに対処せざるをえなくなった。すなわち、別個独特の文化伝統を維持する権利、土地やその他の天然資源を管轄する権利（ランド・ライツ）、特定の形態の政治的および社会的自己決定への権利、これらの権利要求への対処がせまられたのである。

たとえばカナダでは、最高裁が一九九七年一二月に、ブリティッシュ・コロンビア州のギツサンおよびウェシエン部族が、植民地として編入される以前から領有していた五八〇〇〇平方キロメートルにわたる生活圏《テリトリー》の所有権をいまもなお所持している旨を認める画期的な裁定を下した。この裁決はブリティッシュ・コロンビア州の高裁がかつて下した評決を覆すものである。州高裁の評決は、先住民

族の土地所有権は一八五八年にブリティッシュ・コロンビア直轄植民地が設立されたときに消滅したと判決していた。一九九七年の裁定が切り拓いたものは、なによりもまず、ギッサンおよびウェシェン部族がかかげる自治要求という新たな試みにいたる道程である(1)。

オーストラリアでは、一九九二年のマボ訴訟にかんし、連邦最高裁が右の裁定と類似の評決を下した。メール島の先住民メリアム族は慣習法《コモン・ロー》下で認められていた土地所有権をいまでも保有している、との承認をあたえたのだ(2)。オーストラリアの裁判所は、この判決まで、慣習法の伝統にもとづく先住民族の土地占有はなんら法的地位をもつものではなく、オーストラリアの全領土は植民地化の結果として英国王室の財産となった、との裁定を繰り返してきた。だがマボ判決は、慣習法の伝統にもとづき土地所有権を請求するオーストラリア先住民族の法的権利を正式に記した先住権原法の制定にいたる新たな道を切り拓いた(同法は翌一九九三年成立)。とはいえ、この先住権原法はアボリジニの土地先有権に自動的な承認をあたえたわけではない。先住民族集団はまず、土地への伝統的で持続的なつながりを証明しなければならず、所有権が法的に承認されるのは、その土地がかつて私的な所有者に売却されたことがない場合に限られている。各個の先有権請求は、国立先住権原審判所における一連の複雑な審理過程を経なければならない。しかも、この過程もまたいっそう困難なものにされた。一九九八年に保守党ハワード政権が、同法に適用制限を加える修正を立法したからである。

一方、ポスト‐ソヴィエトのロシアでは、政治経済上の変化は先住民族共同体に新たな機会ばかりではなく、途方もない新たな難問を生起した。すでに一九八〇年代後半に、指導的な立場にある先住民族知識人は「小民族」への政府側の政策がもつさまざまな位相にむかって公然と抗議活動をおこなっていた。[3] 一九九〇年三月、「北方・シベリア・極東の先住小民族協会」が創設され、その後同年のうちに、先住民族の代表の会合――「二一六の代表者会議」――が政府にたいし、北方諸民族に「彼(女)らの祖先の土地および水岸に接する大陸棚(生物およびその他の資源、鉱物をふくむ)にたいする独占的な所有権」を認めよ、と訴える。[4] ロシア政府は、この訴えに応じて、先住民族の法的地位を強化すると提案した。しかしこの提案は立法府を通過するものの、エリツィン大統領による拒否権の発動をうけた。先住民族の諸権利に言及するものは土地や資源にかかわるさまざまな法律のうちに盛り込まれているが、ポスト‐ソヴィエトのロシアを取り巻く困難な状況のもとでは、そうした法律の執行は結局のところ著しい困難をともなった。[5] 先住民族の諸権利にかかわる地域レヴェルの裁定でも同じく困難な状況を余儀なくされている。たとえば、シベリアのハンティ‐マンシ自治地区では、経済の民営化計画を策定するにあたり、地域の石油やガスのヴェンチャー企業が保有する株のうち、すくなくとも五パーセントは先住民族共同体に与えなければならないとの施策が盛り込まれ、これを具体化するために特別の予算が準備された。しかし、結局のところ、この資金の割り当てを地域外の投資家が独占し、ただちに投資家たちはその資金を他に移動させ、「先住民族の受益を捨て」てしまった。[6]

以上の実例が示すように、先住民族の自治にいたる小道は急速な転換が困難で、小道そのものが不確実だ。そしてまた、先住民族がかかげる土地権《ランド・ライツ》や自己決定への権利要求は、社会のある階層のあいだに対立と論争とを惹起した。論争はたんに資源の所有や分配にかかわるだけではない。なぜならこうした権利要求は、シティズンシップや「国民体《ネーションフッド》」といった、所与のものとされる用語の定義と深く関与するからだ。この意味で、「内なる国民」[7]のアイデンティティの再主張とは、経済のグローバル化と国際的移住が拡大する現代世界のなかで、より広範な視野のもと「国家・国民」の意味を問いかける作業へとつらなる。

数多くの先住民族が、外部からの観察者を、自分たちの生活を研究し、自分たちのことばを書き直し、自分たちの物語を横領する者として不審な眼で見るのは正当である。しかし同時に、先住民族の諸権利を求める運動が提起したイシューは、植民地支配を受けた者だけにではなく、植民地支配をした／する者にもかかわる。この係争点は、さまざまな社会関係や社会的アイデンティティを再編成する作業を促す。そして、この作業はマイノリティ共同体の成員はいうにおよばず、マジョリティ共同体の成員にむかっても、政治秩序と再編成された位置にかかわるヴィジョンの再考をせまる。したがって本章では、最近の歴史の文脈に照らしつつ、近代世界における「シティズンシップ」と「ナショナリティ」という概念を、先住民族と入植者の関係という分光器をとおして検証してみたい。

シティズンシップの構造

二〇世紀に書かれたシティズンシップを主題とする研究のうちもっとも影響力をもった論考は、T・H・マーシャルの「シティズンシップと社会階級」であるとみてさしつかえあるまい。この論考が公刊されたのは、英国福祉国家が誕生の産声をあげたのとほぼ時期的に重なる(8)。マーシャルは英国の経験に依拠しながら、シティズンシップの概念を三つの基本要素に区分し、それぞれを市民的《シヴィル》、政治的《ポリティカル》、社会的《ソーシャル》と名づけた。彼の議論では、シティズンシップの市民的要素は、法の前での平等のもとにある一群の権利および自由からなる。すなわち、人身の自由、財産所有権と契約締結権、言論および思想の自由である。そして、政治的なシティズンシップには、とりわけ普通選挙に象徴される、ネーションの政治生活への能動的な参加権が含まれ、これにたいし社会的なシティズンシップには、一定の生活の質を求める権利、教育・公衆衛生・飢餓貧困からの保護といったより広範な概念が含まれた。マーシャルの主張の眼目は、英国ではこれら三つのレヴェルのシティズンシップはいわば層をなして重なっている、という点にあった。シティズンシップの基層をなす市民的位相の大部分は一八世紀に、政治的シティズンシップは一九世紀から二〇世紀初頭に獲得された。これにたいし社会的シティズンシップは二〇世紀半ばになってようやく定着し、第二次世界大戦が勃興するなか、理想として広く受容されていった。

マーシャルの著作でとりわけ関心をひく面は、シティズンシップの動態を資本制の動態と関連づけて説明する試みにみられる。彼の議論によると、基層をなす市民的レヴェルでは、シティズンシップは資本制の論理と合致する。すなわち、職を求め契約を締結するさいの諸個人の形式的な平等は、資本制がよってたつ経済的に不平等な関係にひとつの枠組みを提供した。しかし、いったん組織された労働力がシティズンシップの観念を社会的領域にまで拡大してゆくと、シティズンシップの論理と資本制の論理は衝突を惹き起こしはじめる。「経済的不平等を温存するのは、シティズンシップという地位身分の内容充実によって困難になった(9)」。したがって、シティズンシップという概念がその後にどのような展開をみせるかは、富と権力の不平等に依拠して存続をはかる経済構造によって制約される可能性が高かった。

もしマーシャルの考えを別の文脈に移し変えようとすると、そのときには同時に、そのアプローチが多少とも理想化されて解釈された英国の経験（いやむしろ、トム・ボットモアの指摘にしたがえば、英国男性の経験）[10]にどれほど深く根ざすものであるかに、いやおうなしに気づかされる。日本で「シティズン」（国民あるいは市民）という概念が登場したのは一九世紀後半になってからだが、マーシャルのいうシティズンシップのもっとも基層にある市民的段階を特徴づける多くの事柄（たとえば言論および思想の自由）は、第二次世界大戦後になるまで認められることはなかった。明治期の日本が創出したシティズンシップは、世襲の地位や地域自治にもとづくさまざまな差異を一掃した単一の国民法典に依拠した。しかし、これは「個人の自由にとって必要不可欠の諸権利」を是認するものではない。明治体制では、法の前での帝国臣民の形式的な平等は諸個人に適用されるのではなく、その適用範囲は、家長が他の成員の生活に強力な統制力をふるう家《イエ》に限られた。[11]他方、オーストラリアやカナダでは、政治的なシティズンシップも社会的なシティズンシップも、多数派住民にとっては比較的早い時期に達成された（しかし、後にみるように、先住民族にとってはそうではない）。だが、形式的な意味でいえば、第二次世界大戦の終結にいたるまで、「カナダ(人)のシティズンシップ」や「オーストラリア(人)のシティズンシップ」といったものは存在しなかった。それ以前には、両国の居住民は「英国臣民」であった。別個独立のカナダ国籍法が「カナダ公民」の地位を定義したのは一九四六年になってからであり、同様の法律がオーストラリアで施行されたのは一九四八年になってからであった。[12]一方、ソヴィエト連邦では、ソヴィエト公民の諸権利は「社会的シティズンシップ」の実質となる基本要素を具現しながらも、同時に、マーシャルが「市民的」レヴェルのシティズンシップの必要構成因子とした基本的諸権利の多く（たとえば言論の自由）を排除していた。

以上の考察から明瞭に浮かびあがるパラドクスは、「シティズンシップ」とはすくなくともつぎの三つの重要な基本要素がたがいに絡み合う複雑に入り組んだ概念であることを際立たせる。第一は、ウィリアム・ブルベイカーがいう「形式的なシティズンシップ」、すなわちパーソンを特定の国民国家の成員として公認することである。今日では、この「形式的なシティズンシップ」は、しばしば官僚制的トーテムの最重要事物とされるパスポートによって象徴される。第二は、国民国家の成員権《メンバーシップ》に固有な一連の権利・義務としてのシティズンシップという考えである。これこそマーシャルの著作が採りあげている概念にほかならない。第三に、もっと広く普及したシティズンシップ理解、「人生の意味に彩りをそえてくれる、活気ある国民共同体に自分が参与しているという感覚[13]」がある。このレヴェルでは、シティズンシップはしばしば、特定の国民国家を特徴づける一群の中核的価値へのコミットメントを含意するとみなされる。とはいえ、この中核的価値の内実にかんしてははっきりと特定化されるよりもただ漠然と想定されることのほうが多い。ある最近の研究が要約するように、「シティズンシップの実践をつくりあげる原理および不朽の義務は、集合的記憶、共同体の慣習（モレス）を次世代に伝えること、シティズンシップの実践そのものを内容とする集合的記憶を伝えることにほかならない[14]」。

こうした国民的共同体と集合的記憶という概念がマーシャルのいう「政治的シティズンシップ」、つまり代議政体と政党政治の登場と同時期にあらわれたのは偶然の一致ではない。ネーションが存続するための基礎条件は、国民政府による統治の権利をその公民の最大多数が受容するという点にある。

しかし近代の議会制度では、人口の相当部分が現在政権を掌握する政府をよしとしないのは不可避である。したがって、ネーションを——その理念、イメージ、歴史の断片を、象徴作用を介して集積することで——たえず移り変わる日々の政治から超然とした位置におき、忠誠が向かう焦点として構築することが、ネーションの存続にとって死活問題になる。

　すると、数多くの他の近代的概念とおなじく、「シティズンシップ」もまた二面の顔をもつということができよう。一方の視角からみると、「シティズンシップ」という概念はきわめて合理的なものであるかにみえる。すなわち、責任ある諸個人が自由に加わった、諸権利と諸義務にかかわる契約である。他方の視角からみると、「シティズンシップ」は感情、慣習《モレス》、集合的記憶にかかわる事柄である。そして、こうした感情にかかわる内容は、「近代的」で合理主義的な政治形態の発展によってその重要性を高めてきた。フランス革命における揺籃期以降、啓蒙がかかげる自由・平等・兄弟愛の要求を、シティズンシップという概念が、（ウォーカー・コナーの表現でいえば）「朕は国家なり」("l'etat, c'est moi") から「われわれは国家なり」("l'etat, c'est nous") に転化する国民主義の共同体賛美と結合させてきたのだ。[15]

シティズンシップと侵入者国家《インヴェイダー・ステイト》

シティズンシップという概念がかかえる内的緊張は、この概念がヨーロッパの帝国形成の過程で果たした役割に目をとめると、とりわけ明瞭に浮かびあがってくる。一九世紀ヨーロッパの領土拡張という大いなる時代は、民族自決という考えがヨーロッパで定着してゆく時期とほぼぴったり重なる。そして、こうした方向を異にする二つの論理がついに衝突するのは不可避であった。この問題の解決策としてとられたのは、国民体《ネーションフッド》とシティズンシップはあらゆる民《ピープル》の自然権ではなく、ある一定の「発展」段階に到達した民族《ピープル》だけが手にすることのできる賞品だとみなす慣行であった。

もっとも熾烈な矛盾は「入植者社会」であらわれた。むしろ「侵入者社会」といったほうが精確だが、外から来た住民がもともとの居住民を服属させる場合に、その社会は通常、「入植者社会」と呼ばれる。ここでみられる経済の論理は、産業化の途上にある西ヨーロッパにおける論理とは異なった。ネイティヴの民族と入植者の経済関係は、マーシャルが記述したような、労働者と資本のあいだの、コンヴェンショナルな意味での自由契約にはもとづかない。先住民族の労働が使われるとき、それは奴隷もしくは半奴隷状態におかれてのことが多かった。したがって、「入植者社会」における基本的な関係は通常の意味での搾取ではなく、収奪《エクスプロプリエーション》と排除であった。すなわち、ネイティヴからの土地およびその他の天然資源の収奪と、入植者によって創出された新たな社会秩序からのネイティヴの排除である。(現在の語の用法でいう)先住民族を定義する特性とは、実のところ、外から侵入する住民によって収奪されている状態にほかならない。

もちろん、収奪と排除を支えるために利用される政治の論理は、地域ごとに異なり、時間の経過とともに変化した。植民地化の初期段階で出されたその政治の論理は、ネイティヴの住民は固有な権利をもつネーションであり、ある形態の別個独立のアイデンティティを保持しつつ、自らの自治《オートノミー》の一部を新しい政体《ポリティ》の「保護」下に譲り渡す、という想定である。たとえばアメリカ合州国では、「国内の従属的ネーション」説が一八三一年に最高裁判所首席裁判官マーシャルによって唱えられたが、これはチェロキー族を、「統治の権利を自ら取り去り一ステイトでなくなることなく、ひとつのより強力なステイトの保護下に」参入したひとつの弱いステイトであると定義するものであった(16)。こうした部分的な自治がまもなく移民の増加や土地需要の増大に呑み込まれていったのはいうまでもない。チェロキー族をはじめとするネイティヴの共同体は自らの土地から強制移住させられ、そのため、合州国の内部に別個独立のネイティヴ・アメリカンの国家を創設するという二〇世紀初頭の努力は打ち砕かれた。にもかかわらず、内なる国民《インターナル・ネーションフッド》という考えはしたたかに生き延び、ネイティヴ・アメリカンをめぐる昨今の状況にも重大な影響をあたえつづけている(17)。

これと多少とも類似する状況はカナダでもみられた。カナダの場合でも、植民地化の過程には、先住民族と入植者のあいだでの一群の「条約《トリーティーズ》」の調印がともなった。実際には、こうした条約はたいてい強制されたうえで調印させられたものであったし、条約の規定は植民当局によって繰り返し侵害されもした。しかし、こうした条約がきわめて限定的にではあれ、先住民族共同体が一定の保護地に居住し、特定の形態の狩猟・漁撈を営む権利を承認したのも確かである。一八七六年のインディアン法では、保護地で生活する先住民族は、バンド評議会をつうじて地域の問題を管理運営する一定の権利があたえられ、税の支払いを免除された。しかし同時に、シティズンシップにかかわる通常の諸権利からは排除されていた――保護地の先住民族が連邦議会選挙における投票権を獲得したのは、一九六〇年になってからである(18)。同時に、カナダ連邦政府は、保護地での生活を監督しそこに介入する広範囲にわたる権力を掌握し、政府自身が先住民族の「文明化していない」とみなす風俗習慣を一切禁止した。さらに連邦政府は、「法律上の地位としてのインディアン」(保護地で生活するインディアン)に同化を奨励した。先住民族としてのアイデンティティや条約上の諸権利を放棄し、社会の「主流」に移り入れば、その見返りとして、完全なシティズンシップを受けとることができた。しかし、アメリカ合州国と同じくカナダにおいても、一連の条約の存在が、先住民族の諸権利を要求する近年の主張の基礎となっている。一九八二年におこなわれたカナダ憲法の修正は、既存の条約上の諸権利に公式的な承認をあたえた。以来この修正条項は、伝統的な形態の狩猟・漁撈の権利などといった先住民族の特別の諸権利を認定するさいに、裁判所によっても適応されている。

先住民族と入植者との関係にかかわる選択肢のうちで「保護」とは正反対の極に、完全な同化政策があった。すなわち、先住民族を新たな侵入者国家のシティズンとして再定義する選択肢である。こうした再定義のもと、先住民族はマジョリティ共同体の言語、ライフスタイル、アイデンティティの採用を期待された。そしてこれこそ明治期日本国家で採用された選択肢であった。一般に、日本は「入植者社会」として考えられてはいない。むしろ逆に、ひろく普及している日本像からすると、日本は太古からつづく、はっきりと境界の定まった、定着度の高い社会である。しかし、すでにこれまで繰り返し確認してきたように、多数派日本人・和人と北海道アイヌとの関係は、北アメリカ大陸その他における先住民族と国家との関係の歴史にもみられる段階ときわめて類似した経過をたどっている。一九世紀初頭までの多数派日本人・和人と北海道アイヌとの関係は、主に、商業資本主義によって性格づけられる。徳川幕府によるアイヌ社会の統制・支配は間接的であって、そのさいに松前藩がとった戦略は、アイヌ社会とのかかわりは風変わりな外なる民族への支配であると強調することで自藩の威信を高めるというものであった。しかし、和人がアイヌの保有するさまざまな資源の搾取を徐々に強化し、他方でロシア勢力の伸張への恐怖が増加してゆくにつれて、アイヌ住民への最初の同化主義的な施策が強制的に課されはじめる。

しかし、この地域が近代化と開発をめざす新政府の政策にとって主要な標的のひとつになったのは、一八六八年の明治維新以降のことである。多数派日本人・和人による大規模な開拓移民計画が作成されると、同化主義政策はいっそう活動的な新局面をむかえる。一八七二年の地所規則と一八七六年の北海道地券発行条例は、南北海道の和人開拓移民だけに農地の所有権を承認し、アイヌの村による土地の伝統的な共有権を認めなかった。[19] こうして〈無主地《テラ・ヌリウス》の法理〉が基礎にすえられて、土地は国家の所有物となる。その結果、国家には土地を私的な個人に譲渡もしくは売却する権能が付与された。

国家は経済的不平等と搾取を基礎にしながら他方で公式的な平等を押しつけることで、つねに両義的で矛盾に引き裂かれるアイデンティティを創出した。一八七八年に出された以下の政府の見解ほど、この点を如実に示しているものはあるまい。「舊蝦夷人ノ儀ハ戸籍上其多取扱向平民同一タル勿論ニ候得共、諸取扱等區別相立候節ノ稱呼一定不致点ヨリ、古民或ハ土人、舊土人等區々ノ名稱ヲ附シ、不都合候條、自今區別候時ハ舊土人ト可相稱……」[20]。

以上考察してきたアイヌとその他の日本国民《シティズン》の必要不可欠の「區別」は、一八九三年に「旧土人保護法」が議会にはじめて提出されたさいにその全貌が明示された。新聞記者から政治家に転身した加藤政之助が提出した原案は、もっとも純粋なしかたで自由主義的同化主義の論理をあらわしている。加藤の原案は、すべてのアイヌの家族一戸につき六〇〇〇坪ないし一五〇〇〇坪（およそ二ヘクタールから五ヘクタール）の未墾地が農耕用に付与され、農具料として二〇円、最初の年にかぎり種穀料として若干の補助が支給されるべきであるとの提案であった。しかし土地の付与を受けてから一五年以内に開墾されなかった土地は政府が没収する。そして、アイヌの村のために学校や衛生所が設立され、教科書や要具の購入料として個々の家族に若干の費用が支給されるべきとされた。(21)つまり、加藤はアイヌの伝統的な諸権利を一切承認しなかった。しかし、彼はすくなくとも、平等なシティズンシップの論理をなんとか有意味にする経済構造を創出しようとつとめてはいる。加藤は同法案を擁護するために熱弁をふるいながら、同時に日本によるアイヌ搾取の歴史を批判した。また、日本は自らの国民《シティズン》に差別をおこなっているかぎり、ヨーロッパ諸列強の人種主義を非難する資格はない、との指摘もつけくわえた。(22)さらに彼は、「彼濠太利亜の土人が全く人種が絶滅致しましたと同様に」、アイヌ住民が飢餓と病気によって消滅してしまうのではないかとの危惧も口にした。(23)

法案はアイヌ共同体の内部に論争を巻き起こした。アイヌ共同体のなかには、この法案を新秩序のなかで生き延びるための最善の希望をあたえるものだと考える者もいた。すくなくとも一人の長老――北海道日高国のサムロッオ――が、法案支持を促すために議会に働きかけようと東京に出向いている。(24)しかし、帝国議会の審議過程のなかで、「旧土人保護法」は――たぶん予想可能ではあったが――短時間のうちに、もともとの自由主義的な眼目が骨抜きにされ、物々しい権能剥奪装置へと変形された。法案が通過する一八九九年に、アイヌは受領してもお金を酒につぎこんでしまいかねないとの議員発言があり、現金給付は現物支給に変えられた。(25)そして、財政補助と教育の無償供与の対象は「北海道旧土人ノ貧困ナル者」に限定され、なによりも重大な点は、補助にはかならず日常生活への大規模な国家介入がともなったことだ。新たな法律のもとで、アイヌの土地所有者は、同法にもとづき付与された農地を売却する場合だけではなく、すでに所有していた土地を売却する場合にも、政府の許可を得なければならなくなった。アイヌ共同体の共有財産は政府の統制下に組み込まれ、政府はこれを利用して、新たな福祉厚生施策や、国家がアイヌの受益であるとみなす他の政策を実行するさいの費用に充当した。[26] つまり保護の論理は、アイヌは公式的には日本国民《シティズン》であるが、政府の介入なしに「適切な《プロパー》」国民として振る舞うなどとは信じがたい、という想定である。同化のために案出された道具は差異と劣等性を刻印するスティグマである。そして、「旧土人保護法」はおおかたの場合、アイヌを小作農に転ずるという目標すら達成できずに終わる。

　とすれば、真の日本の状況は、理論上はシティズンシップの平等が掲げられているにもかかわらず、オーストラリアの場合と相似する。オーストラリアでは、先住民族は英国王室の臣民と定義され、英国の法律を遵守することが義務づけられたが、シティズンシップにともなうと一般には想定される保護や特権は否定された。日本やロシアにおけるシベリア地方の大半の場合とおなじく、オーストラリアでも、侵入者と先住民族のあいだに当初から存在した権力の不平等は著しく、植民者と被植民者のあいだで条約が調印されていなくても、植民地化を推進することは十分可能であった。この事実は、その後生活圏をめぐる先住民族の諸権利にかかわる論争のゆくえに長いあいだ影響を及ぼしてゆく。結局、オーストラリアの場合、理論上は国民体であることを承認しながらも実際には無視するアメリカ合州国型アプローチや、理論上はシティズンシップの平等を承認しながらも実際には無視する日本型選択肢のどちらでもなく、(W・E・H・スタナーの言葉を借りれば)「大いなる沈黙」を選択した。

先住民族の国民体とシティズンシップのどちらも認めなかったにもかかわらず、侵入者には国民体とシティズンシップという両者の最善をあたえたために、現在のオーストラリアの現実を形づくる不確定性と曖昧さを創出した。

日本とおなじくオーストラリアにおいても、「保護」という考えは、他者の幸福を願うリベラルな善意から生じている。リベラルな善意とは、アボリジニの教育、訓練、(非熟練労働であろうが)雇用を促進し、最終的には同化にいたる道を準備した。しかし、ここでも、「保護」という考えは急速にそのリベラルな起源を脱し、身の毛もよだつ抑圧と差別の構造を創り出してゆく。実際、一八九九年に成立した日本の「旧土人保護法」と、そのわずか二年前に成立したクインズランド州の「先住民族保護およびアヘン売買規制法」とには、驚くほどの類似性をみてとることができる。もちろん、この二つだけを対比すると、クインズランド州法がもつ極度の抑圧性が際立ってはくるのだが。クインズランド州保護法は、西オーストラリア州やノーザン・テリトリーでの立法のモデルになったが、これは、先住民族は自らを取り巻く状況を管理運営不能であり、国家の監視のもとに扱われるべきであるとみなしている点で、日本の「旧土人保護法」と相似する。オーストラリアの場合では、純血(full)のアボリジニの子孫たちは「保護区」に囲い込まれ外社会から隔離され、一方、親の血統に白人を含む混血(mixed)のアボリジニの子孫たちは、白人社会への最終的統合が可能であると、すくなくとも一九三〇年代までは思われており、そこには明瞭な区別があった。(27)

クインズランド州、西オーストラリア州、ノーザン・テリトリーの保護法は一九六〇年代半ばにいたるまで本質的には何の変更もなされなかった。こうした立法のもと、アボリジニや、「アボリジニと常習的に交際した」混交系アボリジニは保護地での生活を義務づけられた（保護区は国家の所有であり、アボリジニ先住民族の財産ではなかった）。彼（女）らが雇用を得るのは、保護地の監督者の許可がある場合にかぎられ、彼（女）らにかわって賃金や労働条件を交渉する責任がこの監督者にあった。保護地の外部者は、監督者の許可を得ずに、保護地にいるアボリジニたちを訪れることはできなかった。アボリジニはアルコールの購買を禁止され、警察には令状なしでアボリジニを家宅捜索する権限があたえられた（表向きはアルコールや麻薬を捜査するためだが、実際には、警察が必要と考えればどのような目的でもかまわなかった）。すべてのアボリジニは一九四九年になるまで連邦議会選挙への投票から除外され、クインズランド州や西オーストラリア州では、このような排外は一九六〇年代中期まで継続した。アボリジニは国勢調査の対象にはならず、酒場《バー》（オーストラリアではホテルと呼ぶ）に入ることも禁止され、また非アボリジニとの結婚は州当局の同意を必要とした。通常の老齢者、疾病者、寡婦に支払われる年金や出産手当の受給資格も一九五九年になるまであたえられず、一九五九年になった時点でさえ、政府には、「遊牧民的もしくは原始的であると判断される生活様式にしたがう、オーストラリアのアボリジニ先住民族」に、こうした便益をあたえない権限が付与されていた(28)。片親がアボリジニである者はアボリジニとして分類されるのを免れえたが、通行許可証の携帯を義務づけられた。そして、この通行許可証は、ほとんどの州で、いついかなる時でも、当局の判断で没収されうるもので、その措置にたいする控訴権はあたえられなかった(29)。

シティズンシップを再考する

こうした組織だった不平等のすべての形態から、それらを貫く共通の一本の糸を紡ぎだすことができるとしたら、それは、近代国家における先住民族の地位は一時的な問題にすぎないとの想定にほかならない。アメリカ合州国のように「明白な運命」と把握されようとも、オーストラリアの論者によってアボリジニの「明瞭な破滅」と予言されようとも、(30)（同情的な観察者によってさえ）アイヌは「滅び行く民族」であると繰り返し言及されようとも、いずれにせよ、先住民族が全面的に消滅もしくは同化するのは時間の問題にすぎないと想定されたことにかわりはない。こうした見解はその時代にみられた社会ダーウィニズムによる想定ばかりではなく、民族的《エスニック》アイデンティティにかかわる特定の先入観をも反映していたのだろう。一社会集団としての先住民族の存在は差異の可視的な印《マーク》に依存するものとみなされ、この可視的な差異は人種の問題、もしくは「伝統的な生活様式」の問題とみなされた。こうして、アイヌが多数派和人との異民族間結婚をし、髭を剃り、皮膚に入れ墨を彫るのをやめ、日本語を流暢に話すようになると、もはやアイヌは存在しなくなる、と想定された。同様にオーストラリアでは、死亡率の高さと出生率の低さが起因して「純血」のアボリジニは死滅すると予想された。他方、混交した祖先をもつアボリジニは、「地中海型の民族と似て、白人のなかでも褐色の肌の白人と化し、ゆくゆくは共同体のなかに完全に吸収されてゆく」段階に到達するだろう、と考えられた。(31)

一九六〇年代以降の先住民族による抵抗運動の再生は、このような民族的アイデンティティの見方がいかに不適切であるかを示してきた。明らかになったのは、エスニシティは一連の不変の可視的特性へと収斂されもしないし、(ある論者の想定のように)社会的便益を最大化するために、一着の服のように自由に着脱できるものでもないということだ。[32]すでにみてきたように、むしろエスニシティというものは該当集団の内的な動態と、社会の他階層との接触にともなう圧力とで形成される変化しつづける複合体である。

先住民族の場合、搾取と排除は苦痛の歴史の共有を創造した。この歴史の共有で、日本ではアイヌのさまざまに異なる地域集団のあいだに、オーストラリアではアボリジニ社会のさまざまに異なる言語集団のあいだに、全国規模で拡がるつながりが築きあげられた。アメリカ合州国でも、部族を越えたネイティヴ・アメリカンとしての意識が、一九五〇年代の同化主義的政策と、「敵意に囲まれ、疎外感を味わわされる都会の環境のなかで、社会の除け者として共有される日々の経験」とによって形成された。[33]世界各地の先住民族社会を特徴づけるのは、この社会が小規模で分散しているという性質であるが、ありとあらゆるところでみられる長きにわたる植民地化の経験の共有は、さまざまな地域共同体やさまざまな言語集団のあいだの伝統的な分裂を乗り越えて、新たな組織の創出につながった。こうした全国規模の新たな先住民族組織がもつ重要性は、ロシアの先住小民族協会によっても強調されている。一九九七年におこなわれた協会の会議はつぎの声明を採択した。「われわれはもはや孤立していない。この協会は、われわれの経済的、文化的、社会的諸権利をもとめる闘いのなかで、力、知識、経験を獲得している。霜や雪嵐の吹き荒ぶ冬がつねにわれわれの不幸な土地を支配するわけではないだろう。春はいつの日にかきっと訪れる。太陽、暖かさ、笑いが人びとの顔に降り注ぐのが確実であるのと同じように。光、暖かさ、充溢がついにはわれわれのチュムやヤランガス〔伝統的な住居〕に訪れるだろう(34)」。

国際的なコミュニケーションの増加とともに、さまざまな国々の先住民族のあいだのつながりも形成され、まさにこのことがアイデンティティの再確証に新たな国家横断的新次元をもたらしている。二〇世紀の後半、かつて植民地支配をおこなった帝国が崩落し、ヨーロッパ中心主義的な「文明」像が挑戦されるようになると、国際組織体は植民地化された小社会による自己決定の要求を無視しえなくなった。一九七〇年代に、アメリカのインディアン住民への差別にかかわる組織などの国際会議が、国際連合にむかって、先住民族の諸権利を支持する積極的な関わりを推進するように求め、一九八一年、先住民にかんする国連作業部会が設立された(35)。国際労働機関（ＩＬＯ）も重要な役割をはたした。一同機構は一九二〇年代以来、先住民族共同体出身労働者の搾取阻止のため積極的に活動してきた。一九五〇年代から一九六〇年代にかけては、ＩＬＯは構成国の同化主義的「保護」政策を支持する傾向にあったが、徐々に視座を転換し、一九八九年に、独立国における先住民族及び種族民に関する条約（第一六九号）を採択するにいたる(36)。これは調印国に先住民族共同体の人権の保護を求めるだけではなく、以下のように声明する。「当該諸民族は、自らの生活、信仰、制度、精神的幸福《ウェルフェア》、占有地もしくは使用地に影響を及ぼす開発・発展の過程にたいする自らの優先順位を決定し、可能なかぎり、自らの経済的、社会的、文化的開発・発展にかかわる決定権を有するものとする(37)」。

国際組織は、先住民族が地域《ローカル》特有の経験の知識を共有し、それぞれ歴史のうちに世界規模でみられる共通性を探査することが可能なフォーラムを提供する。オーストラリアのアボリジニ活動家、マイケル・ドッドソンは、このような共有された「先住性」indigenity の理解・感覚を、鮮やかに表現する。「先住民にかんする国連作業部会でわたしがはじめて参加したセッションは、ものすごい洞察と認識をもたらす瞬間でした。わたしは故郷から一二〇〇〇マイル離れた一室の席についていたのですが、目を閉じると、そこはまるでマニングリダやドゥーマドギーやフリンダーズ島（オーストラリアのアボリジニ共同体）にいるかのようです。そこにいる人びとはさまざまな異なる衣装を着て、さまざまな異なる言語を話し、さまざまな異なるアクセントで話しましたし、彼(女)らの故郷は異なる名前をもっていました。しかしそこで語られた物語や苦難は同じでした。わたしたちはみな、地球全体に拡がる先住諸民族の世界共同体の一部だったのです。同じ問題を経験し、同じ疎外、周縁化、無力感に抗して闘ってきたのです(38)」。こうした国際的なつながりにかかわる決定的な要素は、このつながりによって、地域特有《ローカル》のアイデンティティの表現方式がたえず変化可能だという点である。世界の異なる地域に居住するさまざまな先住民族集団は、過去の植民地化や現在の認知を求める闘争にかかわる経験を共有することによって、共通の主題と問題を認識するようになる。この認識が逆にまた、地域集団が自らの物語を解釈し語るさいの方法を育む。この意味で、ダニエル・マトが観察したように、「国家／国民横断的な関係は国家／国民横断的なアイデンティティの形成ばかりではなく、地域的および国家／国民的アイデンティティの社会的構築においても重要な意義をもつ(39)」。

人権、公民権《シヴィック・ライツ》、先住権

入植者国家は、かならずといってよいほど、ユートピア化された母国《マザー・カントリー》として自己定義を最初にしようとつとめる。アメリカ合州国は貧困や土地不足のない、宗教上寛容なヨーロッパである、オーストラリアはスノビズムと階級意識のない英国である、シベリアは隷従の歴史から解放された新ロシアである、と。北海道はつねに日本(人)による自己定義の範囲のなかに包摂されてきたが、この北海道でさえ、封建制という束縛のない状態で生まれた、近代的で、ダイナミックな日本を純粋に具現するものとみなされた(北海道が十年計画事業の対象として日本の最初の地域となったのは偶然ではない)[40]。つまり、こうした形態の自己定義はすべて、先住民族居住者や彼(女)らの歴史が何ら場所をもつことのない、心の内なる無主の土地《テラ・ヌリウス》を含んでいた。そのさいに先住民族居住者がとりうる選択肢は、「滅び行く」残滓もしくは保留地としてあからさまに排除されるか、あるいは、最終的には別の面での排除を制度化したものにほかならない一連の「同化」政策に服属させられるか、であった。

この選択肢は、近代国家におけるシティズンシップの性質にかかわる想定によって生起した。一八世紀から二〇世紀中葉にかけて創られたシティズンシップと国民体《ネーションフッド》のイデオロギーのもとでは、本章の冒頭で論じたシティズンシップのあらゆる位相は一塊とされていた。公式的な意味で公民《シティズン》であるとは、産業化過程にある西洋世界の社会・経済構造から生じた一連の法に従うことを意味した。そして、シティズンシップのうちでも拡大する政治的、社会的諸権利は、このような法律に服従するだけでは得られなかった。植民者によって認識され、歴史と教育をつうじて「集合的記憶」として焼き付けられたユートピア化された国民体のヴィジョンと同一化することが前提された。

いいかえると、マーシャルのいうシティズンシップのモデルは、近代国民国家を特徴づける決定的に重要な点、すなわち知識共有体としてのネーションの役割という点を見過ごしている。どのネーションも、共通の法律、権利、義務、経済・政治制度などだけではなく、象徴資源——国民の言語や歴史にかんする知識、国民体の儀式に馴染み、それと同一化すること、など——で組成されたたえず進化する身体によって構造化される。この象徴資源を有することが、富としての貨幣や物質財と同様、公民の幸福にとって重要なのである。しかし先住者公民《シティズン》の場合、ネーションへの編入は、物質的な収奪——彼(女)らの生活様式を維持してきた土地や天然資源の喪失——だけではなく、象徴の収奪もともなうことによってはじめて達成された。先住者共同体が保有していた言語、伝統、知識、技術は制度として無価値化され、破壊された。ここではとくに、こうした象徴資源の破壊過程は、最初の侵入の後も長期化し、(わたしたちが論じてきた社会のどこでもみられるように) 国家による福祉の提供と有機的に結びつけられていたという点に注目しなくてはならない。このように、先住民族を「公民」化するためには、彼(女)らを他の公民から異ならせる顕著な象徴資源を破壊する、そして想像された「主流」のライフスタイルに順応せざるをえないさまざまな形態の「福祉」の提供を含むと考えられた。この二政策が同時進行で展開されたからこそ、その結果はいたるところで、先住民族たちの貧困、周縁化、不利益の永続化につながったのだ。

社会的平等の推進には二方法がある。ひとつは、社会の全成員が比較的平等に資源——土地のような天然資源であれ、資本のような貨幣資源であれ、社会的に有効な知識のような象徴資源であれ――の制御を可能にする方法である。もうひとつは、根本的に不平等な資源分配を容認し、その帰結を税制や福祉による再分配で矯正する方法である。マーシャルによるシティズンシップのモデルは、社会的平等にたいするこの第二のアプローチにもとづいていた。しかし、先住民族共同体の場合、彼(女)らがネーションに編入される過程は大量かつ持続的な彼(女)らの資源収奪にもとづいていたのだから、シティズンシップの概念が約束した権利と機会均等の理念においては、この第二のモデルは不首尾に終わらざるをえなかった。

先住民族のシティズンシップにかかわる新たなモデルが過去三〇年間に登場してきたのは、まさにこうした不首尾があったからである。新たなモデルは、天然資源および象徴資源制御の再獲得にもとづくものだった。このような先住権のヴィジョンでは、自己決定や自治の要求は、奪われた土地の回復ばかりではなく、先住民族の知識資源がふたたび利用され有価値化される独特の制度の創出をも含んでいる。こうした要求は国民体の既存のイメージに深刻な挑戦をいどんだ。すなわち、社会的平等――自らの生活を制御し、自らの目標を達成する平等な機会――は、「同一性」の創出をつうじてではなく、むしろ差異の認知と、異なる公民集団による多様な制度の創出とをつうじてはじめて十分に達成可能である、と。

もちろん、この思想は新奇ではない。じっさい数多くの国民国家が、アーチ上に拡がるシティズンシップの枠組み内部に、一定の形態の多様性と権力分散とを長いあいだ認めてきた。カナダ、オーストラリア、アメリカ合州国のような連邦制のもとでは、万人にたいする単一の法典という概念は改鋳され、植民の異なる歴史を反映する相異なるステイト制度が連邦の法典という枠組みの内部で共存可能であった。国民的アイデンティティという理念は国家《ナショナル》による教育制度の存在を前提したが、数多くのヨーロッパや入植社会では、カトリックの伝統とプロテスタントの伝統を調節するために慣行として二重の教育制度を創り出した。マレーシアに代表されるネーションは二重の法制度を許容し、公民は宗教法と世俗法のどちらに服従するかを選ぶことができる。

制度的多様性のありうる形態を探査し展開する必要は近年、その理論そのものが新たな挑戦に直面するにつれ、その重要性を増してきている。トム・ボットモアは西ヨーロッパの文脈で論じながら、さまざまなレヴェルのシティズンシップの位置の変動を考察する。一時的なものにせよ、永久にせよ、移民の増加は二重公民性への新たな要求を創出した。あるいは、政治的境界線を越えて生活している人々の地位を公的に認知するメカニズムへの要求をうみだしている。こうした文脈で、「内なる国民」nations within という公式に承認されたシティズンシップの形態の可能性が見えはじめてくるのである。

いいかえると、国民体とは単一の法律群をすべての公民に課すという事柄であるというより、むしろさまざまな法や制度の群が共存しうるような政治的正義と社会的公平の枠組みを提供するという事柄となるのだと思われる。古い形態の連邦制度がその政治的魅力のほとんどを失うにつれて、それが先住民族であれ移民であれ社会内部のさまざまな異なるアイデンティティ集団のニーズを包含しうる、新しい形態の内的多様性をもとめる必要が生じる。だが、制度が多元的《プルーラル》になればなるほど、人権にかかわる普遍的なコードをもとめる必要も増大する。なによりもまず、そのような人権の範囲と内容をめぐる、冷静で有意味な討議を重ねる必要がある。この作業のおおかたは国民国家のレヴェルでおこなわれなくてはならないが、国際会議や法廷による境界を越えた作業による推進もまた必要である。国際的な移住の増加と先住民族共同体にとっての自治の増大は、「各個人が生活しあるいは働く共同体がどのようなものであれ、民族的《ナショナル》起源や公式的公民権にかかわりなく、彼もしくは彼女が有する一群の人権の具現化(41)」の必要性を増大させる。

以上に検討してきたことは、(国民国家を統合体として支える)共通の記憶や社会規範を一群のセットとして付着させた国民的アイデンティティとしての公民の概念に、どのような転換を強いるのであろうか? 先住民族による権利再主張は、民族的アイデンティティにかかわる伝統的な概念ばかりでなく、また国民的アイデンティティにかかわる伝統的な想定に対しても挑戦をいどんだ。それはとりわけ、考古学での遺物のごとく忍耐強い研究者の手によっていつの日か発見されるのを待つ歴史の堆積で固定化され物象化されたなにものかとしての国民的アイデンティティ、という想定への挑戦だった。オーストラリアのアボリジニに対し、自らの土地が英国によって侵略された日を国民的祝日《ナショナル・デイ》として祝わせる共有の記憶や、あるいは日本を「単一民族国家」として定義する共有の記憶は、他者の排除によって生成したシティズンの共有の忘却によってはじめて生起した共有の記憶であった。地球的規模での先住民族運動の叫びは、国民共同体とは、単に想像されたものではなく、継承していく各世代によってさらに再想像されてゆく、と主張する。複合性を増大させる現代世界で、シティズンシップという概念に生命を与えつづけるのは、この再想像を包摂的(inclusive)で自省的(self-reflective)な過程——弱者の声を含む過程、その過程とはつねに未完であると認知する過程——とする能力である。

終章　サハリンを回想する

「記憶《メモリー》」と「回想《リメンバリング》」

サハリンに向かうフェリーの中で、「記憶」を主題にして書かれた、アメリカ合州国在住の心理学者オリヴァー・サックスの近著『火星の人類学者』をわたしは読んでいた。そのひとつの章でサックスは画家フランコ・マニャーニの症例をとりあげている。マニャーニとは、自分が育った第二次世界大戦以前のイタリアの寒村にその想像力を閉じこめてしまった画家であり、その作風は、神経症的な詳細さをもって、彼の「記憶」の中の村の風景を再描するものである。

サックスがマニャーニの症例にかかわり指摘したのは、以下の点である。体験された「事実」がそのまま保管され意識下に埋もれたまま時間が経過して、それが何かをきっかけとして回復される、といった機能をもつ巨大な記録保管装置《アーカイヴ》が「記憶」である、とする説は、最近の精神神経学の領域での研究で否定されはじめている。

むしろフレデリック・バートレットが主張したように、「記憶」という実在はなくて、自らの現在の位置に照らし合わせて「過去の物語」を語りつづける、継続的な「回想」という動的過程が存在しているにすぎない。したがって「記憶」とは、つねに流動的であり、つねに修正され、そしてつねに再表象されつづけるものである。と同時に、原形を保ちつつも、その後の経験にそって、その上に新しい画が層を重ねて描きこまれた、重ね書きの写本《パリンプセスト》のごときものだ、とサックスは記述している(1)。サックスの仮説は、サハリンに向かうわたしに、観念上の適切な枠組みを提供した。なぜなら今回のフィールド・ワークは、「回想する」という行為を考える旅でもあったからだ。

日本の近現代史は「記憶」にかかわる論争を山ほどかかえている。何が記録され、何が忘却され、そして何が抹消されたのか、にかかわる日本での論争は、これまでにある特定の焦点をもって闘われてきた。その焦点とは、一九三〇年代、四〇年代のアジアでの日本の侵略行為にかかわるものであり、また主にその侵略行為が歴史教科書に、どのように記述されるべきか、というものだった。とりわけアジア・太平洋戦争終結五〇周年であった一九九五年は、公式記念行事や展示会が、戦争の「記憶」をどのように再現すべきであるか、にかかわる論争が、日本国内外を問わず、広汎に闘われた(スミソニアン航空宇宙博物館の企画した原爆展の論争は好例であろう)。

これらの論争での争点とは、もちろんきわめて重大なものなのではあるが、同時に「過去の物語」を形づくるものの、ほんの一部に焦点を絞られたものだった。

たとえば歴史教科書に記述された内容とは、当然にも、過去への認識を形成させる多くの要素のひとつでしかありえない。ほとんどの人にとっては、学校での歴史の授業あるいは大学での講義内容は、すぐに忘れられてしまう性質のものである。

過去の認知にかかわるわれわれの知覚は、多層なレヴェルで存在し、かつ複合的なものである。あるレヴェルでは、直接体験あるいはニュース報道といったものでなされる間接体験によって構成されるものであり、また他のレヴェルでは、肉親たちなどによって継承された口述の「物語」によって構成されている。さらに、周囲をおおう可視の歴史がある。建築物、廃墟、通りの名、あるいは記念碑や博物館として、それは存在する。これらの可視の歴史とは、たしかに、われわれに直接語りかけてくる種類のものではない——可視の歴史は、「読み方」を付加されてはじめて、歴史的意味を獲得するものだ。個的な過去および可視の歴史的環境の双方が、小説、映画、漫画、テレビ番組、そしてもちろん歴史教科書で組みこまれた知識などと混合交差して、われわれの過去にかかわる認識を形成する。そしてその認識とは、国民の祝日、公的な記念行事などに包摂された多様な「過去の記念碑」への個別な関与によっても、また影響されうるものである。

人は何を「回想」しつづけるかによって、決定される。学校教育、特定の過去への祝賀、あるいは記念碑や博物館の展示を通じて、国家は国民の共通項を創造し、そして再創造を試みる。現在の共有のみならず、永い永い過去の共有による共同体の意識の創造である。

その帰結が「われわれ」us という超絶したイメージなのである（換言すれば「他者の創造」である）。日本人であれロシア人であれオーストラリア人であれ、それが「われわれ」なのであり、死者を含むすべての「われわれ」が参加して現在に向かう旅をしているのだ。しかし個の立場では、「個の回想」との緊張関係の中に「国民的回想」は位置せざるをえない。国民的歴史あるいは国民的祝典とは、それが「個の回想」と反応し合い、「われわれ」あるいは「われわれの肉親」が、国民的に重大な特定の出来事を体験したという「物語」の共有者になるのを勇気づける道具である。この過程の中で「われわれ」は国民としての意識を獲得し、そしてより大きな「物語」への感情を共有するのだ。

しかし時として「国民的物語」が、個の回想の中の「物語」と背反する場合が生じる。この不協和音が鋭く痛みをもって再演されつづけるときに、国民国家内部で特異なアイデンティティをもつ集団の存在が顕著になる。いわゆる「エスニック」な集団の存在である。したがって、エスニシティとは、ある意味では「回想」にかかわるものなのであろう。

日本人の「戦争体験」

公的に定義された少数民族《エスニック・マイノリティーズ》だけが、「記憶」にかかわる困難を抱えているのではない。日本領北海道の北端から、ロシア共和国領サハリンに向かうフェリーに、わたしとともに乗り合わせた乗客の多くは、アジア・太平洋戦争が終結する以前の日本植民地としての樺太に生まれた年配の日本人である。そしてそのうちの何人かは五〇年ぶりに生まれ故郷に帰る人たちであった。サハリンは宗谷海峡を隔てて、稚内から四三キロしか離れておらず、稚内の港から海をこえて島影が望める。しかし敗戦から一九八〇年代までは、日本に住む者にとって、この島は南極と同じほどにも遠く離れた場所であった。ここ数年で、航空直行便が就航し、一九九五年からはロシアの錆びたフェリーボートの定期便（夏期のみ）が海峡を渡りはじめた。

わたしとフェリーに同乗した人びとにとっては、この旅は懐旧に満ちたものだった。にぎやかな軍隊音楽とともに大きな金属音をたててフェリーが出航する以前から、乗客間で昔話の交換があった。そして人びとの話し方には、不思議な解放感があった。フェリーでわたしと同室になった年配の兄妹は、日本では自分たちの物語に興味を示す人たちはいない、樺太生活体験者が集まったときだけ、昔話を心おきなくするのだ、とわたしに語った。

その言葉を聞き、資料を読み形成されていたわたしの印象は、さらに補強された。樺太植民史にかかわる日本での文献は驚くほどすくない。そしてそのうちのかなりは、樺太植民経験者の会(全国樺太連盟)によって出版された、体験記あるいは回想録のたぐいである。樺太植民という特定の過去にたいする軽視あるいは無視は、一般にその経験が、日本でのアジア・太平洋戦争期の「記憶」と都合よく合致しないから、という性格によるものなのだろうか。ここでいうアジア・太平洋戦争期の「記憶」の核心を成す要素とは、多くの場合、戦争末期における日本人の体験である、それはつまり、焼夷弾による空襲であったり、恐怖とともにの防空壕への避難であり、見知らぬ土地への疎開体験であった。そしてこうした体験は、忘れがたい(と同時に、よく聴きとれなかった)日本の敗戦を宣言する天皇の玉音放送で終わった。そして戦後が始まった。連合軍の占領を懼《おそ》れおののいて迎えたのだが、これもハーシーのチョコレート、キャメルの煙草、普通選挙権と農地改革という、曖昧な安堵のうちに雲散霧消してしまった。

一方、四〇万人を越すといわれた南樺太の住民にとっては、ソ連邦との不可侵条約のおかげで、右の種類の「日本人の戦争体験」とは、ほとんど無縁の生活が可能だった。軍事的緊張や非常呼集、皇軍への徴兵はありはしたが、敗戦までに実際の戦闘というものを体験しなかったのであった。一九四五年八月八日に突如宣戦布告をしたソ連軍は、サハリンでは天皇のラジオ放送後に北から侵攻して、健康な男子たちをかき集めて、シベリアの強制労働収容所に送り込んでしまった。

残された植民者たちには、その歴史的体験に奇妙な切れ目ができた。するべきことは何もなくて、日本への引揚げを何カ月もそして時としては数年も待ちつづける、という状態が生じたのである。「戦後体験」とは、「待つ」ということだったのだ。したがって、わたしとフェリーに同乗した人びとの「戦後体験」にかかわる懐旧とは、スイトン、闇市、チューインガム、ブギウギなどでなくて、味のないジャガイモと黒いロシアパンだった。

「今でも時々、家で黒パンを焼くんですよ」

ひとりの初老の女性が、フェリーの中でわたしにそう語った。

樺太植民史

日本の植民地という同じ条件下にありながら、樺太植民にかかわる記録は、朝鮮や台湾でのそれと比べると、極端にすくない。日本におけるアジア・太平洋戦争関連の論争は、つねに、大日本帝国が果たしたアジアでの役割に、その焦点が当てられていた。すなわち、あの戦争を、アジア近隣地域への日本の帝国主義的侵略であった、とみなすのか、あるいは（リヴィジョニストの解釈である）西欧の支配からアジアを解放する試みであった、とみなすのかである。

ところが「樺太の物語」は不都合にも、この論争の両者の立場に、うまい具合に包摂されえない性格を有したのであった。サハリンでの対抗勢力とは（アジア諸地域での場合と対蹠的に）日本と同様な拡張主義をとっていた後発のソヴィエト・ロシアであった。そしてこの島の先住民、あるいは東京政府の方針によって送り込まれた朝鮮人労働者たちは、日本の拡張主義の犠牲者であるのは確実なのだが、彼(女)らの「物語」は多層にからみ合い、そしてからみ合うがゆえに、歴史的に未検証の場合が多い。

さらにまた、日本側研究者が樺太植民史に手を染めたがらない理由として、未解決と多くの人が考える領土問題がある。サハリン行政区とされるクリル諸島最南端部を地域的に含まざるをえない樺太研究は、日本の国家主義の亡霊を再刺激するかもしれない、と研究者たちは懸念するのである。

右の帰結として、サハリンにおける日本植民史が公式に展示されているのは、稚内にある赤レンガ造りの北方記念館だけということになる（フェリーで同室した兄妹は、自分たちが生まれ育った農場が、北方記念館の地図に正しく記録されていた、と誇らし気に語った）。

北方記念館は、稚内を見下ろす丘の上に、頭を断ち切られた灯台のように建てられてある。まるで男根を象徴するかのような建築様式は二つの目的を表象している。

まず第一に、北海道各地域の「開拓」を記念して建てられた、他の多くの記念塔に建築様式が類似する。それは、権力と成長と希望を表象するものである（そして愉快なのは、遠くから眺めると、この建物は工場の壊れた煙突のように見えることだ）。

第二に、塔の上に登れば、そこから海峡を隔ててサハリンがとくによく見える、という別の重要性を表象する。

北方記念館の展示には、この塔の下二階があてられている。一階が稚内地域史であり、二階が樺太植民史である。

日本の多くの郷土資料館がそうであるように、北方記念館もまた、テクノロジーによる歴史の展示であった。館内には波の効果音とともに静かな音楽が流れていて、ボタンを選択すれば、伝統的なアイヌの歌声や、一九三〇年代に樺太で流行した歌が聞ける仕掛けになっている。

お金を払って入場すると、豊かで多様性をもつこの地域の自然資源の展示が眼前に広がり、小鳥、リス、アザラシ、熊にいたる剝製動物が陳列されている。そこにある地図によれば、最後の氷河期に、シベリア東部は樺太をはさんで日本と繫がっていたことがわかる。

つぎに北前船の復元模型の展示があり、この地域の「探検」が説明されている。北前船とは、一七世紀から北方に乗り出していった交易船のことであり、主に魚や毛皮や昆布を米と交換して、上方に運んだ船だ。

地域の考古学的歴史を説明するコーナーの横には、北方を「探検」した著名な人物たちの業績がパネル展示されていた。そのなかには、一八〇八年に日本側の交易拠点とされていた樺太南部から、まだ地図のない北部の「探検」に向かった間宮林蔵のパネルもあった。間宮はついにはアジア大陸まで渡り、清帝国の周縁部まで辿り着いたのであった。他の北方「探検」家である一八世紀と一九世紀の最上徳内や、松浦武四郎についての説明もされていた。

これらの展示を見終わると、はじめて、この地域の先住民であるアイヌ文化を展示するガラスケースに出会うことになる。つまり、ある意味では、北海道北部あるいはサハリンをめざした日本からの旅人が出会った風景の一部として、アイヌは存在していたのであり、この記念館を訪れる者は、「探検」家たちの眼を通して先住民と遭遇する展示序列となっている。

一階の残りの空間は、主に稚内地域の生活史の展示であり、漁師の家の復元、農具、鉄道の器機具あるいは初期の移住者たちの家庭用品などによって占められていた。

二階にあがると、そこが樺太の部であった。階上の展示は、奇妙な曖昧さによって被われていた。それは、樺太の歴史にかかわる解釈がまだ確立されていないことを示唆しているのだろう。

階段を昇りきると、最初に眼にとび込むのが「日ロ友好」と書かれた大きな展示部門である。そして日ロ友好の内容とは、コースチャという名の子どもにかかわる「物語」に集約されていた。コースチャはソ連邦のペレストロイカ期（ゴルバチョフ時代）に、緊急の手術の必要で、サハリンから来日した少年であった。予定通りに手術は成功し、コースチャは彼の両親ともども、日本の着物を着て、熱烈な歓迎の待つサハリンに無事帰還したのであった。

この「日ロ友好」の内容を納得すると、樺太の歴史の簡単な説明が始まる。その説明によれば、樺太には、アイヌ、オロッコ（ウイルタ）、ギリヤーク（ニヴフ）などの共同体が先住していた。松前藩による南部海岸での漁業開発が一八世紀から行なわれた。一方、ロシア帝国の南下にともない、ロシア系の定住も始まった。一九世紀中期には、この島は日本とロシアの共同統治になっていたのだが、明治政府は一八七五年に、千島列島の統治権と交換に、樺太における主権主張を放棄した。のちに日露戦争の勝利により、一九〇五年のポーツマス条約で南樺太を獲得した。樺太政庁は、鉄道を敷設し、鉱山を開き、パルプ産業と農業を奨励した。なぜなら、この島に理想的な環境建設を目標としたからだ。しかしまことに「残念なことに、太平洋戦争の終結とともに、樺太は再びソヴィエトの領土となった」と書かれてあった。

残りの空間の多くの部分は、樺太での「理想的な環境建設」のためにさかれた努力の展示によって占められていた。北米の都市計画あるいは古代の奈良・京都を連想させる、通りが碁盤の目状に走っている豊原（現ユジノ・サハリンスク）の市街計画図があった。原野を切り拓いて建てられた工場の写真や、樺太鉄道の模型もあり、小さな汽車がミニ森林の中をけなげに走っていた。

展示の中心を成す地図は、とくにわたしの注意を引いた。二〇世紀に描かれた地図であるのは間違いないのだが、日本の伝統的な地図作成法を踏襲していて、まるで高い山の頂から眺望するように描かれてあるのだ。その地図でのサハリン／樺太は、北緯五〇度線によって分断されたものではなく、日本領である南部樺太の「開発」された詳細な描写が、北部の広大な無に向かってしだいにぼやけてゆく。

北方記念館での戦争にかかわる「記憶」は、ひとつの強烈な衝撃をもつ出来事によってのみ集約されていた。玉音放送から五日後の一九四五年八月二〇日に、ソヴィエト軍は戦略的重要港であった真岡（現ホルムスク）を占領した。戦争はすでに終わっていたはずなのだが、ソヴィエト軍の真岡占領では、多くの血が流された。その理由について、二つの相反する解説がある。一説では、挑発されていないにもかかわらず、ソヴィエト軍人が無意味な暴虐をおこなった結果であった、とするもので、とするものである。

また他説では、公式の降伏宣言にもかかわらず、現地の帝国陸軍が抗戦策をとったのが原因である、

その理由がどちらのものであったとしても、真岡侵攻／抵抗の戦闘のさなかに、真岡郵便局勤務の九人の若い女性が、電話でその悲劇を外部世界に刻々と伝えていた。市街戦が終わり、ソヴィエト軍による真岡制圧直後に、娘たちは郵便局に立て籠もり、毒薬による（指示された）自死を選んだ。復元された電話交換所の壁に、娘たちの写真が飾られていた。当時どこにでもいたであろう九人の若い女性が、着飾ってはにかんだ笑顔をカメラに向けていた。この真岡侵攻／抵抗戦で、千人あまりが死亡したと推定されているのだが、九人の娘の自死が、すべての死の表象として記念館にはあった。北方記念館の売店で売られていた唯一の本は、『九人の乙女』全一巻である。九人の娘たちの慰霊碑は、稚内の小高い丘の上にある。娘たちがこのように「記憶」されているのは、もちろん皇軍の戦闘要員ではなく、したがって日本の拡張主義のイメージを攪乱することもなく、平凡さ、英雄性、女性的なるものなどが並列して作る、ある特定の強烈な指向性をもったものが原因となっているのであろう。サハリンを眺《のぞ》む丘の上の慰霊碑の娘たちは、永遠に若く、そして清い。

サハリンに向かうフェリーの乗客たちの「記憶」と、北方記念館での展示は、どのように交錯したのであろうか。北方記念館での展示は当然にも、子どもの眼を通して描写した鉄道模型でも市街地図でもなかった。

真岡陥落の生存者の一人であった初老の女性にとって、もっとも鮮明な樺太の「記憶」は、冬の朝

に、自宅の屋根から橇で滑り降りたことだった。また、ロシア人によって建設された豊原の旧市街に住んでいたある人にとっては、一九〇五年の日本統治以降も踏みとどまった、ロシア系、ポーランド系、ドイツ系家族の隣人たちが、「今でももっともよく憶えている」樺太の「記憶」だった。また他の乗客によれば、彼の「記憶」は、白髪で不明な言葉を呟きつづけるロシア系の老人だった。老人の孫たちは、彼と同じ学校に通い、完全な日本語を操り、しかもひとりは野球部の主将を務めていたという。

しかし北方記念館の展示には、子どもたちはいなかった。そして南樺太に多数居住していたはずの、朝鮮系の人びとも、中国系の人びともひとりも存在していなかった。

わあっ、懐かしい

わたしの関心のひとつは、このフェリーに同乗する人たちが、一九九六年夏のサハリンに、どのような反応を示すのだろうか、という点であった。今日の宗谷海峡は、とりわけ注目される境界のフロンティアである。この不可視のフロンティアの片側には、まがうことなきアジアの一部としての日本がある。酪農を営む農場が多く、牧場の緑が広がり、たしかに稚内周辺は、日本の他地域と異なる風景がある。しかし駅前には昆布や煎餅を売る小さな土産物屋が軒を並べ、ビジネス街の建物は、灰色と茶色に塗装された無個性のものであり、屋根に赤や青の瓦をのせた小さな民家が不統一にひしめき合い、突然神社が出現し、空を見上げると電線と電話線がどこまでも交錯するといった、ある意味ではどこにでも見かける日本の地方都市そのものがある。免税店と中古車集配所（中古車のロシア向け輸出は、稚内の成長産業である）の看板に書かれたロシア文字が、唯一、国境線の近いことを示している。

短い海を越えれば、そこはもう事実上のヨーロッパだった。国家語はロシア語であり、建物はキエフやブカレスト郊外にあるものと変わらず、モスクワにあるのと同じ土産物を売る店がある。石床の建物、カビ臭さ、強い煙草などが混じり合い、街に漂う匂いさえ、ヨーロッパなのだ。サハリン島の南端および稚内の岬にたがいに対峙するように建てられた、先端が球状の巨大な軍事用早期警報装置だけが相似していた。

そしてもちろんこの地で、開発され、豊かさにあふれ、秩序正しいアジアが、貧しく、混乱するヨーロッパと出会うのである。

札幌から稚内までわたしが乗った高速バスは、クーラーが必要以上に効き、よくプレスのかかった制服姿の乗客係が、膝かけやスリッパ、飴やおにぎりを配っていた。誰も見ていない車内テレビの衛星放送では、トンネルをぬけるたびにピアス・ブロスナンの顔が現われたり消えたりしていた。

一方、不可視の国境線を越えてヨーロッパ側に入ると、フェリー・ターミナルからユジノ・サハリンスクまで乗り、その後の市内観光でも使ったロシア側のわたしたちのバスは、空調設備などはなく、座席のスプリングすらひどくへこたれた状態だった。整備を忘れられた道路のでこぼこに出会うと、バスは乗客を不安にさせるほどにも車体を傾斜させたし、雨が降り出せば、車内でも傘を必要とした。

ユジノ・サハリンスクは、われわれが「近代」と呼ぶものの廃墟である。六〇年代、七〇年代に建設された共同住宅の建物の横腹から、大きなコンクリート塊が欠け落ちている。そのコンクリート塊の無数の破片が、いたみの激しい道路の上にころがっていて、そこを持ち主が数回は変わったとおぼしき日本製の中古車（中古車というよりは古車と呼んだほうが正確であろう）が明らかに健康に悪そうな黒煙の排気ガスを噴き出しながら、驚くほど多く走っている。

街の市場では、老女たちが自分で採ってきたのであろう、感動的なまでに少量の小さなキノコ類やヒマワリの種を、中国、韓国製衣料品の店の横に立ち、売っていた。ガガーリン公園の芝生は、まるでゴルバチョフ時代からまったく手入れがされていないように見えるし、かっては美しかったであろう噴水は、とうの昔に水を吐きだすことをやめ、ごみ箱となっていた。建築を中断された多くの建造物は、鉄骨をさらけだしたまま、錆とカビとにおおわれ、いつの日か、そして誰かが、完成用資金を調達してくる時を待機していた。工事の進行がうかがえるのは、新築のタマネギ形屋根をしたロシア正教会の復活大聖堂だけである。

と同時に、サハリンは、「開発」以前の北海道がそうであったろう状態を多くとどめている。北海道では護岸工事がなされ、直進するよう工夫が施されている川は、サハリンでは、自然なそして自由な流れとしてある。JRの鉄道ポスターでしか見られないような大輪の黄色い野百合の花、ルピナス、ハマナスが、いたるところで咲き乱れている。夏は集中していた。

昔は農地として使用されていた土地も、森林はふたたび飲み込みはじめた。ここ四、五年で、サハリンの人口は十パーセントも減少した。ソ連邦の中心部から遠く離れた前哨地としてあったこの地では、国の経済統制が消えると、物価はうなぎ昇りに上昇したのであった。戦後のヨーロッパ・ロシアからの移住者たちは、生活程度をわずかでも改善しようとして、それぞれの出身地に戻っていった。食料品は国内外からの輸入に依存するので、高値だ。

「もと農地だったような場所に、なぜ誰も野菜などを植えようとしないのですか?」

バスに同乗した市内観光のガイドに、わたしは訊いた。返ってきたのは、驚くほど簡単で直截な答えだった。

「みな野菜を植えました。しかし植えても全部盗まれてしまうから、今では誰も植えなくなったのです」

植民地時代の痕跡を求め、悲鳴をあげつづけるバスで、ユジノ・サハリンスク市内をまわった。今は美術館となっている樺太時代の銀行の前を抜け、茶色の塗装がなされた旧樺太病院正面玄関前で、バスは金属音とともに停った。

「写真を撮ります」

雑草の生い茂った住宅地に囲まれているこの建物は、現在も病院として使用されている。近所の子どもたちが、トタン作りのキオスクでアイスクリームを買っていた。

フェリーでの同乗者たちは、みな首をかしげていた。想い出にあるものは何もない、すべてが変わってしまった、と。

日没近くに、戦勝記念碑のあるユジノ・サハリンスク北端にやっと辿り着いた。その地は小高い丘になっていて、第二次大戦で使われたソ連軍戦車が、市街を見おろしている。この道をさらに登れば、神社があった場所に辿り着く。もちろん神社は取り壊されていたが、その後方の山々と、そして見おろす市街の碁盤の目状の町なみは、昔のままだ。

フェリーで同室した妹の方が、この時、突然、声をあげた。彼女は憶えていたのである。あっ、あそこで大運動会をやったのよ。私の学校は、その右側になるんだ。

「わあっ、懐かしいですねぇ」

とどのつまり、物事はあまり変わっていなかったのかもしれない。ソ連邦下のサハリンでも、中央政府は「理想的な環境建設」を目指したのである。そして失敗した。失敗の要因はさまざまであるが、外政的な作用と同程度の内政的な作用もあった。

日本の都市計画者たちによって整備された碁盤の目状のまっすぐな通りは、ソヴィエト・ロシアの建築様式にも適合した。植民地政庁によって建てられ現存する、病院、コルサコフ中学などは、戦後の（つまりソヴィエト・ロシアの）建造物とほとんど見分けがつかない。植民地支配とは、一般に、「近代化」の提供を意味するものなのかもしれない。日本植民時代の、もっとも日本的特徴を有した建造物は、日本からの職人が日本の技術と道具を使って建てた入植者用の小さな木造の住宅群であったのだが、これらはかなり以前に取り払われた。その跡地には、ロシアの職人が、ロシアの技術と道具を使って建てた、コンクリートの集合住宅や、木造の独立家屋群があった。

ソヴィエト・ロシアと同様に、日本もまた、単なる「近代化」の提供者たろうとしただけではなかった。この荒々しい原野をなだめ、屈服させる「特別な近代化」の導入をはかったのであった。したがって、神社をはじめとする特定の記念碑的建築物は、日本的伝統（およびそれが導いた「近代化」）

の勝利を意味する声明書としての目的をもって、当時の建築技術の最良部分を駆使して建造されたのであった。

その特定の記念碑的建築物のなかで、唯一現存しているのが、樺太博物館だった。近代の公共建築物と、日本の城郭様式が見事に合致したこの建物は、サハリン郷土博物館と名を変えて、今でも使用されている。

集合的「記憶」の権威

サハリン郷土博物館には（稚内の北方記念館と対蹠的に）技術的装置を使った展示の工夫がなされていない。薄暗い照明のガラスケースの中で、展示品はひしめき合い、剝製動物などは、この建物と同様に日本統治時代からそのまま残された物であるかのように見える。それでも北方記念館とサハリン郷土博物館の展示様式は驚くほど相似する。

入口をはいって左手に、剝製動物、植物標本、鉱物標本などのサハリンの自然資源の豊富さを象徴する展示がある。右側が歴史部門であり、この地域の「探検」史から始まっている。コサック隊長ミハイル・チモフェーエフによって作成された一七世紀の報告書のわきに、一八世紀のフォン・クルゼンシュテルンや一九世紀初頭のネヴェルスコイによる詳細な航海記録が置かれてある（予想した通りであったのだが、わたしが北方記念館で見た日本の「探検」家たちにかかわる言及は皆無であった。もっとも北方記念館にも、ロシアの「探検」家たちについての記述はない）。この「探検」史の部門を通過す

ユジノ・サハリンスクにあるサハリン郷土博物館

ると、はじめて先住民文化の展示に出会う仕組みになっている。薄暗い室内照明のなかで、アイヌの皮鎧、ウイルタの刺繍入り長靴、ニヴフの木彫品などの見事な展示物が輝いていた。

ここでも「探検」者たちの眼を通して先住民を見るという、北方記念館と同一の展示序列であった。つまりヨーロッパがサハリンを「発見」した際、その自然環境を形づくる一部として先住民はあった、という視座であり哲学である。

次がサハリン開拓史の部で、油田、炭鉱、病院などの写真や、農具などの展示、そして植民初期の木こり小屋の復元などもあった。

階上にあがると、ソヴィエト・サハリン（北樺太）の一九三〇年代、四〇年代の経済発展を示す数多くのグラフ類が貼られていた。そのグラフのどれもが、疑いをさしはさまないではいられない、相似する律気な上昇線を描いている。稚内の北方記念館、ユジノ・サハリンスクの郷土博物館の双方の展示を通して、それぞれが提示したい「集合的記憶」における共通項は見当たらない。それにもかかわらず、両者が提示したい「文明」のイメージとは、どこまでも類似するのである。

日露戦争の展示が終わると、革命直後の混乱期に、日本が北部サハリンを占領した一九二〇年から二五年にかけての説明がある。北方記念館で完全に欠落していた歴史の部分である。そして興味深い点は、日本軍によるシベリア出兵期の北部サハリン占領の説明があるにもかかわらず、南部サハリンにおける日本の植民地時代四〇年間の「物語」がほとんど呈示されていないことだった。あったのは植民地解放後の、その後始末についての説明である。

一方、一九三九年から四五年までの祖国防衛戦争は、ユジノ・サハリンスクの住民の重大な「集合的記憶」にかかわる出来事だった。この博物館の展示設計者たちにとって、サハリンの戦争の「記憶」を、より大きな国民的「物語」に関連づけるのは、いともたやすい作業だったのである。スターリングラードあるいはモスクワ防衛のために勇しく出征していったサハリン連隊であり、スターリンとチャーチルがサハリンと千島列島の将来を決定したヤルタ会談であり、また豊原や真岡で、祖国の軍服をつけた若者たちが英雄的に振ったソヴィエト国旗などである。これらは写真という焼き付けられた過去の事実という形態を取り、展示されていた。

もちろんここには、「九人の乙女」も真岡侵攻戦での死傷者もない。ただ、日本人たちが残していった家庭用品がみすぼらしく陳列されているだけだった。それは戦後新たにサハリンに入植したロシア人たちが使った、安物の陶器のティーカップ、腕時計、手製の宝石箱などであった。

右の展示に続いて、戦後の日本人の引揚げについて短い描写があった。同様に、南部サハリンに居住したアイヌの引揚げについても簡単に触れてあった。アイヌの人びとのほとんどが、この時まで一度も踏んだことのない北海道の土に「帰還」させられたのである。またサハリン郷土博物館は、南樺太に連れてこられた一五万人のうち、残留した約四万人の朝鮮系の人びとにかかわる部門を小さいながらも設けていた。

サハリンの戦後史は（アメリカ合州国、カナダ、オーストラリアなどの移民社会がそうであるように）、五〇年代に大型船で到着した粗末な綿服を着た若い娘たちが笑顔をみせる写真で始まった。入植地とは、人口の男女比が不均衡で常に若い女性を必要としたからである。そして共同住宅の建設が始まり、テレビが普及しだした。しかし発展の「物語」は、ここで急に終わる。

サハリン郷土博物館の常設展示には、明らかに永いあいだ、人手が加えられていない。考古学部門には、マルクスの引用がまだ大きく掲げられていた。共同住宅の建設、そしてテレビの普及以降、常設の新たなる展示とは、悲しいことに一九九五年のネフテゴルスク大地震の記録であった。

日本と同様にソヴィエト・ロシアもまた、地域的に共有した体験の「記憶」を、国民的感覚の鋳型に嵌めこむ努力をした。国民的「回想」のプロセスにおいて、サハリンは、全体が獲得した試行の結果あるいは勝利の美酒を共有する縮図だったのである。

パルチザンが日本帝国主義の干渉から革命を守ったのであり、若き共産党員たちが、サモワール（ロシアのヤカン）と雪靴と携帯用蓄音機（文化の象徴であると同時に、政治宣伝の有効な道具）をもって無知な住民たちを啓蒙したのである（サモワールや雪靴や携帯用蓄音機は、博物館のもっとも目立つ場所に堂々と陳列されていた）。愛国的英雄たちが、南部サハリンと千島列島を母なるソヴィエト・

ロシアのために奪回したのだった。それだけではない。そこに住む、先住民たちのトナカイ集団牧場と漁業労働が、五カ年計画の目標をはるかに上回る成績をあげ、国民経済の発展に貢献したのである。右のような「集合的記憶」の権威は、現在のサハリンでも明確に受容されていて、ユジノ・サハリンスクの戦勝記念碑に、結婚したての夫婦が献花に訪れる。

運命共同体としての国家の感覚はあまりにも力強いゆえに、ある制限された範囲内でとはいえ、従属するアイデンティティの発露を国家には受容できるだけの余裕がある。すべての住民はソヴィエト連邦のシティズンであると同時に、各自のパスポートにそのエスニシティ出自（natsional'nost）の記入が許される。この方式は、人びとがソヴィエト連邦のシティズンから、ロシア共和国連邦のシティズンに移行した現在でも踏襲されている。

市街の中心部に住む、部分的に日本人のエスニシティをもつ大学研究者をわたしは訪ねた。小さいが、しっかりとした家具が整ったアパートに彼女は住んでいた。

戦後のサハリンには、三〇〇人ほどの日本人が残留したそうである。多くの場合、非日本人との結婚が残留の理由であった。彼女のパスポートのエスニシティ出自欄には「日本人」と記入したのだが、自分自身をロシア人と考えている、と彼女は語った。サハリン先住民たちにかかわる彼女の論文では、実際に、先住民と対比して、「われわれロシア人は」という表現を使用していた。

ロシア共和国連邦の経済危機は最悪の状態を迎えているかもしれないが、第一印象で得たほどサハリンは悪い状態ではないらしい。市内の崩れかけた共同住宅に住む人びとでも、田舎にはダッチャと呼ばれる別荘があり、そこで週末を過ごす。わたしは大学研究者とともに、彼女の友人のダッチャを訪ねた。そこでは飾りのなく気持ち良い持ち主が、わたしたちを暖かく迎えてくれた。ダイニングテーブルの上にはご馳走が並び、野菜泥棒の心配のない庭には、苺、黒スグリ、キャベツ、ぶどう、薬草類が、豊かに育っていた。そこでわたしたちは「世界平和」のためにそして「国際友好」のために終わりのない乾杯をし合ったのだった。ダッチャの持ち主の家族には、国立公文書館に勤務しはじめたばかりの、すでに成人した娘がいた。

「経済的には、どこか他の場所に移住したほうがいいのだけれど、サハリンの美しい自然から離れて暮らせるかどうか」と娘は美しい笑顔を向けた。

牛の銅像

わたしがユジノ・サハリンスクを離れる二日前に、エリツィンの大統領就任式がモスクワで行われた。クレムリンの時計塔が正午を知らせる鐘と同時に、この式典は開始された。普通選挙によって直接選出された初代の大統領の就任式である、歴史的な出来事だ、とテレビのコメンテーターが言っていた。エリツィンの勝利は彼の個人的なものでも、党のそれでもなくて、ロシア共和国連邦の未来の勝利なのだ、とコメンテーターは興奮して叫んでいた。

エリツィンが公選における初代の大統領になるのは、新ロシアの未来の勝利であったかもしれないが、就任式典そのものは、また過去からの援用でもあった。国民的結合を求める、新しい「記憶」の組み合わせの模索である。

式典は、ロシア帝国を表象する双頭鷲が大きく描かれた壇上で進行した。祝辞の最初は選挙管理委員長のものではあったが、もっとも長時間の演説は、ロシア正教の大司教からのものだった。ロシア国家の創設者としてのツァーを忘れてはならない、聖人たちを忘れてはならない、彼らを「回想」しつづけよ。なぜなら、数世紀にわたる彼らのスピリチュアルな導きが、新しく選出されたエリツィン政権という結果になって現われたのだから、と大司教は説いた。

大統領就任式典を生中継のテレビで見ながら、こういった復元され、再想像された「記憶」が、どの程度の国民的結合力をもちうるかについて、わたしは考えていた。式典はモスクワ時間の正午に始まった。その生中継を見ているわたしのいるユジノ・サハリンスクは夜の八時である。そしてこの式典は、全国に実況中継されているのではあるが、現実問題として鮮明な画像を得るのは、日本の衛星放送BS2にチャンネルを合わせた時だけだった。BS2では、歴史的瞬間の一部となったという緊張からか、あるいは荘厳な雰囲気に圧倒されたのか、うわずった声の同時通訳（あまり正確ではない）が日本語訳をしていた。

ユジノ・サハリンスクにある地方政府庁舎の正面には、まだ巨大なレーニン像が聳え立っている。これは、この地域でレーニンへの信望が厚いことを意味しない。この銅像の代わりに何を置くべきか、という合意が成立していないからである。ある時に、レーニンの代わりに牛の像を置いたらどうか、という提案があり、かなりの支持を得たのだが、いつの間にかこの話は立ち消えてしまったそうである。

日本はたいしたことない

ユジノ・サハリンスクのサハリン郷土博物館の常設展示物は、古埃をかぶっているかもしれないが、その地下のオフィスでは新しい変化が始まりだしている。

ここに常勤するある考古学者は、日本の研究者たちとの共同発掘が進行中で、興味深い結果が発見されている、とわたしに語った。また博物館に隣接する近代資料センターの研究者たちは、サハリン地域史を大学生向きのテキストとしてはじめて編纂した。このテキストに収められたのは、ロシアのものだけではなく、日本の「探検」家たちの記録であり、また写真入りで詳述された植民地時代の樺太であった。これらの新しい傾向の出現は、地域的アイデンティティの成長を示唆している。現在のサハリンには、オフショア・ゾーン (off-shornoi zon) を推進する計画がある。ダイナミックな東アジア経済と、有機的に結合することによる地域社会の活性化を狙いとしている。しかし、このような地方主導型の計画に、エリツィン政権の支持はとりつけられないであろう、と地元の有識者は悲観的な見方をしていた。

郷土博物館の地下にオフィスをもらい、わたしは植民地時代の日本語の資料を読んだ。わたしの使っていた机には、この博物館を訪問した学術組織の代表者の名刺や、レーニンの写真、そしてなぜか、サンヨーの電気製品のカタログなどが貼りつけてあった。株式市況やアイスクリームの宣伝の合間に、ラジオからはダイア・ストレイツやサンタナの曲が流れていた。一方の壁には、ここの考古学者のひとりが蒐集したビートルズ・グッズが貼られてあり、他方の壁には、「文化がなければ退化がおこる、ネーションの建設には文化は不可欠である」と書かれたプラカードが立てかけられてあった。

ここで言う「文化」とは、どの文化を意味しているのであろうか、とわたしは考えた。このプラカードに書かれたメッセージを、博物館員の誰かが信じているから、ここに置かれてあるのだろうか？それとも、公的な場である階上のどこかに展示されていたのだが、気恥ずかしくなって、誰かがこの地下室に運び込んだのであろうか？

サハリンとは「回想」にかかわる二つの国民的解釈が対峙する場所というだけではない。より複雑な要素がここでは絡まり合っている。

稚内からサハリンに向かうフェリーに乗船した時に、同乗した他の人びとを、わたしはある特定の憶測をもって捉えていた。電気製品の土産を山と抱えてホームステイから戻るロシア人（だと思う）の子どもたちを除けば、このフェリーの乗客のすべては、「日本人」であろうと思い込んでいたのだ。おまけに、年配の「日本人」のほとんどは、もはや見つけることが不可能な「記憶」との再会を求めての悲しい旅に向かっている、と推測していたのである。

わたしにロシア語で話しかけてきた身なりの整った夫婦は、在サハリンの朝鮮系の人であり、日本での休暇からの帰途であった。この二人は、日本植民地主義によって忘れ物のようにサハリンにとり残された朝鮮系コミュニティの一部を成す人たちであった。日本の法律によって、日本国籍は拒絶され、かといって朝鮮籍あるいは韓国籍も取得できなかった。これらの在サハリン朝鮮系コミュニティは、現在サハリン人口の八パーセントを占めているのであるが、島を離れるロシア系の増加にともなって、その割合は増えつづけている。そしてこのコミュニティの中から、ポスト・ソヴィエトのサハリンで成功した起業家を多く輩出した。

フェリー後部のデッキで、強風を避けて座っていたわたしが出会った四人組のグループも「日本人」ではなかった。年配の女性とその娘、そして二〇歳ぐらいの青年とその母親からなるこのグループは、サハリンの先住民であるニヴフとウイルタの人たちだった。このうちの比較的若い三人はロシア語だけを話すのだが、年配の女性はロシア語のみならず、日本の植民地時代にオタスで教育を受け上手な日本語を話し、それだけではなく、ウイルタ語も朝鮮語もナーナイ語も話せる、とわたしに言った。

わたしがフェリーで出会った先住民の四人組は、北海道に住む、その生き残って日本に「帰還」させられた親族を訪問しての帰り旅だったのである。

年配の女性は、これが四度目の訪日だ、と言った。

「日本はどうでしたか?」とわたしが訊くと、彼女は大きな笑みを浮かべ、肩をすくめながら、

「Nichego」——まあたいしたことはない。

と、ロシア語と日本語で、しっかりと答えた。

大きな「記憶」と小さな「回想」

もちろん右の「物語」は、稚内の北方記念館でも、ユジノ・サハリンスクの郷土博物館でも語られてはいない。しかしこの特定の「物語」は、日本側では、画家であり教育者である田中了によって、ロシア側では郷土史家のヴィシュネフスキイによって語られている。

「物語」を語りつづけなければならない。サハリンのニヴフ共同体は、一部の小学校でニヴフ語教育を開始した。また詩人であり先住民活動家のヴラディミア・サンギは、サハリン中央部から北部にかけての広大な土地《ランド・ライツ》の先有権主張の活動を展開している。すべての先住民が、この先有権請求に賛同しているわけではなく、またソ連邦崩壊後の土地所有にかかわる法的基礎がまだ整備されていない関係もあり、先住民の土地先有権主張の前途はさだかではない。

人類学者や先住民権の支持者たちは、サハリン在住のニヴフ、ウイルタ共同体に、エスニックな「記憶」——たとえば、言語、祭典、工芸技術、自然との特異な対応様式——の復元を奨励している。しかし共同体の長老たちにとってすら、熊送りの儀式やシャマンの病気療法の思い出は、町に見に行ったちゃんばら映画や朝鮮料理屋で食べたユッケの思い出と混じり合ってしまっている。先住民としての過去の再発見は、起源に戻るという単純な作業ではなく、微妙で、そして時には痛みをともなった「記憶」の意味にかかわる再解釈の過程でもあるのだ。

サハリン行きで出会った人びとの「記憶」を聞き、そしてわたし自身の「記憶」とも総括して考えると、オリヴァー・サックスの「記憶」の定義は正しくあると同時に、また未完でもある。症例として採り上げた画家フランコ・マニャーニとは違って、われわれの多くは「風景の全体画」や「出来事の完全な物語」を頭の中に収納しているわけではない。われわれが頭のなかに収納しているのは、「風景の全体画」や「出来事の完全な物語」の無数の小さな破片群——たとえば風に舞う雪、それが語られた時の語調、食べたジャガイモの味——なのである。これらの無数の小さな破片群を原材料として、歓び、恐れ、羞恥、希望などの消去不能な感情の残滓を編み針とし、われわれの過去の「物語」を編み上げ、そして編み上げつづけていくのではないだろうか。

国家の巨大な「記憶」、アイデンティティ集団の小さな「記憶」、そしてさらに小さな個の「記憶」は、相互にうまく噛み合う性質のものではなく、多層多重に絡み合い、対立する。「記憶」がより大きく、かつ、一般化すれば、より明瞭に、かつ、単純化される。国家あるいは大陸のレヴェルでの「記憶」は、正邪、勝敗を語るのがたやすい。一方、アイデンティティ集団や個のレヴェルでの「記憶」は、すべてが不明瞭で複雑化するのである。なぜなら「回想」とは、地理的なそして倫理的な境界線を無視して、自由な奔流となるからなのだ。

忘れてはならないのは、すべてのレヴェルでの「記憶」の保持である。国家的あるいは地球的規模で、過去に賦与された範疇と意味とにかかわる継続的な検証は、もちろん重要である。と同時に、複雑さや曖昧さを内包する、地域的、少数者的、そして個的な「回想」という小さな歴史群の存続を可能にさせる余地を設けるのも、また最重要事なのである。

日ロ友好という決まり文句の「全体画」作成のために、二つの相違する国民史のジグソー・パズルをつなぎ合わせることだけが、サハリンの「記憶」にかかわる問題点ではありえない。差異をもち、重なり合い、そして時として相反する「回想」の共有の場を作り上げることが、ここでの重要事なのである。

サハリンは、ボスニアやチェチェンの道を辿ることはないだろう、とわたしは考える。なぜなら、サハリンでのエスニックな共同体の相互作用が、あまりにも複雑すぎるからである。だからといって、過去と同様な、明確な境界をもつ国民史を、サハリンが包摂しうるとも思えないし、また包摂してはならない、とわたしは考える。

ユジノ・サハリンスクから稚内に戻るフェリーは混んでいた。ちょうどお盆の季節であり、戻ることのなかった肉親への線香持参での墓まいりの帰り客だった。そのうちのひとりは、小柄で陽気で大声で笑う老人で、彼を中心に話の輪が広がった。

彼の母親は真岡でソ連軍によって射殺されたが、その死は北方記念館に記録されていない、と言う。今回が、二度目のサハリン（彼にとっては樺太）であった。三年後にまたサハリンを訪れる予定だそうである。今回の旅を心から楽しみ、そして戦後日本への引揚げを待つ期間に学んだロシア語が通じたことを、他の乗客たちに自慢していた。

「三年後に樺太でまた会いましょう」

稚内の港にフェリーが到着したとき、老人はわたしにそう言った。

＊　本章は田村恵子の翻訳協力により、著者が日本文で発表したものである。

あとがき

一九九九年二月だった。わたしは自宅からそれほど遠くない場所に、小さいが、しかし忘れることのできない旅をした。キャンベラやシドニーから来た人たちの小グループとともにレス・バーシル氏の案内で、わたしは、シドニー南郊外ポート・ハッキングという名の入り江の岸辺を散策して一日を過ごした。考古学者であり、またソーシャル・ワーカーでもあるバーシル氏の先祖は、かつてこの辺りに住んでいたという。ポート・ハッキングの入り江は、シドニーでも比較的裕福な階級が多く居住する地域である。その入り江が海と出会う岸には、水際まで続いた庭のある豪邸が建ち並んでいる。ヨットの停泊場や水辺のレストラン、ピクニック場もあった。しかし、ボートで入り江の奥へ上がると、風景が一変した。家々は消え、岸に沿ってシドニーのロイヤル・ナショナル・パークの一角を成す深い森がよこたわる。

わたしたちはボートを降り、森までの少しの道のりを歩いた。すると、まったく違った世界が出現した。というのは、森に点在する砂岩の岩肌の多くに、アボリジニ画のかすかな描写が記されていた。それらは、ハリモグラやカンガルーをはじめとする動物のイメージとハンド・ステンシルか描画であり、中にははるか以前に絶滅したタスマニアン・タイガーの絵まであった。

ある地点に到達すると、レス・バーシル氏はわたしたちの歩みを止め、大きな平たい岩を指し示した。

その岩の表面に目を凝らしてみたが、わたしには何も変わったものは見えなかった。バーシル氏が自らのバックパックから水筒を取り出し、岩に水を注ぎかけた。水が岩の表面の細長いくぼみに流れ込むと、かつてシドニー湾を訪れた海の哺乳類であるイッカク（一角）の見事な彫り絵の輪郭が突然そこに現われた。絵画や彫刻だけが、かつてここに住んでいた人びとの痕跡の唯一の徴候ではない。彼(女)らがおこした焚き火の灰は、岩陰のくぼ地にそのままの状態で残されていたし、傍らの地は食した貝の殻で覆われている。

シドニーの大方の住民は、ほんの身近に存在するこれらの残された歴史の痕跡にまったく気づいていない。ポート・ハッキング周辺の岩には、およそ千のアボリジニ画があると推定されているのだが、オーストラリア連邦政府はそれらの保護のために何の手立ても講じてこなかった。この地域を管理する国立公園・野生生物局は、それらのものを保全する努力はその存在への注目を惹起するだけで、観光客（そして、それにともなう不心得者たち）の来訪を促し、破壊を早めるだけであろうと主張する。これらの絵画や描画、彫刻――なかには何千年も経っているものもあるが――は、風雨や都市から漂流してくる光化学スモッグに晒されるにまかされている。同時に、こうした美術を生み出した社会への残されたかすかな記憶すら、シドニー住民の記憶から抹殺されていく。

一九八一年にイギリスからオーストラリアに移住して以降、わたしは、オーストラリア先住民の永い歴史と近年の移民の過去とのあいだに存在するこうした乖離を、次第に意識せざるをえなくなった。今日でさえ、人びとはオーストラリアを、「きわめて短い歴史をもつ国」として描写しがちである。それは、英国による植民地化に先行した、人間の移動や社会の変化、戦い、英雄たち、干ばつ、そして豊饒が存在した数千年の時間を静かにぬぐい去ろうとする作業でもあった。

その特定の過去の痕跡は、わたしたちの周囲に――それはわたしたちの二本の足の下や住んでいる場所の名称の中に――存在しつづけている。だが、きわめて少数の人たち以外にはそれらの痕跡の徴候が見えてこない。ベルコネンというキャンベラ郊外に住んでいる六、七年間、わたしはその地名の意味について考えようともしなかった。のちに偶然に、アボリジニにかかわる歴史書の中で、その意味をみつけた。研究者の説によれば、「ベルコネン」とは、今では消滅してしまったアボリジニの地方言語を語源とする。地域住民と外からの侵略者との遭遇における「わたしはあなたを理解できない」という意味である。

日本歴史を専攻する研究者の立場から、オーストラリア先住民の歴史をわずかでも紐解きはじめるや、わたしは次第に、アイヌの人びとや、彼(女)らの同胞である北東アジア先住民の歴史に興味を覚えるようになっていった。オーストラリアの視座から、英国によるオーストラリアの植民地化と、日本による北海道の植民地化との共通性が、にわかに見えはじめた。両者における先住民の歴史と植民者の歴史とのあいだには相似する乖離があり、両者の植民者たちには（わたしを含め）周囲の風景の中に記されたこの歴史を読み取ることができていないのである。わたしや他のオーストラリアの植民者たちが「ベルコネン」を読み取れなかったように、「紋別」や「長万部」や「稚内」という地名の意味を知ろうとさえしなかった北海道の住民が、どれほどいることであろうか。こうした日本とオーストラリアとの類似性への認識は、日本歴史に対するわたしの視界に新たな光明を投げかけた。なぜならば、何年もこの研究に取り組んできたにもかかわらず、わたしは（おそらく他の多くの日本史研究者も同様であると想像するのだが）、現在の日本のかなりの部分が「植民による移民社会」であるという視点を欠落させてきたからだ。

アイヌの歴史に関心を抱いてから、わたしは次第に、構築され移ろいつづける日本の境界の性質に気づきはじめた。一九九〇年代初期に、ある書物でウイルタの人びとの歴史――北海道へ移住したウイルタの小集団も含めて――について書かれたものを最初に読んだ時に感じた驚愕を、わたしは今でも鮮明に憶えている。わたしははじめて、近代における国境線の画定が多くの小社会にもたらした劇的な暴力の意味を、いくばくか理解しはじめたと考える。

その暴力の歴史の結果は、今もわたしたちとともにある。植民地化の帰結は、依然として日本のアイヌの人びとや、オーストラリアのアボリジニの人びと、そしてシベリアの多くの先住民集団の生活に影響を及ぼしつづけている。これらの歴史の帰結はまた、（当然に）異なった形態を取りつつ、植民者の生活にも影響を与えてきた。それゆえに、過去にかかわる理解は、オーストラリア・アボリジニの先住権獲得における中心課題となるのである。そしてそれが、アイヌの人びとによる、共有財産（一八九九年「北海道旧土人保護法」の下で北海道庁の管轄下に移譲され、同法の失効後、道庁は没収当時のきわめて低い評価額での返還に同意している）の完全返還を勝ち取るための現在の法的闘争にとっても不可欠となっている。同時に、オホーツクにおける前植民地時代の歴史を知るのは、いまだ論争中の日ロの国境と、それの解決のために続けられている両国家間交渉の本質を理解するうえでも不可欠であろう。

オーストラリアや北海道、シベリアや北米、またその他の地域の先住民の歴史は、主権や境界、シティズンシップの意味にかかわる新たな疑問を提示し、現在の政治秩序へ挑戦をつきつけているだけではない。それはまた、わたしが本書において明らかにしようと試みた、わたしたちの歴史の理解の仕方それ自体に深遠で深刻な挑戦をつきつけているのだ。近代史の記述にきわめて根深く内包された想定のほとんどが、先住民諸集団を「歴史なき民」として規定することにより、つまり彼(女)らから過去への視角を一方的に奪い去り、あるいは彼(女)らの存在を「先史時代」の世界の残滓の象徴として固定的な役割に留めおくことによってのみ、成立しうる。本書は、そうした再考への小さな一歩に貢献するためのささやかな試みでもあるが、先住民の歴史の認知によって迫られる歴史的諸概念への根本的再考は、まだ緒についたばかりである。

あった。

貢献とはいっても、当然のことながら、わたし自身の狭い範囲内での専門知識と、また先住民の過去を「想像」する試みにおいて立ちはだかる方法論上の多くの障害とによって、それはきわめて限定されたものでしかない。一九世紀以前の北海道とシベリアの歴史に関する知識は、主としてこの地域の訪問記を残した部外者（往々にして侵略者であった）の記述や、先住民の口頭伝承、考古学的遺跡に依拠する。これらの情報源はすべて断片的であり、解釈上の困難が常につきまとう。探検家や侵略者の記述は、著者らが遭遇した社会への誤解や偏見とによって、歪曲された事実であろう。口頭伝承は時間とともに変化する性格をもち、近代以降の研究者に理解不能な意味を含んでいるかもしれない。考古学的証拠は、生活全般のうちの、自然崩壊の過程から免れた物質のほんのわずかな断片でしかない。

それにもかかわらず、先住民言語について何の知識も持ちあわせず、考古学的テクニックへのまったくわずかな理解力しかないわたしは、主に植民者と部外者の言語で記された資料に頼らざるをえなかった。小さな社会の歴史にかかわる解釈を導き出す試みが、自身の知識の限界とともに歴史的証拠の制約によってきわめて困難に満ちたものであることを、わたしは承知している。しかしそれでもなおかつ、困難を理由に、こうした社会について何も語らないことの言い訳にすべきだとは思っていない。過去五〇年間、世界各地域の歴史家たちが、あまり証拠も記録も存在しないのに、大きな社会の「常民」たちの歴史描写にかかわる努力をおこなってきた。それと同様に不完全ではあっても、小さな、国家をもたなかった社会の、記録なき歴史に刻み込まれたさまざまな過去の軌跡を描きだす試みもまた、重要だと考える。

本書を書く過程は、わたしにとって学習の過程でもあった。そしてそれは、将来にわたり、またわたしが持続しようと試みる過程である。当然のことだが、この学びのなかで、わたしは多くの人びとを知り、助けられ教えられた。小川隆吉氏は、札幌の対雁村の遺跡を案内して下さった。そこで氏が語ってくれたアイヌの歴史は、どのような書物で学んだものより、はるかに深く鮮明にわたしの頭脳に記憶された。田中了氏は、サハリン先住民にかかわる知識を惜しみなく与えて下さった。アイヌ社会と歴史に関しては、花崎皋平氏、小川正人氏の研究から多くを学んだ。感謝したい。とりわけ小川正人氏には、本書がまだ霧中の段階からアドヴァイスをいただいている。また、校正刷の段階で、貴重な時間を割いて丁寧に読んで、たいへん有益なご意見とご批判をいただいた。特別な謝意を表したい。

一橋大学客員教授として一年間を日本で過ごしながら、本書の脱稿と校了ができた。それを可能としたのは、伊豫谷登士翁氏がわたしを一橋大学に招聘して下さったからである。感謝します。

翻訳をして下さった大川正彦氏、出版の機会を与えて下さったみすず書房の守田省吾氏には、言葉を失うほどお世話になった。改めてお礼を述べます。大川氏、守田氏と本書にかかわり交した議論は、新たなる問題意識にわたしが遭遇した過程であったのみならず、本書で展開した論点への新しい展望へとわたしを導くものでもあった。両氏との議論を通して本書は完成したし、また、わたしの今後の研究にかかわる多くの示唆と啓示を与えられた。

そのように、多くの方々のご助力とご親切とによって本書は上梓されるのであるが、文責はすべて著者一人にあることを明記しておきたい。

二〇〇〇年六月

テッサ・モーリス＝鈴木

（飯笹佐代子訳）

訳者付記

まず、本書『辺境から眺める――アイヌが経験する近代』の成り立ちについて説明しておこう。本書のうち、第一章「フロンティアを創造する――日本極北における国境、アイデンティティ、歴史」は、"Creating the Frontier : Border, Identity, and History in Japan's Far North", *East Asian History*, no. 7, June 1994, pp. 1-24を、第五章「他者性への道――二〇世紀日本におけるアイヌとアイデンティティ・ポリティクス」は、同タイトルで『みすず』四四三、四四四（一九九八年二月・三月号）に連載されたものを、第六章「集合的記憶、集合的忘却――先住民族、シティズンシップ、国際共同体」は、"Collective Memory, Collective Forgetting : Indigenous People and the Nation-State in Japan and Australia", *Meanjin*, vol. 53, no. 4, 1994, pp. 597-612を、終章「サハリンを回想する」は、同タイトルで『みすず』四三〇（一九九七年一月号）に掲載されたものを元に、著者が加筆・修正をほどこしたもので、その他の章は書き下ろしである。

つぎに、著者の単行本、共編著、および日本の雑誌に載った最近の論文を紹介しておく。すべて最近作より順に掲載した。対談、座談会、インタヴューは除いた。

Re-inventing Japan : Time, Space, Nation, New York, M. E. Sharpe, 1998, pp. 236. (Also published in Spanish translation as *Cultura, Etnicidad y Globalizacion : La Experiencia Japonesa*, Mexico City, Siglo Veintiuno, 1998, pp. x and 260.)

The Technological Transformation of Japan, Cambridge, Cambridge University Press, 1994, pp. ix and 304. (Also published in Korean translation as *Ilbon Kisul iu Pyongch'on*, translated by Park Youngmoo, Seoul, Cheong Moon Gak Publishing, 1999, pp. 352.)

A History of Japanese Economic Thought, London and New York, Routledge/Nissan Institute of Japanese Studies (Oxford Uni.), 1989, pp. vi and 213. (Reprinted in paperback, 1991) (邦訳、藤井隆至訳『日本の経済思想』岩波書店、一九九一年、三五二頁; also published in Spanish translation as *Historia del Pensiamento Economico Japones*, translated by José M. Pomares, Barcelona, Ediciones Pomares Corredor, 1994, pp. 253.)

Beyond Computopia : Information, Automation and Democracy in Japan, London and New York, Kegan Paul International 1988, pp. lx and 221.

Showa : An Inside History of Hirohito's Japan, London, Athlone ; Sydney, Methuen, 1984 ; New York, Schocken Books 1985, pp. 330. (Also published in Dutch translation as *Showa : Japanners Onder Hirohito*, translated by Marina van der Heijden, Haarlem & Brussels, Uitgeverij in de Knipscheer, 1987, pp. 413.)

伊豫谷登士翁・酒井直樹・テッサ・モリス＝スズキ編『グローバリゼーションのなかのアジア』、未來社、一九九八年、二四二頁

Multicultural Japan: Palaeolithic to Postmodern (edited with D. Denoon, M. Hudson and G. McCormack), Cambridge, Cambridge University Press, 1996, pp. viii+296.

「無害な君主制として天皇制は生き延びれるか」(Can the Emperor System Survive as a "Harmless Monarchy"?)『世界』二〇〇〇年一月号

「グローバルな記憶・ナショナルな記述」(Global Memories, National Accounts)『思想』八九〇（一九九八年八月号）、pp. 35-56.

「文化、多様性、デモクラシー」(Culture, Diversity and Democracy)『思想』八六七（一九九六年九月号）、pp. 38-58.

どの作品も、本書『辺境から眺める』と関連が深く、本書をより深く読解するためには、以上の著作群との関連のなかで読むことも必要かもしれない。わたし自身、著者との協働作業のなかで、その点を痛感させられた。

蛇足かもしれないが、わたし自身としては、本書と合わせて改めて味読したい著作の数々がある。そうした読解のなかから、協和音もしくは不協和音が奏でる独特な世界が現われるのではないか、という予感がある。ひとつは、翻訳作業中に刊行された、小川正人・山田伸一編『アイヌ民族　近代の記録』（草風館、一九九八年）。ひとつは、訳者であるわたしがたえず念頭において作業をしていた、鶴見良行『ナマコの眼』（ちくま学芸文庫、一九九三年）／『鶴見良行著作集9　ナマコ』（みすず書房、一九九九年）。そして、ノーマ・フィールド『天皇の逝く国で』（みすず書房、一九九四年）『祖母のくに』（みすず書房、二〇〇〇年）。——ともあれ、右にいった読解の作業は訳者自身の今後の課題にしたい。

最後に、謝辞を述べさせていただきたい。著者との協働作業からは実に多くのことを学んだ。そして、おそらくそれ以上に学びそこなってもいるだろう。そのすべてを含めて、テッサ・モーリス＝鈴木さんに、あらためて感謝いたします。また、終章の翻訳に携わられた田村恵子さん、翻訳の草稿に目を通していただき、貴重な御意見をくださった金井隆典さん、翻訳者と著者との協働作業をとりはからってくださった編集者、守田省吾さんにも感謝いたします。

二〇〇〇年六月

大川正彦

索　引

カ　行

サ　行

タ　行

マ　行

ワ　行

註

序　辺境から眺める

1　国境をめぐる議論の背景について，たとえば，Toshiyasu Ishiwatari〔石渡利康〕, "The Northern Territories", in Tuomas Forsberg, ed., *Contested Territory: Border Disputes at the Edge of the Former Soviet Empire* (Aldershot: Edward Elgar, 1995), pp. 224-254, を見よ．

2　たとえば，本多勝一「橋本・エリツィン会談とアイヌ民族」,『週刊金曜日』1998年3月15日号，32-33頁．

3　J. R. V. Prescott, *The Geography of Frontiers and Boundaries* (London: Hutchinson and Co., 1965), pp. 13-24.

4　Frederick Jackson Turner, *The Frontier in American History* (New York: Henry Holt and Co., 1920)〔F・J・ターナー『アメリカ史における辺境（フロンティア）の重要性』松本政治・嶋忠正共訳，北星堂書店，1973年〕.「境界」と「辺境」の区別については，Prescott, op. cit., p. 30, を見よ．

5　H. Donnen and T. M. Wilson, "An Anthropology of Frontiers", in H. Donnen and T. M. Wilson, eds., *Border Approaches: Anthropological Perspectives on Frontiers* (Lanham: University Press of America, 1994), p. 4.

6　たとえば，Gloria Anzaldúa, *Borderlands/La Frontera* (San Francisco: Aunt Lute, 1987); Renato Rosaldo, *Culture and Truth: The Remaking of Social Reality* (Boston: Beacon Press, 1989), pp. 207-217; Alejandro Lugo, "Reflections on Border Theory, Culture and Nation", in Scott Michaelson and David E. Johnson, eds., *Border Theory: The Limits of Cultural Politics* (Minneapolis: University of Minnesota Press, 1997).

7　Anssi Paasi, *Territories, Boundaries and Consciousness: The Changing Geographies of the Finnish-Russian Border* (Chichester and New York: John Wiley and Sons, 1996).

8　たとえば，William Kavanagh, "Symbolic Boundaries and 'Real' Borders on

the Portuguese-Spanish Frontier", in Donnen and Wilson, op. cit.; Liam O'Dowd and James Corrigan, "Securing the Irish Border in a Europe without Frontiers", in Liam O'Dowd and Thomas M. Wilson, eds., *Borders, Nations and States: The Frontiers of Sovereignty in the New Europe* (Aldershot: Avebury Press, 1996). 日本の文脈での辺境をめぐる秀逸な議論として，ブルース・バートン『日本の境界——前近代の国家・民族・文化』(青木書店，2000 年); 菊池勇夫『エトロフ島——つくられた国境』(吉川弘文館，1999 年)，を見よ.

9 Joel S. Kahn, *Culture, Multiculture, Postculture* (London: Sage Publications, 1995), p. 130.

10 Brett L. Walker, *Matsumae Domain and the Conquest of Ainu Lands: Ecology and Culture in Tokugawa Expansionism* (PhD thesis: University of Oregon, 1997), pp. 14-26.

11 川勝平太『日本文明と近代西洋：鎖国再考』(NHK ブックス，1991 年).

12 A. S. Panarin, *Revansh Istorii: Rossiiskaya Strategicgeskaya Initsiativa v XXI Veke* (Moscow: Logos, 1998).

13 Ibid., p. 116.

14 川勝『日本文明と近代西洋』，136-142 頁.

15 同前，177-182 頁.

16 André Gunder Frank and Barry K. Gills, eds., *The World System: Five Hundred Years or Five Thousand?* (London: Routledge, 1993).

17 Barry K. Gills and André Gunder Frank, "The Cumulation of Accumulation", in Frank and Gills, op. cit., pp. 81-114.

18 Antoine-Nicolas de Condorcet, *Esquisse d'un Tableau Historique des Progrès de l'Esprit Humain*, ed. O. H. Prior (Paris: Boivin et Cie, 1933).

19 Ibid., p. 218.

20 ヘルダーの論考は相対主義とヨーロッパ中心主義との両極のあいだを不安定に揺れ動いているが，以下のような考察も含まれる.「諸国民は，時間，場所，内的性格によって自己変容する. どの国民も，他のあらゆる国民との比較からまったく独立して，自らのうちにその完成の基準を宿している」. J. G. von Herder (ed. F. E. Manuel), *Reflections on the Philosophy of the History of Mankind* (Chicago and London: University of Chicago Press, 1968), p. 46.

21 Giambattista Vico, *The New Science*, Revised translation of the third edition (1744) by T. G. Bergin and M. H. Fisch (Ithaca and London: Cornell University Press, 1968), p. 78.

22 とくに，Vere Gordon Childe, *Society and Knowledge* (New York: Harper and Brothers, 1956), を見よ.

23 Norbert Elias, *The Civilizing Process*, trans. E. Jephcott (Oxford: Blackwell, 1990) (Original published in 1939)〔ノルベルト・エリアス『文明化の過程』(上) 赤井慧爾ほか訳／(下) 波田節夫ほか訳，法政大学出版局，1977/78 年〕.

24 Norbert Elias, "The Retreat of Sociologists into the Present", *Theory, Culture and Society*, vol. 4, nos. 2-3, June 1987, p. 237.

25 名づけと悪魔祓いの儀式の関係については，Michel de Certeau, *The Writing of History*, trans. Tom Conley (New York: Columbia University Press, 1988), pp. 155-166〔ミシェル・ド・セルトー『歴史のエクリチュール』佐藤和生訳，法政大学出版局，1996 年，272-304 頁〕. ド・セルトーの論評の重要性を気づかせてくれたのは，ディペシュ・チャクラバルティ (Dipesh Chakrabarty) のおかげである.

26 Norbert Elias, "The Retreat of Sociologists into the Present", p. 225.

27 Stephen Mennell, *Norbert Elias: An Introduction* (Oxford: Basil Blackwell, 1992).

28 Stephen Mennell, "The Globalisation of the Human Society as a Very Long-term Social Process: Elias's Theory", in Mike Featherstone, ed., *Global Culture: Nationalism, Globalisation and Modernity* (London: Sage Books, 1990), pp. 359-371. 引用は，pp. 361-362 より. Roland Robertson, *Globalisation: Social Theory and Global Culture* (London: Sage Books, 1992), pp. 116-121, も見よ.

29 Stephen A. Marglin, "Losing Touch: The Cultural Conditions of Worker Accomodation and Resistance", in F. Apffel Marglin and Stephen A. Marglin, *Dominating Knowledge: Development, Culture and Resistance* (Oxford: Clarendon Press, 1990), pp. 233-236; Stephen A. Marglin, "Farmers, Seedsmen and Scientists: Systems of Agriculture and Systems of Knowledge", in Frédérique Apffel-Marglin and Stephen A. Marglin eds., *Decolonising Knowledge: From Development to Dialogue* (Oxford: Clarendon Press, 1996), pp. 185-248.

30 Gary Snyder, "Foreword", in D. L. Philippi, *Songs of Gods, Songs of Humans* (Tokyo: University of Tokyo Press, 1979), p. vii.

31 Isaiah Berlin, *The Hedgehog and the Fox: An Essay on Tolstoy's View of History* (London: Weidenfeld and Nicolson, 1953), p. 1〔バーリン『ハリネズミと狐――『戦争と平和』の歴史哲学』河合秀和訳，岩波文庫，1997 年，7 頁〕を見よ.

32 佐々木史郎「アムール川下流域諸民族の社会・文化における清朝支配の影響について」，『国立民族学博物館研究報告』第 14 巻，第 3 号，671-771 頁，を見よ.

33 I. S. Gurvich, ed., *Narody Dal'nevo Vostoka SSSR v 17-19 Vekax* (Moscow:

Nauka, 1985), p. 47.

34 プキーヨン（日本名，上村桃太郎）口述．山本利雄「ギリャーク・ヤクートの民話 II」，『民族学研究』第 27 巻，第 3 号，1963 年，573 頁，に収録．

35 Daniel Mato, "On the Theory, Epistemology, and Politics of the Social Construction of 'Cultural Identities' in the Age of Globalisation: Introductory Remarks to Ongoing Debates", *Identities: Global Studies in Culture and Power*, vol. 3, nos. 1-2, p. 70.

第 1 章　フロンティアを創造する

1 Edwin O. Reischauer, *The Japanese* (Cambridge, Mass.: Belknap Press, 1977), p. 411〔エドウィン・O・ライシャワー『ザ・ジャパニーズ』國弘正雄訳，文藝春秋，1979 年，411 頁〕．強調は引用者による．

2 大石慎三郎『江戸時代』（中公新書，1977 年），v 頁．

3 田代和生「徳川時代の貿易」，速水融・宮本又郎編『日本経済史 1：経済社会の成立』（岩波書店，1988 年）所収．

4 Ronald P. Toby, *State and Diplomacy in Early Modern Japan: Asia and the Development of the Tokugawa Bakufu* (Princeton, N. J.: Princeton University Press, 1984), p. 7〔ロナルド・トビ『近世日本の国家形成と外交』速水融・永積洋子・川勝平太訳，創文社，1990 年，18-19 頁〕．

5 C. Nakane〔中根千枝〕, "Introduction," C. Nakane and S. Oishi, eds., *Tokugawa Japan: the Social and Economic Antecedents of Modern Japan* (Tokyo: University of Tokyo Press, 1990), p. 7.

6 S. Oishi〔大石慎三郎〕, "The Bakuhan System," in ibid., p. 27.

7 川勝平太『日本文明と近代西洋――鎖国再考』（ＮＨＫブックス，1991 年）を見よ．

8 アイヌ生活圏の植民地化と，後の帝国の事業との関係については，Donald Calman, *The Nature and Origins of Japanese Imperialism* (London & New York: Routledge, 1992)，を見よ．

9 アイヌのアイデンティティの定義は，論争の絶えない複雑な問題である．近代の学問は，北海道の歴史のうちにいくつかの重要な段階があることを認めている．そのなかでももっとも重要なものとしては，一般に次のように呼ばれているものがある．すなわち，原縄文（紀元前 100 年以前．続縄文は，紀元前 100 年から紀元 700 もしくは 800 年まで），擦文（紀元 800 年から 1300 年），アイヌ（紀元 1300 年以降）である．独立して蝦夷土師と呼ばれる段階はいま

では，原縄文と擦文の間に存在したと広く認められている．そして，宇田川洋はさらに，アイヌ期のうちにいくつかの下位段階を確認し，そのもっとも重要な区別を原アイヌ（14 世紀から 18 世紀後半）と新アイヌ（18 世紀後半以降）としている．考古学上の証拠からは，擦文文化とアイヌ文化との強いつながりが指摘されているが，同時にいくつかの重要な違いも確認されている．以上のことから示唆されるのは，史実によって確認可能な時間のうちでのアイヌ文化は，縄文文化から引き継がれた諸要素と，先住民によって発展させられた，もしくは北および南の近隣共同体との接触によって獲得された諸要素との産物であるということである．つまり，日本人はいつ日本人になったか，英国人はいつ英国人になったかを述べるのが容易ではないのと同じく，アイヌがいつアイヌになったのかを述べるのも容易ではない．Gary W. Crawford and H. Takamiya, "The Origins and Implications of Late Prehistoric Plant Husbandry in Northern Japan," *Antiquity*, vol. 64, no. 245（Dec. 1990）; Y. Fukasawa, "*Emishi* and the Ainu from Archaeological Point of View," *International Symposium on Japanese Archaeology in Protohistoric and Early Historic Period : Yamato and its Relations to Surrounding Populations*, Bonn, Sept. 1992 ; H. Utagawa, "The 'Sending-Back' Rite in Ainu Culture," *Japanese Journal of Religious Studies*, 19, no. 5. 2-3（1992）: pp. 255-270, を見よ．

10　上村英明『北の海の交易者たち――アイヌ民族の社会経済史』（同文館出版，1990 年），62-63 頁．

11　John A. Harrison, *Japan's Northern Frontier*（Gainesville, Fla.: University of Florida Press, 1953）, pp. 6-8.

12　海保嶺夫『近世の北海道』（教育社，1979 年），45 頁．

13　同前，75 頁．

14　この名前（「蝦夷が千島」）は，クリル諸島をあらわす近代日本語「千島」の起源である．

15　海保，前掲『近世の北海道』，89 頁．

16　上村，前掲『北の海の交易者たち』，216 頁，を見よ．

17　A. J. von Krusenstern, *Voyage Round the World in the Years 1803, 1804, 1805, and 1806*, 2 vols（Amsterdam & New York: N.Israel/Da Capo Press, 1968）, 2: 67〔クルゥゼンシュテルン『クルゥゼンシュテルン日本紀行』（上下巻）羽仁五郎譯註，駿南社，1931 年，下巻，408 頁．同書は，雄松堂書店より 1966 年に復刻〕．

18　日本の文書で「山丹」（サンタン）と言及される人びとのアイデンティティにかんしては論争がある．ほとんどの論者が彼(女)らを，アムール川河口の三角州およびその南で生活していたウルチであるとしているが，上村（『北の海

の交易者たち』, 27頁）は,「山丹」という名称はウルチの北で生活していた大陸のニヴフ共同体を指していたと論じている．ウルチとニヴフの二集団は混合し，広範囲にわたる文化的接触をし，しばしば集団の範囲を越えて婚姻関係に入っていたのだから,「山丹」はじっさいにはウルチとニヴフの交易者双方を含んでいただろう．Akademiya Nauk SSSR, *Narody dal'nego vostoka SSSR v 17-20 vekakh* (Moscow: Nauka, 1985), pp. 71-74, を見よ．

19 洞富雄『樺太史研究——唐太と山丹』(新樹社, 1956年), 73頁.

20 John J. Stephan, *The Kuril Islands: Russo-Japanese Frontier in the Pacific* (Oxford: Clarendon Press, 1974), p. 48.

21 松前広長『松前志』(1781年),『北方未公開公文書集成』10巻本（創文社, 1979年), 第1巻, 103頁.

22 たとえば, Krusenstern, *Voyage Round the World*, p. 74〔同訳書, 420頁〕を見よ.

23 アイヌと火縄銃の問題については, 海保嶺夫『日本北方史の論理』(雄山閣, 1974年), 227-241頁, を見よ.

24 Stephan, *Kuril Islands*, p. 69.

25 海保, 前掲『近世の北海道』, 129頁, に引用.

26 前掲『松前志』, 第1巻, 115頁.

27 Harrison, *Japan's Northern Frontier*, p. 23.

28 たとえば, 田代, 前掲「徳川時代の貿易」, および, Toby, *State and Diplomacy*, を見よ．注目すべき例外は, 山口啓二『鎖国と開国』(岩波書店, 1993年）である．同書には, 松前藩とアイヌの交易についての短い節が収められている.

29 Cornelis J. Coen (ed. P.A.Leupe), *Reize van Maarten Gerritszoon Vries in 1943 naar het Noorden en Oosten van Japan* (Amsterdam: Frederick Muller, 1858), pp. 130-131.

30 菊池勇夫『北方史のなかの近世日本』(小倉書房, 1991年), 96頁.

31 久保寺逸彦『アイヌの昔話』(三弥井書店, 1972年), 241-308頁, を見よ.

32 菊池, 前掲『北方史のなかの近世日本』, 90-96頁.

33 こうした思想とそれが日本のアイヌ認識に与えたインパクトについての詳細な議論としては, 菊池勇夫『北方史のなかの近世日本』, 35-51頁, を見よ.

34 坂倉源次郎『蝦夷随筆』(1739年), 寺沢一ほか編『北方未公開公文書集成』全10巻（叢文社, 1979年), 第1巻, 73頁.

35 たとえば, 間宮はサハリンのアイヌがつくる罠の仕掛けは日本のものに似ているが, それよりも巧みであると記述する．間宮林蔵『北蝦夷地圖說』(1854年), 大友喜作編『北門叢書』6巻本（国書刊行会, 1972年), 第5巻, 329-

330頁，を見よ．

36 新井白石『蝦夷志』(1720年)，『北方未公開公文書集成』，第1巻，50頁．

37 坂倉，『蝦夷随筆』，69頁．

38 新井，前掲『蝦夷志』，41頁．

39 坂倉，前掲『蝦夷随筆』，77頁．

40 同前，75-76頁，を見よ．

41 北海道庁編『新撰　北海道史』7巻本（北海道庁，1937年），第2巻，403頁（以下，『北海道史』と略記する）〔復刻版は，清文堂，1990-1991年〕．David Howell, "Ainu Ethnicity and the Boundaries of the Modern Japanese State," *Past and Present* 142 (1994), pp. 85-86, も見よ．

42 John J. Stephan, *Kuril Islands*, p. 48.

43 『北海道史』第2巻，405頁．ここでの「開国」の意味は，外国との貿易のための開港を指す，19世紀の文脈での意味とは異なる．

44 同前．

45 鮮明な筆致で描かれる現代の記述として，前掲，菊池勇夫『北方史のなかの近世日本』，11-13頁，を見よ．ここに記した政策はとくに北部でおこなわれた．

46 同前，166-167頁．

47 上村，前掲『北の海の交易者たち』，250-253頁．

48 『北海道史』第3巻，第5章，第2節．

49 同前，246頁．上村英明『北の海の交易者たち』，253頁．

50 『北海道史』第3巻，287-288頁．

51 同前，670頁．

52 林善茂『アイヌの農耕文化』(慶友社，1969年)，21-22頁，を見よ．

53 『北海道史』第4巻，977-986頁．Koshida Kiyokazu〔越田清和〕, "From a 'Perishing People' to Self-Determination," *Ampo* vol. 24. no. 3 (1993), pp. 2-6; F. C. C. Peng and P. Geiser, *The Ainu: the Past in the Present* (Hiroshima: Bunka Hyoron Publishing Co., 1977), p. 12, も見よ．

54 たとえば，John Batchelor, *Ainu Life and Lore: Echoes of a Departing Race* (Tokyo: Kyobunkan, 1924), p. 10, を見よ．

55 John J. Stephan, *Kuril Islands*, pp. 106-109.

56 Ibid., p. 110.

57 アイヌの民族的（エスニック）起源をめぐって対立する理論を議論するものとして，Clare Fawcett, "The Politics of Assimilation in Japanese Archaeology," *Archaeology Review from Cambridge* vol. 5. no. 1 (1986), を見よ．

58 梅原猛・藤村久和編『アイヌ学の夜明け』(小学館，1990年)，32-35頁．

59 Peng and Geiser, *The Ainu.*

60 梅原猛・藤村久和編，前掲『アイヌ学の夜明け』，13 頁．このアプローチは，なかでも，Mark Hudson and Simon Kaner（"Editors' Introduction: Towards an Archaeology of Japanese Ritual and Religion," *Japanese Journal of Religious Studies,* vol. 19, nos. 2-3）によって批判されている．とくに，p. 120 を見よ．

61 Peter Knudson and David Suzuki, *Wisdom of the Elders* (Toronto: Stoddart Publishing, 1992); David Maybury-Lewis, *Millennium: Tribal Wisdom and the Modern World* (New York: Viking Press, 1992).

62 考古学上の証拠から明らかなのは，擦文時代の北海道では数多くの地域で犬が食糧とされ，徳川時代後半の南東北海道のアイヌ共同体では，犬は食糧として欠かせなかったということである．横山英介『擦文文化』（ニュー・サイエンス社，1990 年），93-94 頁，および，『弁天貝塚』（苫小牧市埋蔵文化財調査センター，1987 年），56 頁，を見よ．

63 高倉新一郎は，サハリン・アイヌが飼育する犬は「家畜」であると論ずる数少ない研究者のひとりである．高倉新一郎『新版アイヌ政策史』（三一書房，1972 年），31 頁，を見よ．

64 間宮，前掲『蝦夷志』，319-324 頁．アイヌによる犬を使った農耕については，Emiko Ohnuki-Tierney, *The Ainu of the Northwest Coast of Southern Sakharin* (New York: Holt, Rinehart & Winston, 1974), pp. 38-40，を見よ．

65 Coen, *Reize van Maarten Gerritszoon Vries,* p. 131.

66 Crawford and Takamiya, "Late Prehistoric Plant Husbandry," とりわけ，p. 903，を見よ．

67 高倉新一郎「明治以前の北海道に於ける農牧業——北海道酪農発達史のために」，『北方文化研究報告』12，（北海道大学文学部附属北方文化研究施設，1957 年），および，林，前掲『アイヌの農耕文化』．

68 林善茂は，日本の焼畑農業にみられるように，アイヌの農耕では（ひとつには，おそらく，火をつけると周囲の森林にまで拡がり，鹿や熊のような動物を殺してしまうのではないかとの懸念から）火入れによる除草および草木灰の利用はおこなわれなかったという事実を強調している．しかし，1850 年代に内陸部にあるアイヌの生活圏を訪れた松浦武四郎は，畑から除去された雑草はつうじょう一カ所に集められて燃やされ，その灰はのちに土壌に撒布されたと記録している．松浦武四郎（吉田武三校注）『三航蝦夷日誌』（上・下）（吉川弘文館，1970/1971 年），下巻，51-52 頁，を見よ．

69 林，前掲『アイヌの農耕文化』．Hitoshi Watanabe, *The Ainu Ecosystem: Environment and Group Structure* (Seattle & London: University of Washington Press, 1972), p. 41，も見よ．

70 *New Encyclopedia Britannica* vol. 1, Micropaedia, 15th ed. (Chicago: Encyclopedia Britannica Inc., 1992).

71 林，前掲『アイヌの農耕文化』，3頁.

72 同前，175-188頁.

73 最上徳内『蝦夷草紙』，『北門叢書』第1巻，326-327頁.

74 坂倉源次郎『蝦夷随筆』，67-69頁.

75 Fukasawa, "Emishi and the Ainu."

76 最上徳内『蝦夷草紙』，315頁.

77 林，前掲『アイヌの農耕文化』，26頁，に引用．驚くべきことに，林はこの引用文をおさめながらも，それがアイヌの農耕の発達にたいして有した含意については一言も言及していない.

78 花崎皋平『静かな大地』(岩波書店／同時代ライブラリー，1993年)，79頁，を見よ.

79 Watanabe, *The Ainu Ecosystem*, pp. 26-31.

80 上村，前掲『北の海の交易者たち』，230-232頁.

81 間宮林蔵『北蝦夷圖説』，338-342頁．とくに，アイヌのふいごは日本で使われていた木製の箱型あるいは天秤型ふいごとはきわめて異なることに注意せよ.

82 たとえば，前掲，林善茂『アイヌの農耕文化』，31頁，および前掲，高倉新一郎『新版アイヌ政策史』，31頁.

83 海保，前掲『近世の北海道』，96-97頁.

第2章　歴史のもうひとつの風景

1 Clive Gamble, "Ancestors and Agendas", in Norman Yoffee and Andrew Sherratt, eds., *Archaeological Theory: Who Sets the Agenda?* (Cambridge: Cambridge University Press, 1993), p. 43, に引用.

2 Antoine-Nicolas de Condorcet (trans. J. Barraclough), *Sketch for a Historical Picture of the Progress of the Human Mind* (London: Weidenfeld and Nicolson, 1955), p. 8.

3 Ibid., pp. 14 and 142.

4 B. G. Trigger, *A History of Archaeological Thought* (Cambridge: Cambridge University Press, 1989), pp. 73-83.

5 Lewis Morgan, *Ancient Society or Researches in the Lines of Human Progress from Savagery Through Barbarism to Civilization* (Calcutta: Bharati Library,

1896), pp. 7-8〔L・H・モルガン『古代社会』(上・下) 青山道夫訳 (岩波文庫, 1958年), 上巻, 29頁〕.

6 Friedrich Engels, *The Origin of the Family, Private Property and the State in the Light of the Researches of Lewis H. Morgan* (1891), ed. by E. B. Leacock (New York: International Publishers, 1975), p. 87〔エンゲルス『家族・私有財産・国家の起源』戸原四郎訳, (岩波文庫, 1965年), 31頁〕.

7 高倉新一郎『新版アイヌ政策史』(三一書房, 1972年), 30-33頁.

8 M. G. Levin and L. P. Potapov, *The Peoples of Siberia*, trans. by S. Dunn (Chicago: University of Chicago Press, 1964), pp. 84-85.

9 北海道開拓記念館編『ロシア極東諸民族の歴史と文化』(北海道開拓記念館, 1995年), 4頁.

10 山田悟郎「ロシア沿海地方から出土する栽培植物について——ソバとオオムギを中心として」, 北海道開拓記念館編『「北の歴史・文化交流研究事業」中間報告』(北海道開拓記念館, 1993年) 所収, 29頁.

11 S. Wada, "The Natives of the Lower Reaches of the Amur River as Represented in Chinese Records", *Memoirs of the Toyo Bunko*, no. 10, 1938, p. 52.

12 菊池俊彦「オホーツク文化とニヴフ民族」,『環オホーツク』No. 1, 1993年, 1-38頁.

13 J. J. Stephan, *Sakhalin: A History* (Oxford: Clarendon Press, 1971), pp. 20-21〔ジョン・J・ステファン『サハリン——日・中・ソ抗争の歴史』安川一夫訳 (原書房, 1973年), 23-25頁〕.

14 サハリン考古学研究会編『樺太西海岸の考古資料』(サハリン考古学研究会, 1995年).

15 岡正雄・馬場脩「北千島占守島及び樺太多來加地方に於ける考古學的調査荳豫報」,『民族學研究』第4巻, 第3號, 1938年, 174頁.

16 J. -F. G. de la Pérouse, *The Journal of Jean-François de Galaup de la Pérouse*, vol. 1, trans. and ed. by John Dunmore (London: The Hakluyt Society, 1995), p. 292〔小林忠雄編訳『ラペルーズ世界周航記　日本近海編』, 白水社, 1988年, 92頁〕.

17 佐々木史郎「アムール川下流域諸民族の社会・文化における清朝支配の影響について」,『国立民族学博物館研究報告』第14巻, 第3号, 671-771頁.

18 La Pérouse, op. cit., p. 290〔同訳書, 90頁〕.

19 間宮林蔵『東韃紀行』(南滿洲鐵道株式會社總裁室庶務課, 1938年), 30頁.

20 たとえば, 高倉新一郎はアイヌ文化からの陶器の「消滅」をそのような観点から解釈する. 高倉, 前掲, を見よ.

21 松浦武四郎による19世紀半ばの記述によれば, 名寄のサハリン村は川の西

岸に2戸のアイヌの家族と東岸に10戸のニヴフの家族からなった．ロシア人学者，レオポルト・フォン・シュレンクが松浦とほぼ同時期に書いた記録によれば，西サハリンのKteus' の集落には2戸のニヴフの家族と1戸のアイヌの家族がおり，ニヴフ語ではピリヤヴォ，アイヌ語ではポロコタンとして知られる村は半数がニヴフ住民，半数がアイヌ住民であった．松浦武四郎『北蝦夷志』（現代思潮社，1988年），779-802頁，C. M. Taksami, *Osnovnye Problemy Etnografii i Istorii Nivkhov* (Leningrad: Nauka, 1975), p. 219, を見よ．

22　20世紀初頭にサハリンを訪れた，英国の旅行家チャールズ・ホーズが記したことによれば，チャイオのニヴフ共同体とノヴィ・ヴァルのウイルタ共同体は，同じ川の対岸にそれぞれ位置しながらも，たった一人のウイルタのシャマンがおこなうまじないを分かちあっていた．Charles Hawes, *In the Uttermost East* (London: Harper and Brothers, 1903), ch. 8.

23　Mark Bassin, "Inventing Siberia: Visions of the Russian East in the Early Nineteenth Century", *American Historical Review*, vol. 93, no. 3, 1991, p. 767.

24　James Forsyth, *A History of the Peoples of Siberia: Russia's North Asian Colony 1581-1990* (Cambridge: Cambridge University Press, 1992), pp. 38-42 and 242〔ジェームス・フォーシス『シベリア先住民の歴史――ロシアの北方アジア植民地　1581-1990』森本和男訳，彩流社，1998年，54-59，263-264頁〕.

25　Yuri Slezkine, *Arctic Mirrors: Russia and the Small Peoples of the North* (Ithaca: Cornell University Press, 1994), pp. 43 and 50-51.

26　G. P. Muller [trans. C. G. F. Dumas], *Voyages et Découvertes Faites par les Russes le Long des Cotes de la Mer Glaciale et sur l'Ocean Oriental, tant vers le Japon que vers l'Amerique*, vol. 2 (Amsterdam: Marc-Michel Roy, 1766), p. 50.

27　A. I. Krushanova, *Istoriyai i Kutl'tura Itel'menov: Istoriko-Etnograficheskiye Ocherki* (Leningrad: Nauka, 1990), p. 15.

28　Martin Sauer, *An Account of a Geographical and Astronomical Expedition to the Northern Parts of Russia by Commodore Joseph Billings in the Years 1785 etc, to 1794* (London: T. Cadell and W. Davies, 1802), p. 308.

29　M. G. Kurov and K. Inoue, "Evenki Srednei Sibiri: 'Vyzhivanie' v Retrospektive Etnicheskoi Istorii", in S. Saitô, ed., *Bzglady na Sibiri/Shiberia e no menasashi* (Nagoya: Nagoya City University College of General Education, 1996), pp. 17-18.

30　Slezkine, op. cit., pp. 25-26.

31　P. J. von Strahlenberg, *Description Historique de l'Empire Russien*, vol. 2 (Amsterdam: Dessaint et Saillant, 1742), p. 180.

32　Ibid., pp. 27-28.

33 Hugh Beach, *The Saami of Lapland* (London : Minority Rights Group, 1988), p. 2. Mervyn Jones, *The Sami of Lapland* (London, Minority Rights Group, n. d.), pp. 6-8.

34 Stephen Cornell, *The Return of the Native* (New York : Oxford University Press, 1988), p. 23.

35 Ibid., p. 22.

36 Jared Diamond, *Guns, Germs and Steel : A Short History of Everybody for the Last 13, 000 Years* (London : Jonathan Cape, 1997).

第3章　民族誌学《エスノグラフィ》の眼をとおして

1 服部健『ギリヤーク――民話と種族』(楡書房，1956年)，131頁.

2 Alexis Krausse, *Russia in Asia : A Record and Study, 1558-1899* (London, Curzon Press, 1973), pp. 47-52 (original published in 1899).

3 Yulian V. Bromlei, *Etnos I Etnografiya* (Moscow, Nauka, 1973), pp. 182 and 194.

4 L. von Schrenck, *Ob Inorodtsakh Amurskago Kraya*, vol. 2, St. Petersburg, Imperatorskaya Akademiya Nauk, 1899, ch. 10, を見よ.

5 L. von Schrenck, E. G. Ravenstein, *The Russians on the Amur* (London, Trübner and Co., 1861), p. 273 に引用.

6 Leopold von Schrenck, *Reisen und Forschungen im Amur-Lände in den Jahren 1854-1856*, St. Petersburg, Imperatorskaya Akademiya Nauk, 1881-1895；右の著作の民族誌学の巻は，ロシア語で以下に再録されている．*Ob Inorodtsakh Amurskago Kraya*, St. Petersburg, Imperatorskaya Akademiya Nauk, 1883-1903. Schrenck の名前はロシア語で Shrenk と書き直されることがあるが，ここでは一貫性を保つため，終始ドイツ語綴りを使うことにする.

7 間宮林蔵『東韃紀行』(南満洲鉄道総裁室庶務課，1938年) 12頁.

8 間宮林蔵『北蝦夷図説』，『北門叢書』大友喜作編・解説・校訂，第5冊(国書刊行会，1972年) 所収，309，343，352頁〔国書刊行会発行の同叢書は，北光書房，1943-1944年刊の複製〕.

9 同前，315頁.

10 同前，360頁.

11 Schrenck, *Reisen und Forschungen*, vol. 2, p. 2.

12 Ravenstein, op. cit., p. 126.

13 Schrenck, op. cit., vol. 2, p. 4.

14 L. Y. Shternberg, *Gilyaki, Orochi, Gol'dy, Negidal'tsy, Ainy*, Tokyo, Nauka Reprint, 1991, p. 6.（Original published in 1933）.

15 サハリンをめぐるロシアと日本の交渉の詳細を検討したすぐれた研究として，秋月俊幸『日露関係とサハリン島――幕末明治初年の領土問題』（筑摩書房，1994 年）をあげておく．

16 J. Stephan, *Sakhalin : A History*, Oxford, Clarendon Press, 1971, pp. 67-68〔ジョン・J・ステファン『サハリン――日・中・ソ抗争の歴史』安川一夫訳，原書房，1973 年，85-87 頁〕; 東亜同文会編『樺太及び北沿海州』（東亜同文会，1905 年），第 2 部，24-26 頁．

17 Bruce Grant, *In the Soviet House of Culture : A Century of Perestroikas*, Princeton, Princeton University Press, 1995, pp. 55-58.

18 Shternberg, "Sakhalinskie Gilyaki", reprinted in Shternberg, op. cit., pp. 351-364（Original published in 1893）.

19 シュテルンベルクによるニヴフ（ギリヤーク）の婚姻制度の記述にたいする批判としては，たとえば，C. M. Taksami, *Osnovnye Problemy Etnografii i Istorii Nivkhov : Sredina XIX-Nachalo XX Vekov*, Leningrad, Nauka, 1975, pp. 132-137, を見よ．

20 L. Y. Shternberg, "Klassifikatsiya Korennogo Naseleniya Priamurskogo Kraya", reprinted in L. Y. Shternberg, op. cit., p. 2.

21 Ibid., pp. 8-9.

22 Ibid., p. 2.

23 L. Y. Shternberg, "Sakhalinskie Gilyaki", reprinted in Shternberg, op. cit., p. 347（Original published in 1893）.

24 鳥居龍藏『黒竜江と北樺太』（生活文化研究會，1943 年），（再録）『鳥居龍藏全集　第 8 巻』（朝日新聞社，1976 年），295 頁．

25 渡辺正雄『日本人と近代科学――西洋の対応と課題』（岩波新書，1976 年），第 3 章，を見よ．

26 Stephan, op. cit., pp. 99-107〔同訳書，119-128 頁〕; T. Hara, "Japan Moves North : The Japanese Occupation of Northern Sakhalin（1920's）", in S. Kotkin and D. Wolff, eds., *Rediscovering Russia in Asia : Siberia and the Russian Far East*, Armonk and London, M. E. Sharpe, 1995, pp. 55-67.

27 鳥居『ある老学徒の手記』（朝日新聞社，1953 年），（再録）『鳥居龍藏全集　第 12 巻』（朝日新聞社，1976 年），294-300 頁．

28 鳥居『黒竜江と北樺太』，とくに 317-318 頁．

29 鳥居『ある老学徒の手記』，270 頁，を見よ．

30 同前，269 頁．

31 鳥居『有史以前の日本』(磯部甲陽堂，1918年)，(再録)『鳥居龍藏全集第1巻』(朝日新聞社，1976年)，401頁.

32 鳥居『黒竜江と北樺太』，322頁；鳥居『有史以前の日本』，403-404頁.

33 鳥居『ある老学徒の手記』，297頁.

34 鳥居『黒竜江と北樺太』，318頁.

第4章　国民，近代，先住民族

1 *Sotsialisticheskoye Stroitel'stvo na Sakhaline 1925-1945: Sbornik Stat'ei* (Yuzhno-Sakhalinsk, Arkhivy Otdel Sakhalinskogo Obispolkoma, 1967), p. 90, に引用.

2 Yuri Slezkine, *Arctic Mirrors: Russia and the Small Peoples of the North* (Ithaca: Cornell University Press, 1994), p. 120.

3 たとえば，1897年の人口調査と1912-1913年のそれとの間に，アムール川に住むニヴフ民族の数は2673人から2235人に減り，トゥイミ川に住むウイルタ民族の数は445人から129人に減った．後者の劇的な減少は主に天然痘の流行に起因したようである．この天然痘の流行は20世紀の最初の10年間に当地を襲い，多くの死者を出し，生存者のなかには南に向かい，日本の領土へと逃げた者もいた．1915年から1916年にかけては，さらに深刻な飢饉がサハリンの先住民共同体を襲いかかった．*Svedeniya ob Orokakh, Gilyakakh i Drugikh Aborigenax Sakhalina 1916 g.*, pp. 1-4, Document held in Sakhalin Regional Archives, Yuzhno-Sakhalinsk, f. 1, op. 1, d. 28; また *Zhurnal' Soveshchaniya ob Organizatsii Prodovol'stvennoi Pomoshchi Inorotsam Sakhalinskoi Oblasti na Zimy 1914-1915 gg.*, p. 1, Typescript held in Sakhalin Regional Archives, Yuzhno-Sakhalinsk, f. 1, op. 2, g. 2, and *Ob Obezpechenii Prodovl'stvia Inorodtsev, 1916-1917*, typescript held in the Sakhalin Regional Archives, Yuzhno-Sakhalinsk, f. 1, op. 1, d. 29, pp. 34-35, も見よ.

4 Stephan P. Dunn and Ethel Dunn, "The Intellectual Tradition of Soviet Ethnography", in S. P. Dunn and E. Dunn eds., *Introduction to Soviet Ethnography*, vol. 1 (Berkeley: Highgate Road Social Science Research Station, 1974), p. 11; K. E. Kuoljok, *The Revolution in the North: Soviet Ethnography and Nationality Policy* (Uppsala: Almqvist and Wiksell, 1985), op. cit., p. 40.

5 Slezkine, op. cit., pp. 146-147.

6 Nikolai Vakhtin, *Native Peoples of the Russian Far North* (London: Minority Rights Group, 1992), p. 11.

7 Ibid., p. 12.

8 Ibid., p. 12 ; Slezkine, op. cit., p. 176.

9 Vakhtin, op. cit., p. 17.

10 *Sakhalin, Kurily—Rodnye Ostrova : Sbornik Ocherkov* (Yuzhno-Sakhalinsk : Dal-'nevostochnoe Knizhnoe Izdatel'stvo, 1967), p. 135.

11 Vakhtin, op. cit., p. 13 ; Slezkine, op. cit., pp. 157-158.

12 *Sakhalin, Kurily*, p. 136 ; *Sotsialisticheskoe Stroitel'stvo*, p. 99.

13 Chuner Mikhailovich Taksami, *Ot Taezhnykh Trop do Nevy* (Leningrad : Lenizdat, 1976), p. 28.

14 Vakhtin, op. cit., p. 13.

15 Taksami, op. cit., p. 53.

16 *Sotsialisticheskoe Stroitel'stvo*, p. 338.

17 Ibid., p. 211.

18 Bruce Grant, *In the Soviet House of Culture : A Century of Perestroikas* (Princeton : Princeton University Press), p. 81.

19 Vakhtin, op. cit., p. 16.

20 Slezkine, op. cit., p. 231.

21 たとえば，I. M. Suslov, "Shamanstvo i Bor'ba s Nim", *Sovetskii Sever*, nos. 3-4, 1931, pp. 139-144. ススロフは，病院や細菌学研究所などの視察は先住民族からシャマニズムと結びついた「迷信的な」自然の見方を取り去る手段であると提案している．

22 Slezkine, op. cit., p. 226 ; Grant op. cit., p. 83.

23 Grant, op. cit., p. 101.

24 Nikolai Vishnevskii, *Otasu* (Yuzhno-Sakhalinsk : Dal'nevostochnoe Knizhnoe Izdatel'stvo, 1994).

25 Tat'yana Roon, *Uil'ta Sakhalina : Istoriko-Etnograficheskoe Issleldovanie Traditsionnogo Khozyaistva i Material'noi Kul'tury 18-Serediny 20 Vekov* (Yuzhno-Sakhalinsk : Sakhalinskoe Oblastnoe Knizhnoe Izdatel'stvo, 1996), pp. 160-161 ; 田中了／ダーヒニェニ・ゲンダーヌ『ゲンダーヌ：ある少数民族のドラマ』（徳間書店，1978年）．

26 Slezkine, op. cit., p. 204.

27 Grant, op. cit., p. 22.

28 Roon, op. cit., pp. 159-163.

29 Semyon Bytovoi, "V Doline Tymi" in Semyon Bytovoi, *Sady u Okeana* (Leningrad : Sovietskii Pisatel', 1957), pp. 3-45.

30 Vakhtin, op. cit., p. 15.

31 Grant, op. cit., p. 126.

32 Grant, op. cit., pp. 129-130.

33 A. V. Smoliak, "Notes on the Ethnography of the Nivkhi of the Amur Sound (Contemporary Social Life)", in Dunn and Dunn, op. cit., pp. 169-171.

34 Chuner Mikhailovich Taksami, *Nivkhi: Sovremennoe Khozyaistvo, Kul'tura i Byt* (Leningrad: Nauka, 1967), pp. 165-166.

35 Taksami, Roon, op. cit., p. 163 に引用.

36 Aleksei Grachev, *Sakhalinskii Rasvet* (Moscow: Planeta, 1973).

37 Interview with Yumin Vladimirovich Yigrain, conducted by T. de Graaf in 1990, and summarised in T. de Graaf, "The Ethnolinguistic Situation on the Island of Sakhalin", in K. Murasaki, ed., *Ethnic Minorities in Sakhlin* (Tokyo, 1993), p. 27 (同インタビューを収めた詳細な録音を，ド・フラーフ博士の御厚意により提供していただいた).

38 Vakhtin, op. cit., pp. 18 and 22.

39 たとえば，T. de Graaf, interview with Zoya Ivanovna Lyutova (註 28) を見よ.

40 Heonik Kwon, "Movement and Transgressions: Human Landscape in Northeastern Sakhalin", in Soter A. Mousalimas, ed., *Arctic Ecology and Identity* (Budapest: Akademiai Kiado, 1997), p. 151 に引用.

41 V. I. Boiko, *Tselevaya Programma Issledovanii 'Narodnosti Severa'* (Novosibirsk: Akademiya nauka, 1988), pp. 25-26.

42 Grant, op. cit., p. 153 に引用.

43 Vladimir Sangi, "My, Nivkhi", in E. S. Korobova, ed., *Narodov Malykh ne Byvaet* (Moskow, Molodaya Gvardiya, 1991), p. 59.

44 Yuri Rytkheu, *From Nomad Tentot University* (Moscow: Novosti Press Agency Publishing House, 1981), p. 26.

45 Slezkine, op. cit., pp. 341-342.

46 Vladimir Sangi, "Mysterious Pages", in Svetlana Kovalenko, ed., *A Stride Across A Thousand Years* (Moscow: Progress Publishers, 1966), p. 80.

47 Grachev, op. cit.

48 Ibid.

49 樺太庁編『樺太庁施政三十年史』上巻（原書房，1973 年)，28 頁（初出は 1936 年).

50 V. O. Shubin, V. O. 1992. "Zhizn 'Kuril'tsev' na Kamchatke v 1877-1888 godax", *Kraevedecheskii Byulleten'* (Yuzhno-Sakhalinsk), vol. 3, no. 4, 1992, pp. 37-52.

51　樺太アイヌ史研究会編『対雁の碑』(北海道出版企画センター，1992 年).なお，対雁のアイヌ集落の歴史にかんする情報を提供していただいたことにたいし，北海道ウタリ協会の札幌支部，小川隆吉さんに感謝の意を表したい.

52　逢坂信忢『黒田清隆とホーレス・ケプロン：北海道開拓の二大恩人——その生涯とその業績』(北海道タイムス社，1962 年).とくに，166-181 頁.

53　同前，378 頁.

54　山田三良「ポーツマス條約第十條と樺太土人の國籍問題」，『法學協會五十年記念論集』第 1 巻（法學協會，1933 年)，19 頁.

55　森本節躬「樺太に於ける土人の國籍について」，樺太庁博物館編『博物館教育』(樺太庁博物館，1930 年)，14-17 頁.

56　『樺太日々新聞』1930 年 8 月 17 日付．北海道ウタリ協会編『アイヌ史　第四巻第二部』(北海道ウタリ協会，1989 年)，883 頁，に再録.

57　鳥居龍藏『有史以前の日本』，(再録)『鳥居龍藏全集』第 1 巻（朝日新聞社，1976 年）所収，381-390 頁.

58　尹健次『民族幻想の蹉跌——日本人の自己像』(岩波書店，1994 年)，および，小熊英二『単一民族神話の起源』(新曜社，1995 年)，を見よ.

59　喜田貞吉『日本民族史概説』，上田正昭『日本民族文化大系 5　喜田貞吉』(講談社，1978 年）所収，213-214 頁（初出は 1929 年).

60　喜田貞吉「民族と歴史」.『民族と歴史』第 1 巻，第 1 號，1918 年，1 頁.

61　喜田『日本民族史概説』，214 頁.

62　同前，315 頁.

63　同前，212 頁.

64　小川正人『近代アイヌ教育制度史研究』(北海道大学図書刊行会，1997 年)，および，Richard Siddle, *Race, Resistance and the Ainu of Japan* (London : Routledge, 1996), pp. 65-67，を見よ.

65　小川，前掲，172 頁.

66　葛西猛千代『樺太土人研究資料』(私家版，1927 年)，97-98，120-121 頁.

67　樺太庁編『樺太庁施政三十年史』第二巻（原書房，1973 年)，1684 頁（初出は 1936 年).

68　葛西，前掲，101 頁.

69　白川新作／白川八重子／藤村久和「白浜地方の暮らし」，藤村久和／若月亨編『ヘンケとアハチ——聞き書き樺太での暮らし，そして引き揚げ』(札幌テレビ放送株式会社，1994 年)，147-148 頁.

70　北川アイ子（口述)「「オタス」の暮らしとわたし」，北海道立北方民族博物館編『樺太 1905-45——日本領時代の少数民族』(北海道立北方民族博物館，1997 年)，15 頁.

71 ドミトリー・ヴィノクロフについては，Vishnevskii, op. cit., を見よ．
72 葛西，前掲，1-3，135 頁．
73 樺太庁，前掲，第 2 巻，1692 頁．
74 『樺太日々新聞』1933 年 10 月 20 日付．北海道ウタリ協会編『アイヌ史　第四巻第二部』（北海道ウタリ協会，1989 年），904 頁，に再録．
75 北川，前掲，16 頁．
76 小川，前掲，8 頁，を見よ．
77 同前，211-217 頁．
78 同前，213 頁．中目覚『土人教化論』（岩波書店，1918）も見よ．
79 樺太庁，前掲，第 2 巻，1691 頁．
80 葛西，前掲，100 頁．
81 同前，107 頁．
82 樺太庁，前掲，第 2 巻，1482 頁．
83 敷香土人事務所『オロッコその他土人の教育』（敷香土人事務所，1933 年），31 頁．
84 Vishnevskii, op. cit., pp. 124-125.
85 小川，前掲，292-293 頁，および，Siddle, op. cit., pp. 124-125.
86 『樺太日々新聞』1933 年 4 月 1 日付．北海道ウタリ協会編，前掲，899 頁．
87 小川，前掲，および，Siddle, op. cit., p. 144.
88 樺太庁，前掲，第 2 巻，1701 頁，および，樺太庁『皇太子殿下樺太行啓』（樺太庁，1930 年），106-107 頁．
89 「北門の護り　樺太展覧會」，『樺太時報』第 33 号，1940 年，69-77 頁．
90 たとえば，藤村／若月，前掲，106-112 頁，を見よ．
91 田中／ゲンダーヌ，前掲，106-112 頁．
92 田中／ゲンダーヌ，前掲．
93 崔昌華『国籍と人権』（酒井書店，1975 年），153 頁〔同書は，酒井書店より 1989 年に増補版が出ている〕．
94 田中／ゲンダーヌ，前掲．
95 Smoliak, op. cit., pp. 155 and 157.
96 Grant, op. cit., p. 138.

第 5 章　他者性への道

1 見田宗介「自我，主体，アイデンティティ」，井上俊ほか編『岩波講座　現代社会学 2――自我・主体・アイデンティティ』（岩波書店，1995 年）所収，1

頁．

2 Craig Calhoun, "Social Theory and the Politics of Identity", in Craig Calhoun (ed.), *Social Theory and the Politics of Identity* (Oxford : Blackwell, 1994), p. 18.

3 William James, *The Varieties of Religious Experience* (Cambridge Mass. : Harvard University Press, 1985)〔originally published in 1902〕〔ウィリアム・ジェイムズ『宗教的経験の諸相』(上・下) 桝田啓三郎訳 (岩波文庫, 1969/1970 年)〕.

4 Stephen Mennel, "The Formation of We-Images : A Process Theory", in Craig Calhoun (ed.), op. cit., p. 176.

5 河合隼雄『日本人とアイデンティティ——心理療法学の着想』(講談社, 1995 年)〔創元社, 1984 年の文庫化〕.

6 たとえば, Ulric Neisser and Robyn Fivush (eds.), *The Remembering Self* (Cambridge : Cambridge University Press, 1994) 所収の, Jerome Brunner, "The Remembered Self" (pp. 41-54) ; Edward S. Reed, "Perception is to Self and Memory is to Selves" (pp. 278-292) を見よ.

7 Will Kymlicka, *Multicultural Citizenship : A Liberal Theory of Minority Rights* (Oxford : Clarendon Press, 1995), p. 194〔ウィル・キムリッカ『多文化時代の市民権——マイノリティの権利と自由主義』角田猛之・石山文彦・山﨑康仕監訳 (晃洋書房, 1998 年), 293 頁〕.

8 関根政美「国民国家と多文化主義」, 初瀬龍平編『エスニシティと多文化主義』(同文館, 1996 年) 所収, 55 頁. 強調は引用者による.

9 石川准「アイデンティティの政治学」, 井上俊ほか編『岩波講座　現代社会学 15——差別と共生の社会学』(岩波書店, 1996 年) 所収, 172-175 頁.

10 Philip Schlesinger, "On National Identity : Some Conceptions and Misconceptions Criticised", *Social Science Information*, vol. 26, no. 2, p. 237.

11 石川, 180-181 頁.

12 鄭暎惠「アイデンティティを越えて」, 前掲, 井上俊ほか編『岩波講座　現代社会学 15——差別と共生の社会学』所収, 1-33 頁.

13 David Morley and Kevin Robins, *Spaces of Identity : Global Media, Electronic Landscapes and Cultural Boundaries* (London : Routledge, 1995), p. 102 に引用.

14 酒井直樹「ナショナリズムと母 (国) 語の政治」, 酒井直樹ほか編『ナショナリズムの脱構築』(柏書房, 1996 年) ; 酒井直樹『死産される日本語・日本人』(新曜社, 1996 年).

15 酒井「ナショナリズムと母 (国) 語の政治」, 39-48 頁.

16 Mervyn Jones, *The Sami of Lapland* (London : Minority Rights Group, n. d.), pp. 6-8 ; Hugh Beach, *The Saami of Lapland* (London : Minority Rights Group,

1988), p. 2.

17 Benedict Anderson, *Imagined Communities : Reflections on the Origin and Spread of Nationalism*, Rev. and extended ed. (London : Verso, 1991)〔ベネディクト・アンダーソン『想像の共同体――ナショナリズムの起源と流行』白石さや・白石隆訳（ＮＴＴ出版，1997年)〕.

18 花崎皋平『アイデンティティと共生の哲学』(筑摩書房，1993年)，144頁.

19 Maryon McDonald, *We Are Not French ! : Language, Culture and Identity in Brittany* (London : Routledge, 1989), p. 33に引用.

20 Ulf Hannerz, "Cosmopolitans and Locals in World Culture", in Mike Featherstone (ed.), *Global Culture* (London : Sage Publications, 1990), p. 237.

21 Anderson, op. cit〔前掲訳書〕.

22 Kymlicka, op. cit., p. 53〔前掲訳書，75頁〕に引用〔ミルからの引用は，J・S・ミル『代議制統治論』水田洋訳（岩波文庫，1997年)，382頁〕.

23 新明正道『史的民族理論』，『新明正道著作集　第八巻』(誠信書房，1980年)〔初出は1948年〕; 北海道ウタリ協会編『アイヌ史――活動史編』(北海道ウタリ協会，1994年)，1131頁.

24 小熊英二『単一民族神話の起源』(新曜社，1995年) ; Inazo Nitobe, *Bushido* (London : G. P. Puttnam's Sons, 1905) ; 和辻哲郎『風土』，『現代日本思想大系 28：和辻哲郎』(岩波書店，1963年)，143-297頁〔初出は1943年〕.

25 文部省，「尋常小学校修身書　第六巻」(1918年)，『日本教科書大系：近代篇三：修身第三巻』(講談社，1962年)，193-194頁.

26 文部省，「尋常小学校修身書　第五巻」(1918年)，『日本教科書大系：近代篇三：修身第三巻』(講談社，1962年)，173頁.

27 Kyosuke Kindaichi, *Ainu Life and Legends* (Tokyo : Board of Tourist Industry, 1941), p. 10〔金田一京助『アイヌの生活と伝説』(教文館，昭和16年).河野本道選『アイヌ史資料集　第七巻雑編』(北海道出版企画センター，1980年）として復刊〕.

28 Masato Ogawa, "The Hokkaido Former Aborigines Protection Act and Assimilatory Education" (trans. by T. Osanai and R. Siddle), in Noel Loos and Takeshi Osanai (eds.), *Indigenous Minorities and Education : Australian and Japanese Perceptions of their Indigenous Peoples, the Ainu, Aborigines and Torres Strait Islanders* (Tokyo : Sanyusha, 1993), p. 242.

29 第65回帝国議会議事録. 北海道ウタリ協会編『アイヌ史――資料編　第三巻』(北海道ウタリ協会，1990年)，373-374頁に再録.

30 違星については，Siddle, *Race, Resistance and the Ainu of Japan* (London : Routledge, 1996), pp. 128-131を見よ.

31　伊波普猷「目覚めつつあるアイヌ種族」(1925年),『伊波普猷全集　第十一巻』(平凡社, 1976年) 所収, 302-313頁.

32　伊波, 前掲, 305-307頁.

33　Siddle, op. cit., p. 134.

34　小川佐助「前途の光明を目標に」,『蝦夷の光』第3号 (1931年), 前掲, 北海道ウタリ協会編『アイヌ史——活動史篇』所収, 144頁.

35　記者「十勝アイヌの現状」, 前掲, 北海道ウタリ協会編『アイヌ史——活動史篇』所収, 27頁に引用.

36　小信小太郎「同族の喚起を促す」,『蝦夷の光』創刊号 (1930年), 前掲, 北海道ウタリ協会編『アイヌ史——活動史篇』所収, 32頁.

37　小信, 同前.

38　宗教上の信仰については, 喜多, 84-85頁を見よ.

39　平村幸雄「アイヌとして生きるか？　将たシャモに同化するか？」,『蝦夷の光』創刊号 (1930年), 前掲, 北海道ウタリ協会編『アイヌ史——活動史篇』所収, 28頁.

40　古川忠四郎「酒を葬れ」,『蝦夷の光』第2号 (1931年), 前掲, 北海道ウタリ協会編『アイヌ史——活動史篇』所収, 94頁.

41　例として, 吉田菊太郎「社会事業の対象としての蝦夷民族」,『蝦夷の光』第3号 (1931年), 前掲, 北海道ウタリ協会編『アイヌ史——活動史篇』所収, 127-134頁；記者「寝首を掻かれた運上屋」,『蝦夷の光』第2号 (1931年), 前掲, 北海道ウタリ協会編『アイヌ史——活動史篇』所収, 106-109頁.

42　吉田, 前掲, 128-129頁.

43　同前, 132頁.

44　すぐれた分析として, 新谷『アイヌ民族抵抗史』(角川文庫, 1974年)〔『増補　アイヌ民族抵抗史　アイヌ共和国への胎動』(三一新書, 1977年)〕; Siddle, op. cit., pp. 147-189を見よ.

45　小川佐助「アイヌ協會存立の趣旨と使命」,『北の光』創刊号 (1946年), 前掲, 北海道ウタリ協会編『アイヌ史——活動史篇』所収, 193頁.

46　Richard Siddle, "Academic Exploitation and Indigenous Resistance: The Case of the Ainu", in Noel Loos and Takeshi Osanai (eds.), op. cit., pp. 44-45; Shigeru Kayano, *Our Land was a Forest: An Ainu Memoir*, trans. by Kyoko Selden and Lili Selden (Boulder: Westview Press, 1994), p. 25〔原書は, 萱野茂『アイヌの碑』(朝日新聞社, 1980年). 1990年に朝日文庫に収められた. 朝日文庫版, 33頁〕.

47　塚部展達「協会の結束を固めて」,『先駆者の集い』創刊号 (1963年), 前掲, 北海道ウタリ協会編『アイヌ史——活動史篇』所収, 263頁.

48 Kayano, op. cit., pp. 100-102; pp. 136-137〔前掲，萱野，朝日文庫版，129-132 頁；173-174 頁〕.

49 グループ「シサムをめざして」編『「先住民族十年」とアイヌ民族連帯』（グループ「シサムをめざして」，1994 年），48 頁.

50 先住民に関する国連作業部会に対する声明，第 11 会期 1993 年 7 月．前掲，北海道ウタリ協会編『アイヌ史——活動史篇』，831-832 頁，に再録.

51 先住民に関する国連作業部会に対する声明，第 5 会期 1987 年 8 月．前掲，北海道ウタリ協会編『アイヌ史——活動史篇』，1181-80 頁，に再録.

52 Ross Mouer and Yoshio Sugimoto, *Images of Japanese Society* (London: Kegan Paul International, 1986)〔ロス・マオア，杉本良夫『日本人論の方程式』（東洋経済新報社，1982 年）．増補版，ちくま学芸文庫，1995 年〕; Kosaku Yoshino, *Cultural Nationalism in Contemporary Japan* (London and New York: Routledge, 1992)〔同書を発展させたものとして，吉野耕作『文化ナショナリズムの社会学——現代日本のアイデンティティの行方』（名古屋大学出版会，1997 年）がある〕.

53 たとえば，梅原猛・藤村一編『アイヌ学の夜明け』（小学館，1990 年）.

54 小川早苗・小川隆吉「アイヌ　ネノ　アン　アイヌ」，札幌学院大学人文学部編『北海道と少数民族』（札幌学院大学人文学部，1986 年），155-178 頁.

55 先住民に関する国連作業部会に対する声明，第 7 会期 1987 年 7 月．前掲，北海道ウタリ協会編『アイヌ史——活動史篇』，966-967 頁，に再録.

56 Anna Michalska, "Rights to Peoples to Self-Determination in International Law", in William Twining (ed.), *Issues of Self-Determination* (Aberdeen: Aberdeen University Press, 1991), p. 73 に引用されている，E. Jouve〔"L'emergence d'un droit des peuples dans les relations internationales", in *Pour undroit des peuples Essais sur la Déclaration d'Alger,* publié sous la direction de A. Cassese et E. Jouve (Paris: Berger-Levrault, 1978), p. 105〕を見よ.

57 Derek Heater, *National Self-Determination: Woodrow Wilson and His Legacy* (London: St. Martin's Press, 1994), p. 24 に引用.

58 前掲，北海道ウタリ協会編『アイヌ史——活動史篇』，966-969 頁.

59 たとえば，Robert McCorquodale, "Human Rights and Self-Determination", in Mortimer Sellers (ed.), *The New World Order: Sovereignty, Human Rights and the Self-Determination of Peoples* (Oxford: Berg, 1996), pp. 24-25.

60 丸山眞男「民主主義の歴史的背景」（1959 年），『丸山眞男集　第八巻』（岩波書店，1996 年），87-95 頁，に再録.

61 共同通信，1997 年 5 月 8 日.

62 時事通信，1997 年 5 月 8 日.

第6章　集合的記憶，集合的忘却

1　Robert Blowes, "Delgamuukw v British Columbia", paper presented to the Delgamuukw Workshop, Canberra, 4 October 1998; Loise Mandell, "The Delgamuukw Decision", paper presented to the Delgamuukw Workshop, Canberra, 4 October 1998.

2　Nonie Sharp, *No Ordinary Judgement* (Canberra, Aboriginal Studies Press, 1996); M. A. Stephenson and Suri Ratnapala, eds., *Mabo: A Judicial Revolution* (Brisbane, University of Queensland Press, 1993).

3　Alexander Pika, "Interview (April 1991) with the President of the Association of the Small Peoples of the Soviet North, the Writer Vladimir Mikhailovich Sangi", in Alexander Pika, Jens Dahl and Inge Larsen, eds., *Anxious North: Indigenous Peoples in Soviet and Post-Soviet Russia* (Copenhagen: IWGIA Document no. 82, 1996), p. 65.

4　"Convention of the 26", reprinted in Pika, Dahl and Larsen, op. cit., pp. 57-59. 同代表者会議の名称は，ロシアの26の主要先住民族から取られている．

5　Olga Murashenko, "Introduction", in Pika, Dahl and Larsen, op. cit., pp. 10-11.

6　Boris Krivstov, "How the Small Indigenous Peoples in Russia Can Survive", *Arctic Voice*, no. 4, April 1997, p. 2.

7　Augie Fleras and Jean Leonald Elliot, *The Nations Within: Aboriginal-State Relations in Canada, the United States and New Zealand* (Toronto, Oxford University Press, 1992).

8　T. H. Marshall, *Citizenship and Social Class and Other Essays* (Cambridge: Cambridge Univerisity Press, 1950); Reprinted in T. H. Marshall and Tom Bottomore, *Citizenship and Social Class* (London: Pluto Press, 1992)〔T・H・マーシャル／トム・ボットモア『シティズンシップと社会的階級』岩崎信彦／中村健吾訳，法律文化社，1993年〕．

9　Marshall, *Citizenship and Social Class and Other Essays*, p. 77〔前掲訳書，99頁〕．

10　Tom Bottomore, "Citizenship and Social Class Forty Years On", in Marshall and Bottomore, ibid., pp. 67-68〔同訳書，158-159頁〕．

11　たとえば，石井良助『家と戸籍の歴史』(創文社，1981年)，第2章，を見よ．

12　Clive Parry, *Nationality and Citizenship Laws of the Commonwealth and of the*

Republic of Ireland (London: Stevens and Sons Ltd., 1957), pp. 78-91; Alistair Davidson, *From Subject to Citizen: Australian Citizenship in the Twentieth Century* (Cambridge: Cambridge University Press, 1997).

13 Robert N. Bellah, et al., *Habits of the Heart: Individualism and Commitment in American Life* (Berkeley: University of California Press, 1985), p. 202.〔ロバート・N・ベラー『心の習慣』島薗進・中村圭志訳，みすず書房，1991 年，244 頁〕.

14 Adrian Oldfield, *Citizenship and Community: Civic Republicanism and the Modern World* (London and New York: Routledge, 1990), p. 162.

15 Walker Connor, "The Politics of Ethnonationalism", *Journal of International Affairs*, vol. 23, no. 1, 1973, p. 6.

16 Fleras and Elliot, op. cit., p. 135 に引用.

17 Stephen Cornell, *The Return of the Native: American Indian Political Resurgence* (New York and Oxford, Oxford University Press, 1988), ch. 12, を見よ.

18 Bradford W. Morse, "Aboriginal Peoples and the Law", in Bradford W. Morse, ed., *Aboriginal Peoples and the Law: Indian, Metis and Inuit Rights in Canada* (Ottawa: Clarendon University Press, 1989), pp. 1-12.

19 高倉新一郎『新版アイヌ政策史』(三一書房，1972 年)，402-406 頁．高倉新一郎『北海道拓殖史』(柏葉書院，1947 年)，97-101 頁，も見よ．

20 高倉『新版アイヌ政策史』，392-393 頁に引用.

21 北海道ウタリ協会編『アイヌ史――資料篇　第三巻』(北海道出版企画センター，1990 年)，26-27 頁.

22 同前，38 頁.

23 同前，31 頁.

24 『国民新聞』1895 年 2 月 14 日付，(再録) 北海道ウタリ協会篇『アイヌ史――資料篇　第四巻』(北海道出版企画センター，1989 年)，722-723 頁.

25 たとえば，北海道ウタリ協会編『アイヌ史――資料篇　第三巻』，44 頁，を見よ.

26 同前，74-76 頁.

27 Henry Reynolds, *Dispossession: Black Australians and White Invaders* (Sydney: Allen and Unwin, 1989), pp. 207-209; The 1958 *Australian Encyclopedia* (Sydney: Angus and Robertson, 1958), p. 90, によれば，「アボリジニ保護官のひとりが，つぎのような見解を述べている．もし自分が 2 戸から 4 戸からなる小集団をかなり離れた地区において，ネイティヴの児童が白人と一緒に州立学校に通うようになれば，次の世代以降，混血問題はなくなるだろう，と．この見解は，数多くの地区で，混血児の小集団は他の生活様式を知らないまま

白人たちのあいだで成長してきたため，かなりの程度吸収同化させられてきた，という事実によって支持される」.

28 C. D. Rowley, *The Destruction of Aboriginal Society: Aboriginal Policy and Practice*, vol. 1 (Canberra, Australian National University Press, 1970), p. 348 に引用.

29 Reynolds, op. cit., pp. 195-199; Rowley, op. cit., pp. 182-186; Kevin Gilbert, *Living Black* (London: Allen Lane, 1977), とくに，pp. 5 and 9-11, を見よ.

30 Reynolds, op. cit., p. 114, を見よ.

31 *Australian Encyclopedia*, op. cit., p. 91.

32 Orlando Patterson, "Context and Choice in Ethnic Allegiance: A Theoretical Framework and Caribbean Case Study", in Nathan Glazer and Daniel P. Moynihan, eds., *Ethnicity: Theory and Experience* (Cambridge: Mass.: Harvard University Press, 1975), pp. 305-313.

33 Fleras and Elliot, op. cit., p. 151.

34 Krivtsov, op. cit., p. 5 に引用.

35 Judith P. Zinsner, *A New Partnership: Indigenous Peoples and the United Nations System* (Paris: UNESCO Publishing, 1994), pp. 42-43.

36 Ibid., pp. 47-48. 上村英明「国際社会と先住民族——先住民族とエスニシティと国際政治」，初瀬龍平編『エスニシティと多文化主義』(同文館出版，1996年)，289-312 頁.

37 Zinsner, op. cit., p. 109 に引用.

38 Michael Dodson, "Linking International Standards with Contemporary Concerns of Aboriginal and Torres Strait Islander Peoples", in Sarah Pritchard, ed., *Indigenous Peoples, the United Nations and Human Rights* (London and Sydney: Zed Books/The Federation Press, 1998), pp. 18-19.

39 Daniel Mato, "On Global and Local Agents and the Social Making of Transnational Identities and Related Agendas in 'Latin' America", *Identities: Global Studies in Culture and Power*, vol. 4, no. 2, 1997, pp. 171-172.

40 1872 年に明治政府の開拓使によって導入された．北海道庁『北海道史』第 3 巻（札幌，1937 年)，231-233 頁，を見よ.

41 Bottomore, op. cit., p. 85〔前掲訳書，191 頁〕.

著者略歴

(Tessa Morris-Suzuki)

1951年イギリス生まれ．現在 オーストラリア国立大学教授．専攻は日本経済史，思想史．著書『日本の経済思想——江戸期から現代まで』(藤井隆至訳，岩波書店，1991)，『批判的想像力のために——グローバル化時代の日本』(平凡社，2002)，『過去は死なない——メディア・記憶・歴史』(田代泰子訳，岩波書店，2004)，『自由を耐えしのぶ』(辛島理人訳，岩波書店，2004)，*Re-Inventing Japan: Time, Space, Nation* (New York, M. E. Sharpe, 1998)，論文に「グローバルな記憶・ナショナルな記述」(「思想」1998年8月号) などがある．

訳者略歴

大川正彦〈おおかわ・まさひこ〉1965年東京生まれ．早稲田大学大学院政治学研究科博士後期課程単位取得退学，政治理論・政治思想史専攻．現在 東京外国語大学助教授．著書『正義』〈思考のフロンティア〉(岩波書店，1999)，『マルクス』(哲学のエッセンス) (NHK出版，2004)，共著『なぜ悪いことをしてはいけないのか』(ナカニシヤ出版，2000)『親密圏のポリティクス』(ナカニシヤ出版，2003)，訳書 マイケル・ウォルツァー『解釈としての社会批判——暮らしに根ざした批判の流儀』(川本隆史との共訳，風行社，1996) 同『寛容について』(みすず書房，2003)．

テッサ・モーリス＝鈴木
辺境から眺める
アイヌが経験する近代
大川正彦訳

2000年7月18日　第1刷発行
2007年4月20日　第6刷発行

発行所　株式会社 みすず書房
〒113-0033 東京都文京区本郷5丁目32-21
電話 03-3814-0131(営業) 03-3815-9181(編集)
http://www.msz.co.jp

本文印刷所　三陽社
扉・表紙・カバー印刷所　栗田印刷
製本所　鈴木製本所

ISBN 4-622-03089-6

鶴見良行著作集

全12巻

1	出　発	鶴見俊輔編	6930
2	べ平連	吉川勇一編	7560
3	アジアとの出会い	吉川勇一編	7140
4	収奪の構図	中村尚司編	8400
5	マラッカ	鶴見俊輔編	8610
6	バナナ	村井吉敬編	5460
7	マングローブ	花崎皋平編	7875
8	海の道	村井吉敬編	7560
9	ナマコ	中村尚司編	7245
10	歩く学問	花崎皋平編	5880
11	フィールド・ノート I	森本孝編	6930
12	フィールド・ノート II	森本孝編	9975

（消費税5%込）

みすず書房